Ostsee

W0061621

Swinemünde

Neubrandenburg

Stettin

Stargard

Schwedt

Netze

Eberswalde

Oder

Landsberg

Warthe

Warthe

P O L E N

Posen

Berlin

Potsdam

Frankfurt/Oder

Słubice

Luckenwalde

Guben

Wittenberg

Neiße

Neusalz

Cottbus

Oder

Schwarze Elster

Glogau

Torgau

Riesa

Meißen

Elbe

Görlitz

Bunzlau

Liegnitz

Breslau

Dresden

Chemnitz

Bad Schandau
(Herrnskretschen)

Zittau

Hřensko

Reichenberg

Schweidnitz

(Tetschen)

Děčín

(Aussig)

Ústí nad Labem

(Spindlermühle)

Špindlerův
Mlýn

Iser

(Leitmeritz)

Litoměřice

(Hohenelbe)

Vrchlabí

(Theresienstadt)

Terezín

Eger

Jungbunzlau

Elbe

Moldau

Mělník

T S C H E C H I S C H E   R E P U B L I K

Königgrätz

Adler

Prag

Kolín

Pardubitz

Kuttenberg

Uwe Rada

Die Elbe

Uwe Rada

Die Elbe

EUROPAS GESCHICHTE IM FLUSS

Siedler

Gefördert wurde dieses Buch durch einen Aufenthalt in der
Stipendiatenstätte Schreyahn im Wendland

Verlagsgruppe Random House FSC-DEU-0100
Das für dieses Buch verwendete FSC®-zertifizierte Papier
Munken Premium Cream liefert Arctic Paper Munkedals AB, Schweden.

Erste Auflage
März 2013

Umschlaggestaltung: Rothfos + Gabler, Hamburg
Karte: Peter Palm, Berlin
Satz: Ditta Ahmadi, Berlin
Druck und Bindung: GGP Media GmbH, Pößneck
Printed in Germany 2013
ISBN 978-3-88680-995-0

www.siedler-verlag.de

*In Erinnerung an
meinen Vater und meine Vorfahren
am böhmischen Lauf der Elbe*

Inhalt

PROLOG

Flucht auf der Elbe
Eine Familiengeschichte

*Josef Novák und seine Frau Štěpánka haben mit ihrem Elbkahn
ČSPL 346 ein Stück unbekannte Elbgeschichte aus dem Europa des
Kalten Krieges geschrieben.*

DER 9. APRIL 1948

Als Ladislav Karel Feierabend mit seiner Familie in der Nacht vom 8. auf den 9. April 1948 in Děčín an der Elbe eintrifft, ist der Kalte Krieg in vollem Gange. Drei Wochen zuvor hat die Sowjetunion aus Protest gegen das Londoner Sechsmächteabkommen den Alliierten Kontrollrat verlassen. Der – ohnehin dünne – Gesprächsfaden zwischen den Siegermächten war gerissen. Zwei Monate später sollten die Westalliierten die Freiheit West-Berlins verteidigen und auf die sowjetische Blockade mit der Luftbrücke antworten.

In Prag hatte die Kommunistische Partei von Klement Gottwald am 25. Februar die Macht an sich gerissen. Nach diesem Putsch war neben Polen und Ungarn nun auch die Tschechoslowakische Republik kommunistisch. Noch am selben Tag war die Geheimpolizei auf der Vořechovka aufgetaucht, einem Villenviertel im Westen von Prag, um Feierabend zu verhaften. Doch den Politiker der konservativen Agrarierpartei, der in der Londoner Exilregierung unter Edvard Beneš noch Finanzminister gewesen und nach dem Ende des Zweiten Weltkriegs zur Unperson geworden war, trafen sie nicht an. Um einem Schauprozess und einem möglichen Todesurteil zu entgehen, hatte Feierabend längst beschlossen, in den Untergrund zu gehen und schließlich mit seiner Familie in den Westen zu fliehen.

An jenem Apriltag des Jahres 1948 ist es soweit. Ein Mittelsmann namens Tonda hatte Kontakt zu Josef Novák aufgenommen, einem Elbschiffer, der die nötigen Papiere hatte, um mit seiner Frau Štěpánka von Prag über die Moldau und die Elbe bis Hamburg zu fahren. In Děčín, auf Deutsch Tetschen, sollten die Nováks Ladislav Feierabend, seine Frau Hana, die gleichnamige

Tochter und Sohn Ivo an Bord ihres Elbkahns mit dem Kennzeichen ČSPL 346 holen. Die Spannung war mit Händen zu greifen, wie sich Ladislav Feierabend in seinen Memoiren erinnert: »In der einen Stunde, die wir nach Tetschen fuhren – für mich bedeutete sie eine Ewigkeit –, war ich mit meinen Nerven am Ende. Es überkam uns jedoch ein Gefühl der Befreiung, als wir um vier Uhr in der Früh in den Tetschener Hafen fuhren und Tonda erklärte, er sehe Nováks Schiff. Es war Freitag, der 9. April 1948, wieder ein glücklicher Freitag in meinem Leben.«

Einundsechzig Jahre später treffen mein Bruder und ich in Prag Feierabends Sohn Ivo, der bei der Flucht auf der Elbe einundzwanzig Jahre alt war. Über der Moldau kämpft sich eine schwache Oktobersonne durch den Dunst. Wir gehen mit Ivo am Ufer entlang, sein Blick sucht die Prager Burg. »Am Tag des Putsches«, erzählt er, »habe ich hier mit einer Gruppe Studenten protestiert. Es war eine gespenstische Szenerie. Auf der einen Seite die Demonstranten, auf der anderen die kommunistische Miliz.« Wir kehren ein in das legendäre, inzwischen renovierte »Café Slavia« gegenüber dem Prager Nationaltheater. Der Oberkellner hat nichts gegen einen Filmdreh an einem der Kaffeehaustische einzuwenden. Ivo Feierabend wird der Hauptdarsteller unseres Dokumentarfilms über die Flucht der Familie in den Westen sein. Der emeritierte Professor der Politikwissenschaften an der San Diego State University in Kalifornien erinnert sich nicht nur an die Tage des Februarputsches in Prag, sondern auch an die Nováks, die die Flucht seiner Familie in den Westen ermöglichten: »Wenn ich mir das Foto von Josef Novák anschaue, scheint es, als würde er hier mitten im Café sitzen. Ich würde ihn sofort erkennen. Er war wie seine Frau ein fröhlicher Mensch. Natürlich hatten wir Angst. Noch heute bewundere ich ihre Fähigkeit, völlig ruhig und normal mit der Situation umzugehen. Sie hätten ja wegen uns auffliegen können.«

Die Flucht auf der Elbe ist eine bislang unbekannte Geschichte aus dem Europa des Kalten Krieges. Sie führte zwei Männer zusammen, die unterschiedlicher nicht sein konnten. Josef Novák wurde am 3. April 1912 in Dittersbach, auf Tschechisch Jetřichov, als Sohn eines Tschechen und einer Deutschen geboren. Damals gehörten die Sudeten noch zur Habsburgermonarchie. Novák hatte vier Geschwister: Agnes, Maria, Hilde und Ladislav. Seinen Vater Josef verschlug es nach der unehrenhaften Entlassung aus dem Militär ins deutschsprachige Starkstadt/Starkov, wo er eine Anstellung als Herrschaftskutscher der Familie von Kaiserstein fand. Dort lernte er seine spätere Frau, Maria Saukel, kennen.

Nach dem Ende des Ersten Weltkriegs kam die Familie auf der Suche nach Arbeit zunächst nach Pilnikau/Pilníkov, später nach Trautenau/Trutnov. Am Fuße des Riesengebirges fand sie eine neue Heimat. Dort herrschte ein gutes nachbarschaftliches Einvernehmen, weiß Nováks Nichte Hana Slávišová: »Damals gab es keine Probleme, wenn Tschechen und Deutsche in einem Haus gewohnt haben. Sie haben sich gut vertragen. Sicher gab es auch Ausnahmen, aber die meisten Leute, die gewöhnlichen Leute, machten keinen Unterschied, ob jemand ein Deutscher oder ein Tscheche ist.«

Dieses Einvernehmen endete auch nicht, als sich Tschechen und Deutsche nach dem Ersten Weltkrieg und dem Zusammenbruch des Habsburgerreichs in der neuen Tschechoslowakischen Republik wiederfanden. In Trautenau an der Aupa, einem linken Nebenfluss der Elbe, ging der junge Josef Novák bei einem Textilwarenhändler in die Lehre. 1936 kam er zum tschechischen Militär und verpflichtete sich als Berufssoldat. Zwei Jahre später lernte er Štěpánka kennen. Die beiden wollten heiraten. Weil Novák vom Verteidigungsministerium keine Heiratsgenehmigung erhielt, quittierte er den Dienst. Mit seiner jungen Frau heuerte er in Prag bei der tschechischen Binnenreederei *Československá Plavba Labská* (ČSPL) an.

BÜRGERLICHER POLITIKER

Als Josef Novák Binnenschiffer wurde, war Ladislav Karel Feierabend bereits Justizminister der Tschechoslowakischen Republik. Feierabend wurde am 14. Juni 1891 in Kostelec nad Orličí/Adlerkosteletz geboren. In Königgrätz an der Elbe studierte er Jura und Wirtschaft. Ihm und seiner Frau Hana wurden 1927 der Sohn Ivo, zwei Jahre später die Tochter Hana geboren. Die Feierabends pendelten zwischen ihrem Familiensitz auf Gut Miröschau und Prag. Doch dann kamen das Münchner Abkommen 1938, der Anschluss des Sudetenlandes an Hitler-Deutschland und im Frühjahr 1939 der Einmarsch der Deutschen in die so genannte Rest-Tschechei.

Für Ladislav Feierabend begannen dramatische Jahre, erinnert sich Sohn Ivo: »Mein Vater musste nicht nur 1948 aus Prag fliehen, sondern schon einmal vorher, das war 1940. Nach dem Einmarsch der Deutschen war er Mitglied der Protektoratsregierung geworden. Gleichzeitig baute er Kontakte zum tschechischen Widerstand auf. Als das aufflog, musste er das Land verlassen – und ging zu Edvard Beneš nach London.«

Anders als Josef Novák stammte Feierabend nicht aus dem tschechisch-deutschen Milieu, sondern aus einer bürgerlichen tschechischen Familie. Die Gründung der Tschechoslowakischen Republik bot ihm daher ungeahnte Aufstiegschancen. Der promovierte Jurist wurde 1930 Generaldirektor der »Einheitszentrale der Wirtschaftsgenossenschaften« und Vorsitzender der »Prager Produkten-Börse«. Mit der Ernennung zum Präsidenten des tschechoslowakischen Landwirtschaftsverbandes im Jahr

1934 war der Weg in die Politik eingeschlagen. Am 5. Oktober 1938 wurde er zum Justizminister berufen.

Eine Woche zuvor war das Münchner Abkommen unterzeichnet worden, dem der »Erlass des Führers und Reichskanzlers über die Verwaltung der sudetendeutschen Gebiete« folgte. Das Sudetenland wurde von den Deutschen besetzt. Als Feierabend als Justizminister der Regierung Beran wenig später vereidigt wurde, hatte die Tschechoslowakei ein Drittel ihres Staatsgebiets verloren. Feierabend habe versucht, das Beste daraus zu machen, erklärt der tschechische Publizist Jaroslav Šonka: »Ladislav Feierabend war jemand, der nach dem Münchner Abkommen nach Auswegen suchte.«

Auch als die Nazis am 15. März 1939 in Prag einmarschierten, zeigte sich Feierabend kompromissbereit – zumindest nach außen. Unter den Ministerpräsidenten Rudolf Beran und Alois Eliáš blieb er Minister in der von den Deutschen eingesetzten Protektoratsregierung. In seinen Memoiren verteidigte er diesen Schritt unter anderem damit, dass das Protektorat das einzige Land unter nazistischem Einfluss gewesen sei, das keine antijüdischen Gesetze erlassen habe. Doch insgeheim baute er Kontakte zum tschechischen Widerstand auf. Das Doppelleben flog auf. Im Februar 1940 musste Feierabend über Ungarn, Jugoslawien und Frankreich nach Großbritannien fliehen. Dort wurde er in der Exilregierung unter Beneš Finanzminister. Er vertrat sein Land unter anderem bei der Gründung des Internationalen Währungsfonds IWF in Bretton Woods.

Nach dem Attentat des tschechischen Widerstands auf den stellvertretenden Reichsprotektor Böhmen und Mähren, Reinhard Heydrich, wurden Feierabends Vater sowie seine Frau und der Bruder mit seiner Familie am 1. Juli 1942 verhaftet und ins Konzentrationslager Theresienstadt deportiert. Hana Feierabend überlebte den Krieg im KZ Ravensbrück, sein Vater starb kurz nach der Befreiung im KZ Dachau.

Auch Hana Slávišová, die Nichte von Josef Novák, wird in unserem Film eine Rolle spielen. In ihrer Wohnung am Rande von Trutnov serviert sie Kaffee und süßes Gebäck. Aleš, ihr Mann, hat in einem Schuhkarton die Schifffahrtserlaubnis der Nováks gefunden. Stolz hält er das Patent in der Hand. »Die Eintrittskarte in den Westen«, sagt er, »und natürlich der Rückfahrschein.«

Die Geschichte des Elbkahns ČSPL 346 ist ebenfalls eine Geschichte aus dem Kalten Krieg.

Bei den Beratungen über die Nachkriegsordnung in Europa auf der Potsdamer Konferenz stand auch die Zukunft der Wasserstraßen auf der Tagesordnung. Allerdings hatten US-Präsident Harry S. Truman und der britische Premier Winston Churchill vor allem die Schifffahrt auf dem Rhein, auf der Donau und der Oder im Sinn. Für diese drei Ströme wurden die Bestimmungen des Versailler Vertrags, der die Internationalisierung der Wasserstraßen regelte, ausdrücklich bestätigt. Elbe und Moldau dagegen schafften es nicht auf die Potsdamer Agenda. Die tschechoslowakische Schifffahrt, die angewiesen war auf einen freien Zugang zum Hamburger Hafen und zur Nordsee, fand nach dem Ende des Zweiten Weltkriegs de jure in einem rechtsfreien Raum statt. De facto blieb die Elbe für Schiffe aus der ČSR frei zugänglich. Da sowohl Hamburg als Hafen als auch die Behörden in Prag ein großes Interesse daran hatten, wurden die rechtlichen Bedenken einfach ignoriert. Erst mussten jedoch die Kriegsschäden an der Wasserstraße beseitigt werden, und die waren erheblich, berichtet Ivan Jakubec in seinem Buch *Schlupflöcher im Eisernen Vorhang:* »Um die Schiffbarkeit wieder herzustellen, wurde in der Zeit vom 14. Juni bis 28. August 1945 eine längere Versuchs- und Besichtigungsfahrt auf der Elbe bis nach Magdeburg unternommen. Dabei stellten die Fachleute fest, dass von den 34 Elbebrücken bis dahin 14 ganz zerstört und weitere beschädigt worden waren, auf Grund lagen 131 gesunkene Schiffe.«

Vor allem die tschechischen Reeder beklagten große Verluste bei den Binnenschiffen:»Nach einer Bilanz vom 1. September 1945 befanden sich von 221 eigenen Schiffen 114 außerhalb des Territoriums der Tschechoslowakei. Insgesamt waren 37 Binnenschiffe beschädigt und weitere 35 völlig zerstört. Im Vergleich zum 1. Januar 1939 hatte es einen Verlust von 70 Wasserfahrzeugen gegeben.«

Trotz des großen wirtschaftlichen Interesses zog sich die Wiederaufnahme des Schiffsverkehrs bis September 1945 hin. Die erste Fahrt ging von Prag nach Schönebeck bei Magdeburg, wo die Kähne mit dem in der ČSR dringend benötigten Salz aus den Salinen in Mitteldeutschland beladen wurden. Regulär wurde die Schifffahrt zwischen Prag und Hamburg erst im November 1945 wieder aufgenommen. Fortan verkehrten sechs Motorgüterschiffe zwischen den beiden Städten – sehr zur Freude der *Neuen Hamburger Presse*, die zuvor beklagt hatte, dass Hamburg von seinem Hinterland abgeschnitten sei.

Das größte Hindernis stellten schon bald nicht mehr die Schiffswracks auf dem Elbgrund dar, sondern die fehlenden Grenzregelungen zwischen der ČSR und den von den Sowjets beziehungsweise den Briten besetzten Zonen. Vor allem die Sowjetische Militäradministration (SMAD) behinderte immer wieder die Durchfahrt der tschechoslowakischen Schiffe durch die Sowjetische Besatzungszone (SBZ). Erst bei Verhandlungen auf höchster Ebene gelang im April 1946 der Durchbruch – Stalin persönlich hatte die Ausgabe von Passierscheinen für die Binnenschiffer angeordnet, die an der Grenze bei Hřensko/Herrnskretschen in die SBZ einreisen wollten. Für die ČSR bedeutete dies die Rettung aus höchster Not, denn die meisten Rohstoffe waren inzwischen knapp geworden.

Auch Josef Novák setzte 1946 seine Arbeit als Elbschiffer fort. Er und seine Frau konnten sich sogar einen Traum erfüllen und einen eigenen Kahn erstehen. Das Schiff, das später das Kennzeichen ČSPL 346 trug, war 1906 in der Werft Dresden-Uebigau vom Stapel gelaufen. Das Schifffahrtsregister verzeichnete:»Länge über Steven: 76 Meter. Größte Breite auf Spanten: 10,50 Meter. Tiefgang mit 1000 Tonnen Ladung: 1,90 Meter.«

1948 erhielten Josef und Štěpánka die Genehmigung, Güter durch die Sowjetische Besatzungszone nach Hamburg zu transportieren. Doch das Glück währte nicht lange. Unmittelbar nach dem Februarputsch 1948 wurde die bis dahin private und genossenschaftliche Binnenschifffahrt auf Moldau und Elbe verstaatlicht. Aus der *Československá plavební akciová společnost Labská* (ČPSL), der tschechoslowakischen Elbe-Schifffahrts-Aktiengesellschaft, wurde die *Československá plavba labská* (ČSPL), die tschechoslowakische Elbe-Schifffahrt. Der Kahn der Nováks war nun registriert als ČSPL 346. Vier Jahre später kam auch die Oderschifffahrt unter staatliche Regie, und die ČSPL wurde in ČSPLO umbenannt.

Welche wirtschaftlichen Auswirkungen die Verstaatlichung der Elbeschifffahrt für die Nováks hatte, können Hana und Aleš nicht sagen. Tatsache ist aber, dass Novák unmittelbar nach dem Februarputsch und der Gründung der ČSPL Kontakt zu Ladislav Karel Feierabend und seiner Familie aufnahm.

PERSONA NON GRATA

Feierabend kehrte nach dem Krieg aus dem Londoner Exil nach Prag zurück. Doch sein Aufenthalt dort stand unter keinem guten Stern. In ihrem *Kaschauer Programm*, eine Art Roadmap zur Übernahme der kommunistischen Herrschaft, verbot die Nationale Front, ein Zusammenschluss von Kommunisten,

Sozialdemokraten und Nationalen Sozialisten, die konservative Agrarierpartei. Mehr noch: Alle Politiker, die den Regierungen der Zweiten Republik und der Protektoratsregierung angehört hatten, sollten sich vor einem Nationalgericht verantworten. Feierabend war also gewarnt. In seinen Memoiren schrieb er. »Es konnte mir kein schlimmerer politischer Empfang zuteil werden.«

In der neuen Republik gab es für den *homo politicus* Feierabend keine Zukunft. Er wurde Privatmann. Doch wovon sollte er leben? Einen Antrag auf Rückübertragung des Gutes, auf dem die Familie bis 1942 gelebt hatte und das von den Nazis konfisziert worden war, lehnte die Nationale Front ab. Als Feierabend diesbezüglich bei dem kommunistischen Landwirtschaftsminister Ďuriš vorstellig wurde, herrschte dieser ihn an: »Das würde noch fehlen, dass wir Ihnen den Grundbesitz zurückgeben, während wir ihn anderen Agrariergrößen nehmen.«

In der Agrarkooperative, die er in der Zwischenkriegszeit aufgebaut und als Direktor geleitet hat, durfte Feierabend auch nicht mehr arbeiten. So blieb ihm nichts anderes übrig, als die ihm zugestandene Entschädigung anzunehmen. Allerdings blieb der Familie noch die Villa im Vorort Vořechovka, in der bis April 1945 die Führung der Sowjetarmee logiert hatte, sowie das Landgut Miröschau in der Nähe von Pilsen. Feierabend galt als unerwünschte Person. In seinen Memoiren schreibt er dazu: »Noch schlimmer als unsere wirtschaftliche Situation war die gesellschaftliche Stellung von mir und meiner Familie. Viele ehemalige Freunde und Bekannte wichen uns auf der Straße aus. Wenn sie uns trafen, gingen sie schnell auf die andere Seite und taten, als wenn sie uns nicht sehen würden.«

Das Land, das Feierabend 1940 auf der Flucht vor den Nazis verlassen hatte, stand nun unter dem Einfluss Stalins. Die Verantwortung dafür trug nicht zuletzt Edvard Beneš. Der Präsident der Exilregierung, vor dem Einmarsch der Deutschen ein bürgerlicher Demokrat, hatte sich nach dem Münchner Abkommen enttäuscht vom Westen abgewandt und all seine Hoffnung auf die Sowjetunion gesetzt. 1943 unterzeichnete er in Moskau einen Freundschaftsvertrag mit Stalin. Wenn schon die westlichen Alliierten nicht für den Schutz der ČSR sorgen konnten, so sein Kalkül, müsse es eben die Sowjetunion richten.

Beneš war davon überzeugt, dass die Deutschen die größte Bedrohung darstellten. Folgerichtig kehrte der alte und neue Präsident nicht mit den Amerikanern in sein Land zurück, die vom Westen her nach Pilsen vorrückten, sondern flog im März 1945 mit der Exilregierung von London nach Moskau. Dort bestieg er am 31. März 1945 auf dem Kiewer Bahnhof einen Zug, der ihn über die Ukraine in die Slowakei brachte. In Kaschau, slowakisch Košice, bildete er eine provisorische Regierung. Diese trug das dort verabschiedete Kaschauer Programm der Slowaken mit. Auch weil die Slowakei offen mit einem Beitritt zur Sowjetunion liebäugelte, suchte Beneš die Nähe zu den Kommunisten – und hoffte so, die Einheit des Landes zu retten.

Ladislav Feierabend dagegen kehrte als einziger Minister der Exilregierung vom Westen in die Heimat zurück. Schon das machte ihn den neuen Machthabern verdächtig, sagt der tschechische Publizist Jaroslav Šonka: »Wenn man jemanden eliminieren will, dann zeichnet man in einer totalitären Gesellschaft ein entsprechendes Bild von ihm. Plötzlich hieß es also über Feierabend: Er kollaborierte mit den Deutschen; er war ins imperialistische Ausland geflüchtet. Das hat ihn gefährdet.«

Feierabends Sohn Ivo hat die Atmosphäre der Angst bis heute nicht vergessen: »Gleich nach dem Krieg, in den Jahren 1945 und 1946, wurde mein Vater massiv angegriffen. Sie brandmarkten ihn als Kapitalisten, Imperialisten, als Reaktionär. Unser Leben unter den Kommunisten war ziemlich unangenehm. Die Agrarier wurden der Kollaboration bezichtigt. Was für ein Unsinn.«

Am 2. April 1945 empfing Edvard Beneš seinen in Ungnade gefallenen ehemaligen Minister. Bei der Begegnung in der Prager Burg habe der Präsident ihm erklärt, »dass die politische Situation nicht gut sei. In Moskau seien die demokratischen Parteien dem Druck der Kommunisten unterlegen, der durch die Unterstützung der Sowjetunion und der Roten Armee verstärkt worden sei, und er als verfassungsmäßiger Präsident habe nicht die Möglichkeit gehabt, sich ihren Beschlüssen entgegenzustellen, obwohl er mit vielem nicht übereingestimmt habe.« Immerhin stellte Beneš Feierabend seinen persönlichen Schutz in Aussicht: »Der Präsident sprach lange über meine persönliche Stellung. Er betonte, dass ich für ihn der geblieben sei, der ich in London war, und sprach sein Bedauern über die Passage des Kaschauer Programms aus, der zufolge ich vor ein Nationalgericht gehöre. (…) Vor unserem Auseinandergehen lud der Präsident meine Frau und mich zu einem privaten Mittagessen auf die Burg ein und sagte, er werde veröffentlichen lassen, dass er mich empfangen habe.«

Feierabends Wunsch nach Zulassung einer neuen Agrarierpartei entsprach Beneš nicht. Das stand wohl auch nicht mehr in seiner Macht.

DER FEBRUARPUTSCH 1948

Die Vořechovka, das noble Villenviertel nordwestlich der Prager Burg, wurde im 18. Jahrhundert im französischen Stil bebaut. Nach dem Ende des Ersten Weltkriegs wurde die Gartenstadt der Hauptstadt der unabhängigen Tschechoslowakei eingemeindet. Bis heute hat sich das Viertel im Stadtteil Střešovice seinen Charme bewahrt. Gründerzeitvillen umgeben von Parks und Gärten stehen neben modernen Bauten aus der Zwischenkriegszeit. Einer dieser Gärten rettete Ladislav Feierabend am 26. Fe-

bruar 1948 vor der Verhaftung. Am Tag zuvor war die kommunistische Machtergreifung erfolgt, der Februarputsch, den die
neuen Machthaber »siegreichen Februar« nannten.

Ladislav Feierabend war in der Vořechovka-Straße, als die
Geheimpolizei am Tor der Villa klingelte: »Ich schaute hinter
dem Vorhang aus dem Fenster und sah am Tor einen unbekannten Mann, der mit Ivo sprach, der ihm öffnen gegangen war.
Dann öffnete meine Tochter die Tür zu meinem Zimmer und
sagte in einem befehlenden Ton: ›Die Polizei, Vater; fliehe sofort.‹« Dass Ladislav Feierabend ein zweites Mal aus seiner Heimat würde fliehen müssen, war seit Längerem abzusehen. Schon
aus den Wahlen zum tschechoslowakischen Parlament 1946 waren die Kommunisten mit 38 Prozent als stärkste Kraft hervor-
gegangen. Klement Gottwald, der Vorsitzende der KP, wurde
Regierungschef. Bei der anschließenden Bodenreform verloren
die privaten Landwirte ihren Besitz. Damit war die politische
Basis der Agrarierpartei zerschlagen. Eine Demokratie war die
ČSR nur noch auf dem Papier, doch einige wichtige Ministerien
blieben vorerst in der Hand von Nicht-Kommunisten, darunter
das Außenministerium unter Jan Masaryk, dem Sohn des Grün-
ders der ersten tschechoslowakischen Republik.

Im Jahr nach den Wahlen stand Masaryk vor seiner größten
Bewährungsprobe. Um Europa dauerhaft zu stabilisieren, hatte
sein US-Kollege George C. Marshall ein milliardenschweres
Wirtschaftsprogramm aufgelegt. »Everything west of Asia«, so
Marshall, sollte von dem Programm profitieren. Auch Prag
wollte vom Marshallplan etwas abbekommen. Am 4. Juli 1947
beschloss die Regierung einstimmig – also mit Zustimmung
Gottwalds –, an der Marshallplan-Konferenz in Paris teilzuneh-
men. Doch dann kam in letzter Minute das Veto aus Moskau.
Gottwald, Masaryk und der ebenfalls nichtkommunistische
Justizminister Prokop Drtina reisten zu einem Blitzbesuch in die
Sowjetunion, wo Stalin tobte. Der Marshallplan sei ein »feind-

licher Akt«, erklärte er und verbot kategorisch, Hilfe aus diesem Programm in Anspruch zu nehmen. Noch in der Nacht kabelte Gottwald Stalins »Njet« in die tschechoslowakische Hauptstadt.

An diesem Tag, urteilt der Historiker Josef Korbel, »verlor die Tschechoslowakei ihre Unabhängigkeit«. Jan Masaryk hatte die Zeichen der Zeit durchaus verstanden: »Wir haben ein neues München«, sagte er in Anspielung auf das Desinteresse der Westmächte angesichts der Bedrohung Hitlers: »Ich fuhr nach Moskau als der Außenminister eines souveränen Staates; ich kam als Stalins Knecht zurück.« Ein Jahr später, am 10. März 1948, wurde Masaryk vor dem Fenster seines Amtssitzes tot aufgefunden. Die Behörden sprachen von Selbstmord, die Bevölkerung dagegen vom »dritten Prager Fenstersturz«. Bei der Beerdigung hielt Präsident Beneš nur eine kurze Ansprache, Hauptredner war Ministerpräsident Klement Gottwald.

Ladislav Feierabend litt nach dem Tod des Außenministers unter »starken seelischen Depressionen«. Seit der Demütigung in Moskau war die endgültige Machtübernahme nur noch eine Frage der Zeit. Am 10. Februar 1948 war es soweit. Aus Protest gegen die Politik der Kommunisten erklärten zwölf nichtkommunistische Minister ihren Rücktritt. Sie forderten Neuwahlen. Klement Gottwald verlangte dagegen, Beneš solle eine rein kommunistische Regierung bilden. Um dieser Forderung Nachdruck zu verleihen, marschierten in Prag Milizen und Betriebskampfgruppen auf. Am 25. Februar gab Beneš, die tragische Figur der tschechischen Nachkriegspolitik, nach. Damit waren für Ladislav Feierabend die Würfel gefallen.

Als die Geheimpolizei vor seiner Villa auftauchte, war er vorbereitet. Alles ging ganz schnell: »Es war keine Zeit für irgendwelche Fragen. Ich eilte in den Vorraum zur Garderobe, nahm meinen Wintermantel und den Hut und enteilte über die Halle und das Wohnzimmer in den Wintergarten. Ich hatte einen Koffer mit allen Habseligkeiten vorbereitet, hatte aber keine Zeit, ihn mitzunehmen. Im Wintergarten zog ich mich an und entfernte mich über unseren und den Garten des Nachbarn schnell von dem Haus. Ich sah, dass auf der Straße Na Vořechovce zwei Polizeiautos standen, und begann wie wahnsinnig zu laufen.«

FLUCHT AUF DER ELBE

Mehr als sechzig Jahre später stehe ich mit meinem Bruder am Elbhafen von Děčín. Still schaukeln die Kähne auf den Wellen. Nur noch wenige Binnenschiffe sind auf der Elbe unterwegs. Den Bauplan des Kahns ČSPL 346 hat uns Jiří Aster, der Direktor der Tschechisch-Sächsischen Häfen, besorgt. Ein Foto haben wir zu unserem Bedauern nicht auftreiben können. Um uns ein Bild vom Innern des Kahns zu machen, sind wir auf die Memoiren von Ladislav Feierabend und die Erinnerung seines Sohnes Ivo angewiesen. Über die erste Begegnung mit den Nováks hat Ladislav Feierabend geschrieben: »Nach einer halben Stunde saßen wir bereits in der Schiffswohnung von Josef und Štefa Novák, sehr angenehmen Leuten, und erhielten die Versicherung, dass jetzt alles gewonnen und der Grenzübertritt nur ein Kinderspiel sei. In Anwesenheit von Tonda zahlte ich Novák sogleich die 100 000 Kc als Entlohnung für die Fahrt, wie vereinbart worden war. Der Satz von 25 000 Kc pro Person war dem Risiko angemessen, das Novák auf sich nahm. Er sagte, wir seien seine ersten Kunden. Unsere Entlohnung sei die Grundlage für ein kleines Kapital, das er sich zusammensparen wolle, um selbst ins Exil gehen zu können.«

Kaum waren die Feierabends an Bord, wurden sie in die Geheimnisse des Elbkahns eingeweiht. Ihr Zuhause für die nächsten sieben Tage wurde die Zwischenwand, die Rumpf und Kabine trennte. Ivo erinnert sich noch gut an die Enge: »Natürlich hatten wir Angst. Die Nováks waren ziemlich mutig, uns mit auf das Schiff zu nehmen, zumal wir eine schwere Erkältung hatten. Als wir uns während der Kontrollen im Schiff versteckten, mussten wir unsere Gesichter in dicke Pullover oder Decken hüllen, damit man unser Husten oder Niesen nicht hörte.«

Dennoch war dieser 9. April für die Feierabends eine große Erleichterung. Ladislavs Leben im Untergrund war vorbei. Die ersten drei Wochen nach der Flucht hatte er bei einer Familie in Prag gelebt, deren Adresse ihm Tonda, der Mittelsmann, gegeben hatte. Danach hatte er sich in Südböhmen versteckt. Endlich stimmte seine Frau zu, mit der Familie das Land zu verlasssen und in den Westen zu ziehen. Ein erster Plan, mit Skiern über den Böhmerwald nach Bayern zu fliehen, wurde verworfen. Tonda hatte einen anderen Weg gefunden, erinnerte sich Feierabend: »Er erscheine auf den ersten Blick ein wenig romantisch, sagte er, sei aber mit geringerem Risiko verbunden. Die Flucht erfolge auf einem Elbkahn durch die Sowjetische Besatzungszone nach Hamburg, das sich in der englischen Zone befinde. Es sei ein ganz neuer Weg, den noch niemand gegangen sei.« Tonda weihte sie sogar schon in einige Einzelheiten ein: »Wir würden zwischen der Rumpfwand des Schiffes und der Zwischenwand versteckt werden, die den Rumpf vom Wohnraum des Schiffers abteile. Es sei ein Versteck, das bisher nur zum Schmuggeln von Waren gedient habe. (…) Ein weiterer Vorteil sei, dass die Grenze zur Sowjetischen Besatzungszone nicht allzu streng bewacht werde, da es niemandem einfalle, aus der kommunistischen Tschechoslowakei in die sowjetische Falle zu fliehen.«

So spielend leicht, wie Josef Novák später behauptet hat, war der Grenzübertritt von einem kommunistischen Land ins andere aber keineswegs. Am Nachmittag des 10. April 1948 legt der Kahn der Nováks in Děčín ab. Schon kurz hinter Děčín, in Herrnskretschen, erwartet sie die sowjetische Kontrolle. Wie sie diese erste Herausforderung bestehen, wird Ivo Feierabend nie vergessen: »Die Kabine war voller russischer Soldaten. Beide, Josef und Štefa Novák, haben die Situation auf eine sehr natürliche Art und Weise bewältigt. Sie haben den Soldaten Drinks angeboten. Man sagte sich damals ja, die Russen würden alles trinken, selbst Rasierwasser. Es lief also ziemlich gut. Noch heute bewundere ich ihre Fähigkeit, völlig ruhig und normal mit der Situation umzugehen, ohne die Unternehmung zu gefährden oder Nervosität erkennen zu lassen.«

Vierzig Kilometer elbabwärts kommt dann der nächste Schreck. Als sie Dresden passieren, traut Ivo Feierabend seinen Augen nicht: »Es kam nicht oft vor, dass wir während der Flucht die Kabine verließen und uns auf dem Deck des Kahns aufhielten. Einmal aber, es war Kapitän Nováks Idee, hat er uns hochgerufen. Das war, als wir an Dresden vorbeifuhren. Schaut euch das an, sagte er. Er hatte recht, es war unglaublich. Wir sahen einige Leute, die am Ufer Wäsche gewaschen haben. Irgendeine Treppe führte hinunter zum Fluss. Von Dresden war nichts mehr übrig geblieben - wirklich. Dieses Bild steht mir immer noch vor Augen.«

Und noch etwas wird Ivo Feierabend nicht vergessen. In Wittenberge, kurz vor der britischen Besatzungszone, droht die Flucht zu scheitern: »Einen ziemlichen Schreck bekamen wir, als es plötzlich hieß, das Boot könne nicht mehr weiterfahren. Der Grund war die Berlin-Blockade der Sowjets. Deswegen gab es ein Embargo. Zusammen mit anderen Schiffsführern ist Josef Novák dann mit dem Auto nach Berlin gefahren. Als er zurückkam, hatte er eine gute Nachricht mitgebracht: Wir können weiterfahren, sagte er.«

Es war zwar nicht die Berlin-Blockade, die sie aufhielt, die sollte erst im Juni beginnen, doch auch so war die Abfertigung in Wittenberge die heikelste Station auf der Strecke Prag – Hamburg. Das geht auch aus den *Monatlichen Berichten über die Bin-*

nenschifffahrt des Hafens Hamburg hervor. Darin wird festgehalten, dass es am sowjetisch-britischen Grenzübergang regelmäßig lange, teils mehrtägige Wartezeiten gegeben habe. Mit dem Beginn der Berlin-Blockade und der alliierten Luftbrücke wurde die Abfertigung am 26. Juni 1948 dann komplett eingestellt. In der sowjetischen Zone blieben 51 und in der britischen Zone 57 Schiffe und fünf Schlepper liegen. Darüber hinaus warteten in Hamburg zwanzig beladene Schiffe darauf, die Fahrt Richtung Prag anzutreten. Der Schiffsstau infolge der Blockade war teilweise bis zu vier Kilometer lang. Hätten die Nováks und Feierabends ihr Fluchtunternehmen zwei Monate später gestartet, hätte es kein Happy End gegeben. So aber haben beide Familien Glück. Nach der Rückkehr aus Berlin hält Josef Novák mit dem Passierschein den Schlüssel zur Freiheit in der Hand. Für die Feierabends steht das Tor nun weit offen.

Nachdem wir den zweiten Kaffee bestellt haben, kommt Ivo zum glücklichen Ende, der Ankunft im Westen: »Dann kam der Moment, in dem uns Josef Novák mitteilte, dass wir die sowjetische Zone verlassen hätten und uns nun in der britischen Besatzungszone befänden. Kapitän Novák entschied, dass wir nicht mit ihm zusammen in den Hamburger Hafen fahren sollten. Zu viele Spione, sagte er, die könnten ihn und seine ungewöhnliche menschliche Ladung entdecken. Vielleicht hat er dabei auch an seine Crew gedacht.«

Die Feierabends steigen in ein kleines Ruderboot, Josef Novák rudert sie nach Lauenburg: »Das war das letzte Mal, dass ich Josef und Štefa Novák gesehen habe. Natürlich waren wir ihnen sehr dankbar. Nicht nur, weil sie uns die Flucht ermöglicht haben, sondern auch für ihre Wärme. Rückblickend würde ich sagen: Das war das Beste, was mir passieren konnte – dieses gottverdammte Land zu verlassen.«

Auch Ladislav Feierabend hat diesen Moment in seinen Memoiren beschrieben: »Nach einigen Stunden hatten wir bereits die sowjetische Zone verlassen. Dies war ein Augenblick, den ich nicht so schnell vergessen werde. Die Nervenanspannung, unter der ich seit meiner Flucht von der Vořechovka, also volle sieben Wochen, lebte, ließ auf einmal nach. Ich fühlte mich wie neugeboren. Wir waren endgültig den Fängen der Kommunisten entkommen. Der Entschluss, mit dem Schiff zu fliehen, hatte sich als richtig erwiesen.«

ERINNERN AN DEN KALTEN KRIEG

Unser letzter Dreh findet im Hamburger Moldauhafen statt, den Josef und Štefa Novák ansteuerten, nachdem sie die Feierabends in Lauenburg abgesetzt hatten. Mit der Elbe und dem tschechischen Hafenbecken im Hamburger Freihafen liegt Böhmen tatsächlich am Meer.

Der Moldauhafen war damals ein belebter Umschlagplatz für Schmuggler und Fluchthelfer, aber auch für den tschechischen Geheimdienst und seine Spitzel. Dass Hamburg ein gefährliches Pflaster ist für Fluchthelfer, wissen Josef und Štefa Novák, unvorsichtig sind sie nicht. Aber ihr Geld reicht noch nicht für den großen Traum Amerika. Weitere Fluchtfahrten folgen. Doch eines Tages werden sie gewarnt. Aus den Staatssicherheitsakten des Geheimdienstes STB geht hervor, dass ihnen bei der Einreise in die ČSR die Verhaftung gedroht hätte. Im April 1949 beschließen Josef und Štefa deshalb, in Hamburg zu bleiben.

Wie Ladislav Feierabend und sein Sohn Ivo emigrieren die Nováks in die USA. Josef Novák arbeitet in Cleveland/Ohio als Stahlarbeiter. Einmal noch soll er Ladislav Feierabend begegnen, doch das Wiedersehen ist enttäuschend, sagt Hana Slávišovás Mann Aleš: »Als sie dann in Amerika waren und Onkel erfahren hat, wo Feierabend wohnt, ist er zu ihm gefahren und wollte von

27

ihm Unterstützung bei der Arbeitssuche, aber Feierabend hatte wohl genug eigene Sorgen. Onkel sagte, dass er quasi einen Kaffee bekommen hat – und dann ist er wieder gegangen.«

Im Herbst 1989 greift die große Geschichte ein zweites Mal in das Leben der Nováks und Feierabends ein. Josef und Štefa Novák erleben den Fall der Berliner Mauer und die Prager Revolution in Cleveland/Ohio. Ivo Feierabend lebt als Professor der Politikwissenschaften in Del Mar in Kalifornien. Das Ende des Kommunismus ist nicht nur das Ende der Teilung Europas. Es ermöglicht Josef und Štefa Novák auch die Rückkehr in die Heimat. Das kommunistische Regime ist nun Geschichte, ebenso sind es die Schrecken des Geheimdienstes.

Auch für Ivo Feierabend – sein Vater Ladislav verstarb am 15. August 1969 während eines Skiurlaubs in Österreich – schlägt der Herbst 1989 ein neues Kapitel in der Geschichte auf: »Als die Samtene Revolution in der ČSSR begann, war ich wie elektrisiert. Völlig überrascht war ich aber nicht. Als mir klar wurde, dass Gorbatschow tatsächlich etwas zu sagen hatte, wusste ich, dass die Sowjetunion zerfallen würde. Die Sowjetunion war immer schon eine Fiktion gewesen.«

Zwar kann Ivo am 17. November 1989 nicht in Prag sein, als die Menschen mit Blumen über die Milizen siegen. Doch auch einige Tage später kann er die vibrierende Atmosphäre des Umsturzes erleben: »Meine Begeisterung während der Samtenen Revolution war enorm. Ich war berührt von diesem Wunsch nach Freiheit und Demokratie. Eine Errungenschaft der Zivilgesellschaft. Stellen sie sich vor: Tausende und Hunderttausende sind auf den Straßen, und die Straßen bleiben sauber. Kein Fenster ging zu Bruch, nichts. Die Demonstranten haben ausländische Fernsehteams sogar gebeten, nicht in die Blumenrabatten zu treten. Unglaublich, aber wahr.«

Josef und Štěpánka Novák beschließen nach der Samtenen Revolution nach Tschechien zurückzukehren. Da man Josef

Novák in der ČSSR wegen Republikflucht und Schleusung in Abwesenheit zum Tode verurteilt hatte, war ihm eine Rückkehr bis dahin nicht möglich gewesen. Im Herbst 1989 hält ihn aber nichts mehr in Cleveland/Ohio, weiß seine Nichte Hana: »Er wollte in Tschechien sterben und vor allem in Trautenau, weil er hier lange gelebt hat. In Amerika hat er das Alter in irgendeinem Altersheim gefürchtet. Er sagte, dass die Heime nicht sehr gut sind. Die Pflege sei dort schlecht, und das hat er gefürchtet. Er sehnte sich danach, zurückzukommen.«

In Trautenau an der Aupa endet die Flucht der Nováks endgültig. Sie kehren nach vierzig Jahren zurück an den Ort, an dem alles begonnen hatte. Štěpánka Nováková stirbt am 12. Dezember 1993, ihr Mann am 13. Februar 1999. Der Friedhof ist nicht weit entfernt von dem Haus, in dem Hana und Aleš leben. Ein Wiedersehen mit Ivo Feierabend war ihnen nicht vergönnt.

Aber die Geschichte von der Flucht kann Josef Novák noch erzählen. Sie wird Teil eines europäischen Erinnerns, das mit den friedlichen Revolutionen 1989 begonnen hat, ein Erinnern, das noch nicht abgeschlossen ist und immer wieder Wunden aufreißt.

Draußen ist der Nebel dichter geworden. Nur noch schemenhaft ist die Moldau zu erkennen. Die Prager Burg ist im Dunst verschwunden. Wir sind am Ende des Interviews und der Geschichte zweier Familien, die unterschiedlicher nicht sein können. Dennoch ist es eine gemeinsame Geschichte, eine deutsch-tschechisch-amerikanische Heimatgeschichte, die ohne die Wende vielleicht in Vergessenheit geraten wäre. Doch seit dem Herbst 1989 kann man diese Geschichte erzählen – in Deutschland und in Tschechien.

Die Geschichte ist auch meine und die meines Bruders: Josef Novák, der Elbschiffer, der Ivo Feierabend und seine Familie in den Apriltagen des Jahres 1948 auf der Elbe in den Westen brachte, war der Bruder unserer Großmutter Agnes, die Hana und Aleš noch immer Aneška nennen. Die Geschichte von Josef Novák ist für mich also nicht nur eine der vielen Episoden aus der Zeit des Kalten Krieges. Sie verbindet mich auch mit der Geschichte meiner Familie im Böhmischen und mit der Elbe, auf der mein Großonkel so viele Jahre zu Hause war.

KAPITEL EINS

Von Augustus bis Adenauer
Die Elbe und ihre Grenzen

Die Elbe als Grenze: Dieses Bild hat den Strom geprägt. Adenauer zog die Vorhänge zu, wenn er mit dem Zug die Elbe überquerte. Er wollte die »asiatische Steppe« nicht sehen. Wo einst die innerdeutsche Grenze verlief, verkehren heute wieder Fähren.

KONRAD ADENAUERS ELBE

Konrad Adenauer war ein Mann des Rheins. Geboren wurde der erste Kanzler der Bundesrepublik am 5. Januar 1876 in Köln. Auch den größten Teil seines Jurastudiums absolvierte er – in Bonn und in Freiburg – am heimatlichen Strom. Ebenso rheinisch verlief Adenauers politische Karriere. Als Mitglied der katholischen Zentrumspartei wurde er 1906 Beigeordneter seiner Geburtsstadt und drei Jahre später erster Stellvertreter des Oberbürgermeisters. 1917 zog er selbst als Chef ins Kölner Rathaus ein. Adenauer war damals der jüngste Oberbürgermeister des Kaiserreichs. Der Mann vom Rhein pflegte eine ostentative Distanz zur Regierung im fernen, preußischen Berlin. »Wir leben alle unter dem gleichen Himmel«, sagte Adenauer einmal, »aber wir haben nicht alle den gleichen Horizont.«

In den Anfangsjahren der Weimarer Republik wurde Adenauers Aversion gegen das Deutschland östlich der Elbe zum politischen Programm. Wie sollte der jungen Demokratie zu mehr Stabilität verholfen werden? Preußens Ministerpräsident Otto Braun, ein Sozialdemokrat, plädierte für ein starkes Preußen mit Berlin als politischem Zentrum. Adenauer setzte dagegen ganz auf die zivilisierende Kraft des Rheinlandes, was ihm später den Vorwurf des Separatismus einbrachte. Tatsächlich gab es 1923 den Versuch, eine »Rheinische Republik« vom Reich abzulösen. *Spiegel*-Gründer Rudolf Augstein bezeichnete Adenauer posthum sogar als »die wichtigste Figur für die Abtrennung«.

Auch nach dem Zweiten Weltkrieg blieb Konrad Adenauer dem Rhein treu. Geschickt setzte er durch, dass Bonn am Rhein und nicht Frankfurt am Main 1949 zur Hauptstadt der neuen Bundesrepublik wurde. Berlin war nun auch politisch weit entfernt. Selbst als Bundeskanzler, erinnert sich der 1922 geborene Sozialdemokrat Egon Bahr, habe Adenauer mit Berlin gefremdelt. Bahr war während der dramatischen Tage des Mauerbaus unter dem Regierenden Bürgermeister Willy Brandt Leiter des Presse- und Informationsamtes in West-Berlin. Damals habe man im Rathaus Schöneberg über den fernen Kanzler in Bonn gelästert:»Der Vizepräsident der Vereinigten Staaten kommt schneller über den Ozean als Adenauer über den Rhein.«

In der Tat: Als Willy Brandt unmittelbar nach dem Bau der Mauer am 13. August 1961 zum Krisengipfel an die Spree lud, kam Präsident John F. Kennedy zwar nicht persönlich, schickte aber Vizekanzler Lyndon B. Johnson. Egon Bahr:»Er war tatsächlich früher in der Stadt als der Bundeskanzler. Dabei spielte nicht nur die Abneigung Adenauers gegen Berlin eine Rolle. Wir waren ja auch im Wahlkampf.«

Die Grenze, die Adenauer nur widerwillig überschritt, war die Elbe. Fast schon legendär ist ein Brief von 1946 an den in die USA emigrierten ehemaligen Kölner Sozialdemokraten William Sollmann:»Die Gefahr ist groß. Asien steht an der Elbe«, schrieb Adenauer und umriss damit schon sein späteres politisches Programm der Westbindung der Bundesrepublik. »Nur ein wirtschaftlich und geistig gesundes Westeuropa, zu dem als wesentlicher Bestandteil der nicht von Russland besetzte Teil Deutschlands gehört, kann das weitere geistige und machtmäßige Vordringen Asiens aufhalten.« Das war, drei Jahre vor Gründung der Bundesrepublik und der DDR, eine deutliche Absage an die Wiedervereinigung und ein ganz unverblümtes Plädoyer für die Teilung Deutschlands. Was aber waren die Motive des rheinischen Politikers Adenauer, der die Elbe nicht nur als politische, sondern sogar als Kulturgrenze verstand? Bot diese Grenze dem Rheinländer einen willkommenen Anlass, späte Rache am ungeliebten und ehedem preußischen Berlin zu nehmen?

Es kam wohl beides zusammen. Zunächst war da der katholische CDU-Politiker, der wie zu Weimarer Zeiten gegen den sozialdemokratischen und protestantischen Osten kämpfte. Um seine Wahl zum Kanzler der neuen Bundesrepublik nicht zu gefährden, verzichtete Adenauer 1949 sogar auf ein eigenständiges Bundesland West-Berlin. Die ungeliebte (und sozialdemokratische) Exklave wäre nämlich im Bundestag stimmberechtigt gewesen. Das Kalkül ging auf, aber äußerst knapp, denn Adenauer wurde mit nur einer Stimme Mehrheit gewählt.

Und da war noch immer das alte Ressentiment, das viele Rheinländer gegen Ostelbien hegten, das Land der Junker und des preußischen Obrigkeitsdenkens. Schon zu seiner Zeit als Kölner Oberbürgermeister hatte Adenauer auf den Dienstreisen nach Berlin die Vorhänge des Abteils zugezogen, wenn der Zug die Elbe überquerte. Er wollte, wie er sagte, »die asiatische Steppe nicht sehen«.

Adenauers Polemik gegen ein »Asien an der Elbe« hat aus einem Abschnitt von 94 Kilometern das gemacht, was fortan für den 1094 Kilometer langen Strom stand: Elbe gleich innerdeutsche Grenze, innerdeutsche Grenze gleich Elbe. An diesem Strom, so die Botschaft, gab es kein Sowohl-als-auch, sondern nur ein Entweder-oder. Hermetisch trennte die Elbe die Deutschen und mit ihnen Europa in ein Hüben und Drüben. Hüben entfalteten sich die junge westdeutsche Demokratie und das mit amerikanischer Hilfe ermöglichte Wirtschaftswunder. Die Bundesrepublik wurde ein verlässlicher Partner Frankreichs und der Vereinigten Staaten. Drüben hingegen herrschten Willkür, Planwirtschaft, die SED-Diktatur. Dabei gab es durchaus andere Bilder der Elbe, wie das weltweit bekannte Foto zeigt, dem die Amerikaner den Titel *Yanks meet Reds* gaben.

Vom Kalten Krieg ist noch nichts zu spüren, als sich am 26. April 1945 drei Soldaten der 58. US-Gardeschützendivision und drei Rotarmisten der 69. Infanteriedivision auf den Überresten der Torgauer Elbbrücke die Hand reichen. Freundlich ist die Atmosphäre, aber auch etwas reserviert. Die Rotarmisten stehen rechts im Bild, einer trägt eine Schapka, ein anderer eine Offiziersmütze, der Kopf des Dritten ist unbedeckt. Die US-Soldaten tragen Helme und klettern den Sowjets, die ihnen die Hände reichen, entgegen. Nicht nur an dieser Szene lässt sich erkennen, dass das Bild gestellt ist; einer der US-Boys schaut ganz unverblümt, wenn auch etwas schüchtern in die Kamera. Doch die Inszenierung schlug ein. Kurz nach dem *Shooting*, am Abend des 26. April 1945, wurden drei gleichlautende Presseerklärungen veröffentlicht. Die USA, Großbritannien und die Sowjetunion verkündeten, dass der Hitler-Faschismus besiegt sei. Das Bild mit dem »Handschlag von Torgau« ging um die Welt.

Die eigentliche Begegnung von US-Truppen und Roter Armee fand schon am Tag zuvor statt. Mit einem Schlauchboot hatten drei Amerikaner bei Strehla die Elbe überquert und dort um 13.30 Uhr den russischen Oberstleutnant Alexander Gordejew getroffen. Freilich taugte die Szenerie nicht zum symbolischen Handschlag: Auf den Elbwiesen in Lorenzkirch lagen die Leichen hunderter deutscher Zivilisten. Auch ein zweites Treffen in Burxdorf blieb protokollarisch wenig ergiebig. Weitaus symbolträchtiger waren da die Reste der gesprengten Elbbrücke in Torgau, der Ort der dritten Begegnung an diesem 25. April, erinnert sich der US-Soldat William Robertson: »Ich bewegte mich auf die Brücke zu, doch der befreite russische Kriegsgefangene erreichte sie als Erster. Er schwang sich auf den Träger und begann, voranzukriechen. Von der anderen Seite näherte sich ein russischer Soldat über denselben Träger. Ich kroch dem russischen Kriegsgefangenen nach. Gleich hinter mir folgten Fähnrich Peck und Frank Huff. Der Rest der Patrouille blieb beim Jeep. Paul fotografierte uns.«

Auch diese Begegnung, die Robertson in seinen Memoiren beschreibt, ist nicht die, die auf der berühmten Fotografie zu sehen ist. Der für die Fotografen und die Weltöffentlichkeit bestimmte Handschlag wurde einen Tag später wiederholt. Gleichwohl gibt Robertsons Schilderung etwas vom Geist der Anti-Hitler-Koalition in den letzten Kriegstagen wieder: »Um 16.45 Uhr standen wir drei Amerikaner mit den Russen am Ufer, lachten und schrien, klopften uns gegenseitig auf den Rücken und schüttelten viele Hände. Frank, George und ich schrien auf englisch, unsere Gastgeber auf russisch. Keiner verstand den anderen, aber das Gefühl der Gemeinsamkeit war unmissverständlich. Wir waren alle Soldaten, Kameraden in Waffen. Wir hatten einen gemeinsamen Feind besiegt. Der Krieg war vorbei, der Frieden nahe.«

Wie ernst es beiden Lagern mit diesem Frieden war, zeigt der weitere Lebensweg der Beteiligten. Der US-Schütze Joe Polowsky, der bei der ersten Begegnung dabei war, wurde nach seiner Rückkehr in die USA nicht müde, den 25. April 1945 als Weltfriedenstag der Vereinten Nationen zu propagieren – allerdings ohne Erfolg. Schließlich praktizierte Polowsky seinen eigenen Friedenstag – und demonstrierte jedes Jahr am 25. April auf der Michigan Avenue Bridge in Chicago seinen »Elbe Day«. In den Vereinigten Staaten belächelt und auch strafrechtlich wegen antiamerikanischer Umtriebe verfolgt, avancierte Polowsky im realsozialistischen Lager zum Friedenshelden. Dem US-Veteran schien es zu gefallen. Er starb 1983. Seinem letzten Willen folgend wurde er in einem Ehrengrab auf dem evangelischen Friedhof in Torgau bestattet. Ein US-Soldat fand seine letzte Ruhe jenseits des Eisernen Vorhangs: Das war Polowskys Beitrag zur Überwindung des Kalten Krieges – und auch der Adenauerschen Elbgrenze. Heute ist Joe Polowsky – wie auch William Robertson – Ehrenbürger der Stadt Torgau.

Nein, in den Olymp der deutschen Ströme wird es die Elbe nicht mehr schaffen. Der ist dem »Vater Rhein« vorbehalten oder, wenngleich schon etwas balkanisch, der Donau. Dennoch ließ die Elbe die Deutschen nie kalt, auch wenn der Blick sich dabei auf den jeweils »eigenen« Abschnitt des Stroms konzentrierte.

In Torgau erinnern Denkmäler und Gedenktafeln an den »Elbe Day«, der eine ganz andere Botschaft bereithielt als der Kalte Krieg, der ihm folgte. In Dresden ist die Elbe Teil einer jahrhundertealten Kulturlandschaft, vor der sich schon Canaletto mit seinen Stadtveduten verneigte. In Dessau ist es neben dem Bauhaus das Wörlitzer Gartenreich, jene Symbiose von Schönheit und Aufklärung, mit der die Fürsten von Anhalt-Dessau der Elbe huldigten. In Tschechien gilt – wie früher in Böhmen – die Elbe ganz im Gegensatz zur Moldau als »deutscher Fluss«. Und in Hamburg heißt es, die Elbe komme ohnehin von der See. Ebbe und Flut im Hamburger Hafen seien Beweis genug. So ist die Elbe ein Puzzle, das sich bis heute nicht zu einem großen Ganzen zusammenfügen möchte.

Wenn überhaupt, dann ist die »ganze Elbe« das Thema europäischer Akteure wie der Stiftung »Brücke/Most« in Dresden und Ústí nad Labem oder von Künstlern wie dem Fotografen Jörg Vanhöfen. 1998 begab sich der Mitbegründer der Fotoakademie am Berliner Schiffbauerdamm im Auftrag des Schweizer Magazins *Du* auf eine fotografische Elbreise und schuf dabei eine ganz eigene Ästhetik des Stroms. Vanhöfen will die Elbe zunächst in Schutz nehmen. Auf seinen Fotografien schiebt sich fast ausnahmslos eine pastellene Unschärfe zwischen Gegenstand und Betrachter. Mělník, Pillnitz, Meißen und Hamburg-Sankt Pauli scheint gemeinsam, dass sie ihre beste Zeit hinter sich haben. Was geblieben ist, wird in mildes Licht getaucht, weil der ungeschützte Blick womöglich schmerzen würde. Nein, zum

Heldentum taugt der Fluss nicht, den Vanhöfens fotografische Malerei zeigt, aber immerhin hat er einen Anfang und ein Ende. Und überall ist er derselbe, in Tschechien und Deutschland, in Dresden und Hamburg. Vanhöfen zeigt eine Elbe, die über der Geschichte steht.

Verglichen mit dem Rhein und der Donau, ist die Elbe für gewöhnlich aber nur ein Nebenfluss der Geschichte. Sie kann weder, wie der Rhein, ein »römisches Element« aufweisen, wie es der Historiker Hubert Glaser einmal formulierte, noch bildete sie jemals wie die Donau die Achse einer die Grenzen von Nationen und Ethnien überschreitenden Monarchie. Schön ist die Elbe, gewiss, aber leider auch unbedeutend; ein Fluss für Liebhaber, denn die Kenner wenden sich nur den wahrhaft großen Strömen zu. Aber dennoch hat die große Geschichte diesen Strom geprägt, und das nirgendwo so stark wie in jenem Abschnitt, der einst die innerdeutsche Grenze darstellte. In Schnackenburg erinnert ein Grenzlandmuseum an die Folgen der Teilung. Neben den Wachtürmen auf der brandenburgischen und der mecklenburg-vorpommerschen Seite ist es Teil einer Erinnerungslandschaft an die Zeit des Kalten Krieges und die Teilung Deutschlands und Europas. Zahlreiche Gedenksteine zeugen von Mauertoten, die an der Elbgrenze auch Elbtote waren.

Die Elbe war eine gefährliche Grenze. Auf den Landkarten, die bis 1989 gedruckt wurden, lag sie meist am Rand. Der Bundesrepublik war sie östliche Grenze und Zonenrandgebiet. In der DDR war sie Sperrgebiet, aus dem die Menschen umgesiedelt wurden. Die Elbe als »Mitte«: An diesen Blick müssen wir uns erst noch gewöhnen.

Tatsächlich waren es nicht die Helden von Torgau, die nach 1945 das Bild der Elbe prägten, sondern Politiker wie Konrad Adenauer, Walter Ulbricht und Josef Stalin. Zwar hielten Sozialdemokraten und auch Liberale nach der Aufteilung Deutschlands und Berlins in drei westliche und die Sowjetische Besatzungszone am Ziel der Wiedervereinigung fest. Am Ende aber setzte sich Adenauers Politik der Westbindung durch. Zuletzt lehnte der Kanzler vom Rhein die so genannten Stalin-Noten vom 10. März 1952 ab. Darin hatte der sowjetische Diktator angeboten, der Vereinigung der beiden Teilstaaten zuzustimmen, wenn sich ein wiedervereinigtes Deutschland – nach dem Vorbild Finnlands oder Österreichs – zur Neutralität verpflichtete. Doch am Rhein fürchtete man, ein neutrales Deutschland würde für die Sowjetunion leichte Beute sein. Damit war der Weg der drei Westsektoren in die Nato vorgezeichnet und ebenso das Schicksal Ostdeutschlands als sowjetischer Satellitenstaat. Die Elbe blieb innerdeutscher Grenzfluss.

Knapp 1400 Kilometer maß die innerdeutsche Grenze, als am 23. Mai 1949 mit der Verabschiedung des Grundgesetzes die Bundesrepublik Deutschland aus der Taufe gehoben wurde und am 7. Oktober die Deutsche Demokratische Republik. Bereits 1952 begann die DDR, diese Grenze abzuriegeln. Wo das Staatsgebiet der DDR an die Bundesländer Schleswig-Holstein, Niedersachsen, Hessen und Bayern grenzte, wurde ein Sperrgebiet mit einer »Sperrzone« von fünf Kilometern eingerichtet. Zugleich wurden die Grenzbewohner auf der Ostseite der Elbe ins Landesinnere umgesiedelt. »Aktion Ungeziefer« wurde diese Maßnahme 1952 genannt; nach dem Mauerbau 1961 folgte die »Aktion Kornblume«. 94 Kilometer lang war die Elbgrenze von Lütkenwisch/Schnackenburg bis Boizenburg/Lauenburg – und ebenso lang war der Metallgitterzaun, der auf DDR-Seite im Vordeichland errichtet wurde. Am rechten Ufer der Elbe konnten die Menschen den Strom hören, wenn er Wellen schlug, sehen konnten sie ihn nicht mehr.

Als einen »Messerschnitt entlang der Elbe« hat der Schriftsteller Eduard Claudius die Grenze 1951 bezeichnet, wohl ahnend, dass sich der Fluss von diesem Eingriff nicht mehr oder nur schwer erholen würde. Asien lag nun nicht mehr nur östlich der

Elbe, es lag nun hinter einem Eisernen Vorhang. Zehn Jahre später wurden mit dem Bau der Mauer die letzten Schlupflöcher gestopft.

Selbst in der Literatur wurde die Elbe zum Strom, der die Deutschen teilte. Über die Flucht ihrer Familie von Landsberg an der Warthe gen Westen berichtete die Schriftstellerin Christa Wolf einmal: »Wir wollten natürlich ungeheuer eilig über die Elbe, wir wollten ja eigentlich zu den Amerikanern; es ging um zwei Tage, dann wären wir über der Elbe gewesen – mein Leben wäre ein völlig anderes geworden. Und so ist es eben dieses geworden. So waren die deutschen Schicksale.«

EIN RÖMER AN DER ELBE

Grenzschicksale an der Elbe gab es schon vor mehr als 2000 Jahren – ohne sie hätte die Elbe gar nicht zum Symbol der deutschen Teilung werden können. Eines dieser Schicksale ist das des römischen Feldherrn Nero Claudius Drusus. Im Jahre 9 v. Chr. stieß der Heerführer bis zur Elbe vor, weil Augustus, sein Stiefvater und Nachfolger Cäsars als römischer Kaiser, die Ostgrenze der Nordprovinzen des Römischen Reiches vom Rhein an die Elbe verlegen wollte. Also zog Drusus drei Jahre lang durch das von Germanen bewohnte Sumpfland, bis er endlich an der Elbe stand. Diesen Moment schildert der Althistoriker Klaus-Peter Johne in seinem Buch *Römer an der Elbe:* »Im Spätsommer des Jahres 9 v. Chr. stand (…) Drusus mit einem Heer im Innern Germaniens an einem breiten Strom, den vor ihm kein römischer Feldherr und keine Legion, vielleicht nicht einmal ein römischer Kaufmann zu Gesicht bekommen hatte – am Ufer der Elbe. (…) Der Prinz ließ am Ufer ein Denkmal errichten und dokumentierte damit die endgültige Entdeckung dieses Flusses für die griechisch-römische Welt.«

Eine Überschreitung der Elbe, auf die Drusus wohl in Höhe der Saalemündung oberhalb des heutigen Barby stieß, war laut Johne nicht geplant, vielmehr trat Drusus im Wissen darum, dass bisher noch nie jemand so tief in das Land der Germanen vorgedrungen war, den Rückzug an. Der breite Strom, der sich immer wieder neue Wege bahnte und damals noch in einem zehn bis zwanzig Kilometer breiten Tal dahinfloss, wäre für die römischen Armeen ohnehin schwer zu überqueren gewesen, zumal im Spätsommer, wenn er Hochwasser führte.

Die unüberwindbare Elbe, war sie ein schlechtes Omen? Was nach der Begegnung des Drusus mit der Elbe geschah, schilderte der römische Geograf Cassius Dio in seiner Chronik aus dem 3. Jahrhundert nach Christus so: Zuerst sei Drusus auf einen Bienenschwarm getroffen, dann sei ihm eine Frau mit übermenschlicher Größe am Ufer der Elbe entgegengetreten und habe ihm zugerufen: »Wohin treibt es dich, unersättlicher Drusus? Nicht alles hier ist dir vom Schicksal zu sehen vergönnt. Denn schon nahe ist das Ende deiner Taten und deines Lebens.«

Die Prophezeiung – oder soll man sagen die Legende? – erfüllte sich. Beim Rückzug fiel Drusus vom Pferd und brach sich ein Bein. 30 Tage später starb er. Posthum verlieh ihm Augustus den Ehrentitel »Germanicus«. 25 Jahre und eine Varusschlacht später gab Tiberius, der Nachfolger des Augustus, den römischen Plan einer Elbgrenze auf. Die Osterweiterung des Römischen Imperiums war gescheitert, doch die Elbe war fortan keine *terra inkognita* mehr.

DIE GRENZFESTE KARLS DES GROSSEN

Keine zehn Kilometer von Gorleben entfernt, dem umstrittenen Standort für ein atomares Zwischenlager im Wendland, erstreckt sich längs der Elbe der bis zu 76 Meter aufragende

Höhenzug des Höhbeck. Von hier aus hat man einen herrlichen Blick auf die Elbtalaue und das gegenüberliegende Lenzen in Brandenburg. Archäologen haben auf dem Höhbeck bereits zu Beginn des 20. Jahrhunderts eine 170 Meter lange und 70 Meter breite Befestigung entdeckt. Die jüngsten Forschungen bestätigen die Vermutungen, dass es sich bei der Anlage um die Überreste eines Kastells handelt, das Karl der Große zu Beginn des 9. Jahrhunderts als Grenzfeste gegen die Slawen am rechten Ufer der Elbe anlegen ließ. Achthundert Jahre nach der Grenzbefestigung der Römer entstand an der Ostgrenze des Frankenreiches ein »nasser Limes«.

Wer vom Aussichtsturm auf dem Höhbeck durch den Wald hinabsteigt zum Steilufer und sich Richtung Vietze wendet, kann sich ein Bild machen von der Elbe als frühmittelalterlicher Grenze zwischen ostfränkischem Reich und den »Barbaren«. Mächtig strömt die Elbe an der ebenen Fläche dahin, auf der sich einst das Kastell erhob, unerreichbar scheint das gegenüberliegende Ufer. Zu Zeiten Karls war die Elbe noch immer ein schwer zu überwindendes Hindernis. Es war der Askanier Albrecht der Bär, der aus Holland Spezialisten in seine Mark Brandenburg holen ließ, damit sie die Ufer der Elbe befestigten. Erst seit dem 12. Jahrhundert fließt die Elbe in dem Bett, das wir kennen.

Auch der Höhbeck war damals ein anderer, kein Höhenzug am linken Elbufer, sondern eine langgestreckte Insel, die aus dem von zahlreichen Elbarmen durchflossenen Tal ragte. Doch gerade das machte den Ort zu einem strategisch wichtigen Punkt an der Ostgrenze des Reiches, die in Süd-Nord-Richtung von der Donau über die Saale zur Elbe verlief. Hier konnte die Elbgrenze ebenso gut verteidigt wie überschritten werden. Nach den jüngsten Erkenntnissen, die Forscher der Universität Göttingen bei ihren Grabungen an der Elbe gewonnen haben, befand sich am Höhbeck jener legendäre Handelsort Schesel, der neben Bardowick und Magdeburg im Diedenhofer Kapitular Karls des Großen aus dem Jahre 805 erstmals erwähnt wurde: »Betrifft die Kaufleute, welche ins Gebiet der Slawen und der Avaren reisen, wohin sie mit ihren Geschäften zu fahren haben, nämlich in Sachsen nach Bardevik, wo Hredi, nach Schesel, wo Madalgaud, nach Magdeburg, wo Hatto die Aufsicht führt. In Erfurt und in Hallstadt hat Madalgaud die Aufsicht, in Forchheim, Premberg und Regensburg Audulf und in Lorch Wernher.«

Für Jens Schneeweiß von der Göttinger Universität besteht kein Zweifel, dass es sich bei der Befestigung am Höhbeck um eines jener beiden Kastelle handelte, die 808 in den Reichsannalen Karls des Großen erwähnt wurden. 810 war dann sogar von einem *Castellum Hohbuoki* die Rede. Dem Handel diente es da allerdings schon nicht mehr, denn die Erwähnung steht im Zusammenhang mit einem Überfall der slawischen Wilzen, die das Kastell zerstört haben sollen. Im Gegenzug habe Karl ein Heer an die Elbe geschickt, das im folgenden Jahr eine Strafexpedition *trans albiam,* also jenseits der Elbe, durchführte, und das Kastell an alter Stelle wieder aufbauen ließ. So blieb die Elbe im frühen Mittelalter eine kaum zu überwindende Grenze zwischen dem Reich der Karolinger und den Slawen. Denn auch das hat das »Elbslawenprojekt« der Uni Göttingen nachgewiesen: Im linkselbischen Wendland haben bis zum 9. Jahrhundert keine Slawen gesiedelt. Erst als die Grenze zwischen Germanen und Slawen an der Elbe allmählich durchlässiger wurde und schließlich ganz verschwand, gewann das Gebiet an Bedeutung und erhielt den Namen Wendland.

DIE SCHLACHT BEI LENZEN

Elbe gleich Grenze, Grenze gleich Elbe: Das hat schon tausend Jahre vor Konrad Adenauer Widukind von Corvey betont. Mehr als ein Jahrhundert nach den Konflikten um das *Castellum*

Hohbuoki wurde 929 die Schlacht bei Lenzen geschlagen – der Höhepunkt der militärischen Auseinandersetzungen um die Elbgrenze. Der sächsische Geschichtsschreiber und Chronist hat dieses Ereignis vom 4. September 929 ausführlich dokumentiert. Widukind berichtet von einer »großen Schlacht«, die »frühmorgens« stattgefunden habe, und zwar »in der Nähe des Flusses, der Elbe genannt wird«.

Auch über die Hintergründe der Schlacht wird in den *Res gestae Saxonicae* berichtet, die Widukind im Dienste des Sachsenkönigs Otto I. verfasste. Zunächst habe Ottos Vater Heinrich die slawischen Stämme der Abodriten, Wilzen, Heveller, Daleminzier, Böhmen und Redarier tributpflichtig gemacht. Doch dann erhoben sich die Redarier, denen sich, so Widukind, »alle barbarischen Völker« anschlossen. Daraufhin habe Heinrich die Grafen Bernhard und Thiemar an die Elbe geschickt, wo sie die Burg Lenzen, auf lateinisch *urbs Lunkini*, belagern sollten. Nach einem erfolglosen Ausfallversuch hätten sich die Belagerten nach fünf Tagen ergeben. »Einige sagen, dass 200 000 Barbaren getötet worden seien«, schließt der Chronist sein Loblied auf die sächsische Kriegskunst, auf jeden Fall seien sämtliche Gefangenen von den Sachsen geköpft worden.

Im Jahr 929 bildet die Elbe noch immer die Grenze zwischen Germanen und Slawen, doch im ostfränkischen Reich haben sich gewaltige Veränderungen vollzogen. An der Seite der Franken kämpften nun auch die Sachsen, jener Germanenstamm, der im 8. Jahrhundert noch zu den Erzfeinden des Frankenreiches zählte. Mehr als drei Jahrzehnte brauchte Karl der Große, um diesen Gegner in den so genannten Sachsenkriegen niederzuringen – und den Besiegten den christlichen Glauben aufzuzwingen. Von da an kämpften die Sachsen Seit an Seit mit den Franken – ein Beispiel für die Integration eines unterlegenen Stammes in den ostfränkischen Reichsverband. Die Rolle der Barbaren war fortan alleine den Polaben vorbehalten, den

Elbslawen, die *po labe*, entlang der Elbe, lebten, so jedenfalls suggeriert es Widukind von Corvey in seiner Sachsengeschichte.

Einen anderen Akzent setzt der kanadische Historiker Sébastien Rossignol. Er verweist auf die Rolle Widukinds und seinen Auftrag: »Für Widukind spielen die Slawen eine wichtige Rolle (…) als unmittelbare Nachbarn und Feinde, gegenüber welchen seine Landsleute sich behaupten und gleichzeitig auch abgrenzen konnten.« Die Darstellung der slawischen Stämme als äußere Bedrohung, gegenüber der innere Konflikte zurücktreten sollen, habe, so Rossignol, gerade im Schlüsseljahr 929 eine wichtige Rolle gespielt.

Tatsächlich markierte das Jahr 929 an der Elbe eine Zäsur. Bereits in den Wintermonaten hatte Heinrich I. an der Havel die slawische Brennaburg erobert, das spätere Brandenburg. So weit nach Osten war bislang kein Herrscher des ostfränkischen Reiches vorgedrungen. Nach dem Sieg gegen die Heveller richtete sich Heinrichs Augenmerk gen Süden, gegen die Daleminzier. Nachdem er auch diese Vorfahren der späteren Sorben besiegt hatte, ließ er am westlichen Ufer der Elbe im April und Mai 929 eine hölzerne Wehranlage errichten: die Burg Meißen. Anschließend zog er im Sommer nach Prag, wo er von dem böhmischen Herzog Wenzel I. Tribut forderte.

Die Septemberschlacht bei Lenzen war also der Abschluss eines langen, erfolgreichen Jahres für Heinrich. Den Erfolg wollte der Sachsenkönig seinem Haus erhalten. Noch im selben Jahr setzte er in seiner »Hausordnung« eine neue Erbfolge durch: Das Reich sollte nicht mehr zu gleichen Teilen auf seine Söhne übergehen, sondern – ungeteilt – an den Erstgeborenen fallen. Sein Erstgeborener war der spätere Kaiser Otto der Große. Die Siege über die Slawen konnte Widukind also gar nicht hoch genug loben. Ein Gemälde des Kriegskönigs, der 936 in der Pfalz Memleben an der Unstrut starb, hängt noch heute im Fürstensaal der Burg Meißen.

Vielleicht sind es die Lieblingsplätze und die ungeliebten Orte von Herrschern und Politikern, die mehr über ihr Handeln verraten als die Chroniken der Zeitgenossen oder ihre Memoiren. Adenauer blieb zeitlebens Köln und dem Rheinland verbunden, und Karl der Große starb in seiner Königspfalz Aachen, die er schon vor seiner Kaiserkrönung hatte ausbauen lassen. Heinrich I. hing am Harz und der Unstrut und damit am sächsischen Kernland. Otto den Großen dagegen, Heinrichs Sohn und Nachfolger, zog es gen Osten, zur Elbe. Seine Lieblingsstadt war Magdeburg, und sie wurde bald, so berichtet Widukind von Corvey, zur Metropole des Heiligen Römischen Reiches: »Das ist der Otto, der nach vielen Siegen, die ich genannt habe, auch die Griechen in Apulien und Kalabrien überwunden und durch seine Tatkraft die römische Kaiserkrone an die Ostfranken gebracht hat. Er hat ferner die Metropole Magdeburg, wo man ihn, im Königsornat bestattet, noch heute sieht, mit vielen Kostbarkeiten geschmückt.«

Metropole Magdeburg, das ist im frühen Mittelalter eine erstaunliche Wendung. Anders als das Westfrankenreich mit der Metropole Paris kannte das Reich der Ostfranken keine Hauptstadt. Die ostfränkischen Herrscher zogen umher und hielten Hof in den über das ganz Reich verstreuten Pfalzen. Auch Otto hielt es so. Das »Reisekönigtum« führte ihn bald nach Quedlinburg, dann wieder nach Augsburg oder nach Aachen, wenn es galt, den Anspruch auf Lothringen zu erneuern. Dass Magdeburg für immer mit seinem Namen verbunden ist, hat nicht zuletzt mit seinen häufigen Aufenthalten dort zu tun. Dreiundzwanzigmal, so ist es in den Chroniken verzeichnet, hat Otto als König und nach 962 als Kaiser die Stadt an der Elbe besucht und damit so oft wie keine andere im Heiligen Römischen Reich.

Otto hat sein geliebtes Magdeburg reich mit weltlichen und geistlichen Kostbarkeiten geschmückt. Bereits 929, im Schlüsseljahr der Regentschaft seines Vaters, vermachte er seiner frisch angetrauten angelsächsischen Gemahlin Edgith Magdeburg als Morgengabe: Der König schenkte seiner Frau seine Lieblingsstadt. Damit trat die 805 im Diedenhofer Kapitular erstmals erwähnte Elbstadt in Konkurrenz zu Quedlinburg, der zweiten wichtigen Stadt und Pfalz im Sachsenreich, in der Ottos Vater Heinrich bestattet werden sollte. Doch das war Otto nicht genug. Kurz nach Heinrichs Tod 936 ließ er in der Elbstadt eine mächtige Pfalzanlage bauen, ein Jahr später gründete er das Moritzkloster und nahm damit, wie es unter Kirchenhistorikern heißt, eine kirchliche Rangerhöhung vor. Längst war in Otto der Plan gereift, Magdeburg zum Erzbistum zu erheben und die Reichskirche damit auch politisch im Osten zu verankern. Bis dahin unterstand Sachsen den Erzbischöfen von Mainz, Köln und Hamburg-Bremen. Der erste Schritt auf dem Weg dorthin war die Gründung des Bistums Brandenburg im Jahr 948.

Als Ottos Frau Edgith 946 starb, wurde sie in der Magdeburger Kirche bestattet. 955 ordnete Otto den Bau einer neuen, prächtigeren Kirche anstelle des alten Gotteshauses an. Vom Bau dieser Kathedrale berichtet der Chronist Thietmar von Merseburg: »Auch kostbaren Marmor, Gold und Edelsteine ließ der Caesar nach Magdeburg schaffen. In alle Säulenkapitelle befahl er sorgsam Heiligenreliquien einzuschließen.«

Im Jahr 968, sechs Jahre nach seiner Krönung zum römisch-deutschen Kaiser, konnte Otto den Papst endlich dazu bringen, Magdeburg zum Erzbistum zu erheben. Die Christianisierung der Elbslawen sollte von nun an in der Elbmetropole ihren Ausgang nehmen. Magdeburg sollte zum *Nowa Roma*, zum neuen Rom werden, und an diesem Ort wollte Otto seine letzte Ruhestätte finden. Als er 973 – wie sein Vater – in der Pfalz Memleben starb, wurden seine sterblichen Überreste in einer dreißig

Tage dauernden Reiseprozession nach Magdeburg überführt. An das Wirken dieses Kaisers für die Elbmetropole erinnert der goldene Magdeburger Reiter am Alten Markt.

Mit dem Ausbau Magdeburgs zur Metropole des ostfränkischen und schließlich des Heiligen Römischen Reiches wurde die militärische und kulturelle Grenze allmählich überwunden, die die Elbe unter Karl dem Großen und Ottos Vater Heinrich dargestellt hatte. Als Kaiser strebte Otto über die Elbe hinaus. Dazu mussten allerdings die Slawen christianisiert und in den Reichsverbund eingegliedert werden – so wie wenige Jahrzehnte zuvor die Sachsen. Magdeburg kam dabei eine Schlüsselrolle als Brückenkopf einer Politik zu, die man heute die erste Osterweiterung Europas nennen könnte. Mit der Gründung neuer Bistümer in Meißen, Zeitz und Merseburg sicherte Otto diese Expansion nach Osten auch kirchenpolitisch ab. Als nach dem Slawenaufstand von 983 und dem zwischenzeitlichen Verlust der Mark Brandenburg 1157 die alte Ordnung wiederhergestellt war, wurde Magdeburg zum Ausgangspunkt der Ostsiedlung. Bis nach Kiew sollte das Magdeburger Stadtrecht schließlich reichen. Die Elbe als Grenze war vorerst Geschichte.

OSTELBIEN UND BISMARCK

Als Konrad Adenauer, der Kanzler vom Rhein, am 5. Januar 1876 geboren wurde, war Otto von Bismarck, der Kanzler des Deutschen Reiches, 61 Jahre alt. Fünf Jahre zuvor hatte der stramm konservative Politiker sein Lebenswerk vollbracht. Nach drei Kriegen gegen Dänemark, Österreich und Frankreich war es ihm gelungen, das Deutsche Reich mit »Feuer und Schwert« zu schmieden – mit Preußen an der Spitze.

Otto von Bismarck ist der Gegenentwurf zu Konrad Adenauer: Preuße, Protestant und ein Mann von der Elbe. Im Früh-

jahr 1847 schrieb Bismarck seiner Verlobten Johanna von Puttkamer aus Schönhausen an der Elbe: »Es ist 7 Uhr Morg. −2 Grad,
aber es kommt mir wärmer vor; der Schnee fällt seit einer Stunde
leise, ohne dass sich das geringste Lüftchen regte, senkrecht, auf
der Gegend liegt Nebel, und wie hier das Ticken einer großen
Uhr, so ist draußen nichts zu hören als das leise Klirren des glei-
tenden Eises auf dem Wasser und der eintönige Schrei der wilden Gänse, die mir willkommene Boten sind, dass das Tauwetter
Bestand haben wird.«

Poetische Worte, die so gar nicht zum späteren Eisernen
Kanzler passen wollen. Doch 1847 war Bismarck noch nicht der
Politiker, den man kennt. Eben erst war er aus Pommern aufs
heimatliche Gut in Schönhausen zurückgekehrt, wo er von nun
an als Deichhauptmann fürs rechte Elbufer von Jerichow bis
Sandau kurz vor der Havelmündung zuständig war. Die Stimmung am großen Strom der Altmark hat er in den Briefen an
seine Verlobte festgehalten und auch die mächtige Natur des
Stroms: »Geliebteste, die Elbe fängt schon wieder an zu fallen,
steht aber noch 8 bis 10 Fuß höher als die umliegende Gegend,
und nur durch schmale Dämme, auf denen grade ein Wagen
fahren kann, wird diese unabsehbare Wassermasse zusammengehalten und verhindert, sich über das Land zu ergießen. Wenn
Gott nicht den Frost schickte, der einstweilen die Zuflüsse in
Fesseln schlug, so bekamen wir einen sehr gefährlichen Stand.«

Das Geburtshaus Bismarcks steht nicht mehr. 1958 wurde
Schloss Schönhausen geschleift. Bismarck galt in der DDR als
Personifizierung des preußischen Militarismus. An einen wie ihn
wollte man sich nicht erinnern. Allerdings blieb der so genannte
Zofenflügel stehen, da eine Familie, die dort einquartiert war,
auch nach mehrmaliger Aufforderung nicht ausziehen wollte.
Heute beherbergt er ein kleines Bismarck-Museum, das Auskunft gibt über die Geschichte der Familie und des Gutes am
östlichen Ufer der Elbe.

Im Jahr 1345 wurden Klaus von Bismarck, dem Oberhaupt einer Stendaler Patrizierfamilie, vom Markgrafen der Altmark Schloss Burgstall samt der umliegenden Wälder verliehen. Dass seine Familie bereits vor den Hohenzollern zum Altadel der Altmark gehörte hatte, erfüllte Otto von Bismarck zeitlebens mit Stolz. Bereits unter den Askaniern und Luxemburgern hatte die Entwicklung der Gutsherrschaft in der Altmark und in den östlich der Elbe gelegenen Provinzen der Mark Brandenburg begonnen. Infolge von Agrarkrisen und Hungersnöten waren jedoch bald zahlreiche Bauernstellen verwaist. Davon profitierte der ostelbische und altmärkische Adel, dessen Güter immer größer wurden. Auch die Bismarcks mussten im 14. Jahrhundert keinen Vergleich scheuen. So gehörte zu Schloss Burgstall die Letzlinger Heide, mit 185 Hektar Fläche noch heute der größte Lindenwald Europas.

Der Waldbesitz verursache 1562 allerdings einen Knick in der Bismarckschen Familiengeschichte. Kurfürst Johann Georg hatte ein Auge auf das riesige Jagdgebiet geworfen und zwang die Bismarcks zum Gebietstausch. Die Familie musste Schloss Burgstall und die Letzlinger Heide hergeben und erhielt stattdessen Schloss Schönhausen. Die Macht der Landesherren, die 1356 den Kurfürstentitel errungen hatten, war damals noch groß genug, um Adlige wie die Bismarcks zu ärgern. Wirtschaftlich freilich wurden die ostelbischen Junker immer einflussreicher. Nach dem Dreißigjährigen Krieg konnten sie ihren Besitz noch einmal vergrößern. Die Bauern hingegen, die auf den Gütern schufteten, wurden rechtlich noch schlechter gestellt.

Die Gutsherren übten bald als so genannte Ortsobrigkeit die Patrimonialgewalt aus, und so waren beispielsweise die Bismarcks in Schönhausen Agrarunternehmer, Bürgermeister, Richter und Leibherren in einem. »Im Prinzip stellten die Gutsherrschaften einen ›Staat im Staate‹ dar«, schreibt der Historiker Malte Schmiedhäuser über die Agrarverfassung der Frühen Neuzeit,

»denn die unfreien Bauern standen durch die Unterwerfung unter die in der Hand des Gutsherrn konzentrierten Herrschaftsrechte nur mittelbar unter der Herrschaft des Landesherrn.« Und Max Weber, der große Soziologe der Arbeitswelt, urteilte: »Die ostelbischen Güter sind keineswegs nur Wirtschaftseinheiten, sondern politische Herrschaftszentren.«

Noch heute kann man diese Konzentration der Macht in der Schönhauser Dorfkirche, die August II. von Bismarck nach dem Dreißigjährigen Krieg wieder aufbauen ließ, erkennen: Neben dem Altar bildet die Herrschaftsempore der Bismarcks und Kattes den Blickfang der Kirche, denn die ostelbischen Junker hatten im Dorf auch das letzte Wort in kirchlichen Angelegenheiten. Im Taufbecken der Schönhauser Kirche wurde Otto von Bismarck am 1. April 1815 getauft.

Seine Jugendjahre verbrachte Otto von Bismarck auf den väterlichen Gütern in Pommern. Nach dem Tod des Vaters und der Heirat mit Johanna von Puttkamer kehrte er nach Schönhausen zurück. Zu dieser Zeit roch es in Preußen bereits nach Revolution. Die Liberalen in Berlin forderten eine Verfassung, worauf Preußens Krone zunächst mit der Einberufung des Preußischen Landtags, einem Ständeparlament, reagierte, dem bald auch Bismarck angehörte. Als das Scheinparlament im Juni 1847 aufgelöst wurde, so der Bismarck-Biograph Lothar Gall, verließ Bismarck es »mit dem Ruf eines erzreaktionären Junkers, eines Mannes, der bei aller äußerer Wortgewandtheit und Geschicklichkeit geradezu die Karikatur einer völlig rückwärtsgewandten, mittelalterlichen Existenz sei«. Ähnlich muss es König Friedrich Wilhelm IV. gesehen haben, der nach der ersten Begegnung mit Bismarck hinter vorgehaltener Hand lästerte: »Riecht nach Blut. Nur zu gebrauchen, wo das Bajonett schrankenlos waltet.«

Bismarck war nun beides, Politiker *und* Junker, und in beidem hatte er Erfolg. Bereits in Pommern war es ihm und seinem Bruder Bernhard gelungen, die Güter Kniephof, Külz und Jarchelin mit einer Fläche von insgesamt 550 Hektar wieder profitabel zu machen. Es war nicht zuletzt diese wirtschaftliche Unabhängigkeit, auf der die Macht der Großgrundbesitzer nach der Proklamation des Kaiserreiches gründete. 1895 notierte Max Weber: »Bis in die Gegenwart hinein hat im preußischen Staat die Dynastie politisch sich auf den Stand der preußischen Junker gestützt.« 1904 ergänze er: »Die Klasse ländlicher Grundbesitzer Deutschlands, die hauptsächlich aus ostelbischen Adligen besteht, beherrscht politisch den deutschen Staat.«

Die Junker haben also die Revolution von 1848 nicht nur überstanden, sondern ihre Macht gegenüber den bürgerlichen Milieus behaupten und sogar ausweiten können. Für den Historiker Hartmut Harnisch war dies nur möglich, weil in den ostelbischen Provinzen Preußens und in der Altmark immer mehr bürgerliches Kapital in die Gutswirtschaft floss. 1857 waren in Preußen von den 12 342 Herrschaften und Rittergütern nur noch 7025 im Besitz adliger Familien wie der Bismarcks. 5317 Güter – und damit 43 Prozent – gehörten bürgerlichen Grundbesitzern. Der politischen Stellung des Adels tat dies nach Harnischs Ansicht keinen Abbruch. Gehörten die bürgerlichen Agrarier vor 1848 noch zum liberalen politischen Spektrum, wurden sie nach der gescheiterten Revolution zunehmend konservativer. So kam es, dass der Adel nicht etwa verbürgerlichte, sondern die bürgerlichen Grundbesitzer »feudalisiert« wurden. Als in Preußen über die Aufhebung der Patrimonialgesetzgebung debattiert wurde, war es für das Bündnis aus Bürgerlichen und Adligen ein Leichtes, das Vorhaben abzuwehren.

Ganz anders verlief die Entwicklung westlich von Elbe und Saale. Weder übten die Grundherren dort die niedere Gerichtsbarkeit und Polizeigewalt aus – beides lag in der Obhut des jeweiligen Landesherrn –, noch waren sie selbst Agrarunternehmer. Die Abhängigkeit der Bauern in Süddeutschland, aber auch in der preußischen Rheinprovinz beschränkte sich auf Abgaben wie den Zehnt, Zinsen und Pachtgebühren. Leibeigenschaft war eher selten, und oft konnten die Bauern ihre Höfe sogar vererben. Diese bäuerlichen Anwesen mit einer durchschnittlichen Größe von fünf bis zwanzig Hektar warfen allerdings viel weniger Gewinn ab als die ausgedehnten Gutsherrschaften östlich von Elbe und Saale und in der Altmark. Kein Wunder also, dass die Adelsgüter in Preußen recht ungleich verteilt waren. Von den erwähnten 12 342 Herrschaften und Rittergütern lagen nur 893 in den preußischen Provinzen Rheinland und Westfalen.

Auch politisch unterschied sich der Adel im Westen von den Junkern im Osten. Die zahlenmäßig und auch ökonomisch weit schwächeren Stände in den preußischen Westprovinzen suchten den Kompromiss mit dem Bürgertum und das Bündnis mit den Liberalen. So entstand im Kaiserreich westlich und östlich der Elbe ein Agrardualismus, dessen Gegensätze sich bald zuspitzen sollten. Während im Westen das Bündnis zwischen Bürgertum und Adel eine politische Modernisierung anstrebte, pochten die ostelbischen Junker auf ihre jahrhundertealten Machtpositionen. »Diese Mentalität«, schreibt Hartmut Harnisch, »hatte nicht zuletzt ihren Anteil an den deutschen Katastrophen des 20. Jahrhunderts.«

Konrad Adenauers Ressentiment gegen den Osten kam also nicht von ungefähr. Schon vor der Teilung Deutschlands in einen rheinisch-kapitalistischen und einen preußisch-sozialistischen Teilstaat schied die Elbe zwei Kulturen, die unterschiedlicher nicht sein konnten. Nur in einem unterschieden sich Otto von Bismarck, der erste Kanzler des Deutschen Reichs, und Konrad Adenauer, der erste deutsche Bundeskanzler, wenig voneinander: Beide suchten Deutschland nach ihrem Bilde zu formen. Bismarck schuf ein Reich, in dem Preußen nicht aufgehen musste, weil es ihm vorstand. Adenauers Westbindung verortete die Bundesrepublik hingegen so weit im Westen, wie Preußens Deutschland ostelbisch gewesen war.

Die Elbe, die mit der Gründung der DDR und der Bundesrepublik de facto zur Staatsgrenze wurde und die zur Zeit Karls des Großen und der Sachsenkönige die Grenze des Frankenreiches gegen die slawische Welt gebildet hatte, stellte auch im Agrardualismus zwischen West- und Ostelbien eine Grenze dar. Selbst die Evolution hielt sich an diese Grenzziehung: Östlich der Elbe ist das Revier der grauschwarzen Nebelkrähen, während die schwarzen Rabenkrähen westlich des Stroms verbreitet sind. Da ist die Geschichte eines Mannes umso bemerkenwerter, der sich mit dem Schicksal der Elbe als Grenze nicht abfinden wollte, sondern sie – mit einem Faltboot – zu überwinden suchte.

Im Jahr 1955, als Adenauer Westdeutschland in die Nato führte, unternahm der Dresdener Schriftsteller Reinhard Höhne eine Reise, die mit großer Politik wenig, mit persönlicher Überzeugung aber umso mehr zu tun hatte. *Elbefahrt durch Deutschland* nannte Höhne seine Fahrt von Dresden flussabwärts. Von Anbeginn ließ der damals 33-Jährige keinen Zweifel aufkommen, dass er das eine Deutschland meinte und nicht die beiden, die Adenauer im Sinn hatte. Über den Start in Dresden schrieb Höhne: »Wer täglich mehrmals über die Brücken geht, die Altstadt und Neustadt verbinden, der ist der summarischen Redensart von den zwei Deutschländern ›diesseits und jenseits‹ der Elbe leid. Dresden wird nicht halbiert durch diesen Strom, der zugleich ein unzerstörbarer Teil des Vaterlandes ist. Niemals gedenkt der Dresdener sich damit abzufinden, dass die Elbe irgendwo da unten auch nur auf einem knappen Elftel ihres Laufes zur widernatürlichen Grenze geworden ist und dass Hamburg seitdem ›in Westdeutschland‹ liegen soll.«

Sprach da ein unbelehrbarer Patriot aus dem im Krieg schwer beschädigten Elbflorenz, der sich mit den Nachkriegsrealitäten nicht abfinden konnte? Gar ein Nationalist, der sich mit der Feder gegen einen SED-Staat wandte, der die Teilung selbst mit betrieben hatte? Oder suchte da ein Bürgerlicher ein Publikum, indem er sich trotzig auf eine Reise begab, die wohl jeder zu dieser Zeit zu einer *mission impossible* erklärt hätte? Der Reisende selbst gab über sein Motiv nur spärlich Auskunft: »Im Sommer 1955 machte ich eine Faltbootreise der Elbe zuliebe und dieser verdammten Grenze zum Trotz. Mit Faltboot und Zelt hatte ich zwei der Schlüssel zum vielschichtigen Wesen des Stromes in der Hand. Aber beileibe keinen Schlüssel zur Staatengrenze! Boote dürfen dort nicht durch, unter keinen Umständen; das versicherten mir alle Leute, die es wissen mussten. Ich scherte mich nicht darum.«

Über Höhne selbst wissen wir bis heute wenig, außer dass er im KZ gesessen hatte und im Sachsenverlag Dresden, in dem 1956 seine *Elbefahrt durch Deutschland* erschien, 1959 noch einen weiteren Band veröffentlichte: *Menschen bei der Arbeit*. Darüber hinaus war er Verfasser historisch-autobiographischer Erzählungen etwa über Albrecht Dürer und Jürgen Wullenwever, Lübecks Bürgermeister im 16. Jahrhundert. Offenbar gehörte Höhne zu jenem Milieu Dresdens, das die bürgerlich-christlichen Traditionen und vor allem stadtbürgerliches Bewusstsein auch nach 1949 pflegte. Zugleich zeigte er aber eine gewisse Sympathie für die sozialistischen Neuerungen: »Es gilt aber erst recht, ein sozialistisches Dresden anstelle der alten Residenzstadt aufzubauen; eine Stadt der Künste, der Wissenschaften und der Industrie. (…) Dresden entsteht neu. Die lebende Generation wird nicht aufhören, um Unwiederbringliches Leid zu klagen. Die kommenden aber werden unbeschwerter und sicherer in einer lichten Stadt wohnen.«

Auch Erich Kilian, der die Elbefahrt Höhnes mit dem Fotoapparat begleitete, ist heute weitgehend vergessen. 1950 lieferte er die Standfotos zur Defa-Produktion *Das kalte Herz*, eine Verfilmung des gleichnamigen Märchens von Wilhelm Hauff.

Zwei Jahre zuvor fotografierte er die Dreharbeiten zum Film *Das Mädchen Christine.*

Unter welchen Bedingungen der Sachsenverlag das Buch veröffentlichen konnte, ist gleichfalls unbekannt. So müssen wir uns an das halten, was Höhne auf seiner Paddeltour nach Hamburg selbst preisgibt. Die wohl aufschlussreichste Passage über die Rechtmäßigkeit seines Unterfangens liest sich so: »›Aber nein, mein Lieber! Unter gar keinen Umständen! Bis hierher und nicht weiter‹, sagte der Volkspolizist in Wittenberge. ›Na schön‹, antwortete ich. ›Aber ich brauche nun mal die ganze Elbe für mein Buch. Wissen Sie, was ich jetzt mache?‹« Die Antwort des Volkspolizisten war denkbar einfach: Er solle sich in den Zug setzen und zurückfahren. Doch Höhne blieb stur, so schnell wollte er nicht aufgeben: »›Jawohl‹, versetzte ich, ›ich fahre mit der Eisenbahn, aber nicht zurück, sondern runter nach Schwanheide, und zwar mit Sack und Pack. Dort passiere ich den vorgeschriebenen Kontrollpunkt, und dann reise ich mit der Bundesbahn auf dem linken Elbufer wieder hundert Kilometer stromauf, damit ich drüben mein Boot wieder einsetzen und dennoch den ganzen Strom damit bereisen kann. Das geht doch, nicht wahr?‹« Der Volkspolizist grübelte einen Moment und meinte schließlich: Ja, das gehe. Allerdings müsse sich Höhne mit seinem Boot dann immer am linken Elbufer halten, weil die Grenze mitten durch den Strom verlaufe.

Also machte sich Höhne auf den Weg. Weil am linken Elbufer keine Bahnstrecke verlief, löste er eine Fahrkarte bis Dannenberg und paddelte die Jeetzel hinab bis zur Elbmündung nach Hitzacker. Den Dialog mit dem Volkspolizisten ließ die DDR-Zensur passieren. Fotos und Reisebeschreibungen entlang der Elbgrenze waren dagegen tabu.

Bis heute gehört Reinhard Höhnes Reportage zum Eindruckvollsten, was an Reiseberichten über die Elbe geschrieben wurde. Nah an den Menschen und ihrer Geschichte berichtete er vom kargen, aber ereignisreichen Leben eines Fischers in Dessau, vom Niedergang der Kettenschifffahrt, von den ärmlichen Verhältnissen in Havelberg, vom herausgeputzten Charme Lauenburgs und vom ungewohnten Großstadttreiben in Hamburg. In den Dialogen über die Lage diesseits und jenseits der Grenze gelingt Höhne – der Elbe sei Dank! – eine deutsch-deutsche Momentaufnahme, die zeigt, dass zehn Jahre nach dem Krieg und sechs Jahre vor dem Bau der Grenzanlagen noch keine Mauer in den Köpfen entstanden war.

Freilich entwickelten sich beide Deutschlands schon auseinander – und Höhne war hin- und hergerissen. Auf der einen Seite standen die Menschen und die Geschichte der Elbstädte, die er bis in die Zeit der Sachsenkönige kenntnisreich beschrieb, auf der anderen bemerkte er über die hohen Fahrpreise für die Hamburger Straßenbahn: »Ich überdachte, dass wir bald nicht minder schöne Wagen, dann aber mit billigeren Fahrpreisen haben würden als Hamburg heute.« Während einer Rundfahrt im Hamburger Hafen geißelt er wiederum die Politik der DDR, die den Reedereien aus dem kapitalistischen Ausland die Fahrt auf der Elbe verwehrte. »Der halben Welt winken wir zu, und die halbe Welt winkt zurück. (...) Warum verwehrt man Hamburg, Mittler zwischen Ost und West, das Tor zu dem riesigen, krisenfreien, demokratischen Weltmarkt zu sein. Der Binnenschiffhafen liegt am oberen Elblauf, jenseits der Brücken; aber nicht nur deswegen treffen wir hier so wenig Elbkähne an. Denn seit Hamburg kein ganzes Deutschland mehr im Rücken hat, kann es trotz aller Umtriebigkeit seine Mission als deutscher Welthafen nur noch unvollkommen erfüllen.«

Reinhard Höhne, der dem Lauf der Elbe zwischen Dresden und Hamburg folgte, ignorierte nicht nur die innerdeutsche Grenze, die die Elbe auf einem Elftel ihres Weges darstellte; er begriff auch, dass dieser mächtige Strom mitten in Europa seine ganze Wirkung nur entfalten kann, wenn Deutschland ungeteilt ist. Dies noch zu erleben, blieb Höhne versagt. Doch die Elbe-fahrt durch Deutschland, die heute das Buchregal so manchen Elbliebhabers schmückt, hat seinen Lesern schon 1956 vermittelt, dass diese Grenze mitten durch Deutschland nicht das letzte Wort der Geschichte sein konnte. Damit war Reinhard Höhne, der Mann von der Elbe, in gewisser Weise der Gegenentwurf zu Konrad Adenauer, dem Mann vom Rhein, weil er den Blick nicht auf das Trennende gerichtet hat, sondern auf das Gemeinsame.

Über eines hätte sich Höhne, der Liebhaber des Stroms, seiner Menschen und seiner Natur, sicher gefreut. Die Grenze, gegen die er 1955 so tapfer und unerschrocken anpaddelte, hatte auch ihre guten Seiten. Weil die innerdeutsche Grenze hüben wie drüben Peripherie war, konnte sich der Naturraum Elbe ungehindert entfalten. Seit dem Fall der Mauer ist er als Biosphärenreservat Flusslandschaft Elbe auf beiden Seiten ein ökologischer Schatz.

Am Höhbeck, den Karl der Große und Heinrich I. zur Grenzfeste gegen die Slawen ausbauten und der zu Zeiten der Teilung und des Kalten Krieges den »Gartower Riesen« beherbergte, eine 344 Meter hohe Funkanlage und Abhörstation, ist die Elbe heute zur Brücke im Vierländereck Niedersachsen, Sachsen-Anhalt, Brandenburg und Mecklenburg-Vorpommern geworden. Schweift man durch die weiten Elbtalauen, kann man erleben, dass die Natur des Flusses mächtiger ist als die Grenzziehungen der Menschen.

Auch Reinhard Höhne war dem Reiz der Elbtalauen in Mitteldeutschland erlegen. »Wahrhaftig, käme die Loreley an die Elbe zu Gast«, schrieb er in seiner *Elbefahrt durch Deutschland*, »hier ließe sie sich nieder.«

KAPITEL ZWEI

Sachsens Glanz und Preußens Gloria
Warum Friedrich II. Dresden zerstörte

Das Zeithainer Lustlager war eine Machtdemonstration Sachsens gegenüber Preußens Soldatenkönig und dem jungen Kronprinzen Friedrich. Sie war umsonst. Heute erinnern nur noch zwei Obeliske bei Riesa an den Ort des Geschehens.

STAATSBESUCH IN DRESDEN

Eigentlich galt die Liebesfalle seinem Vater. Preußens König Friedrich Wilhelm I. und sein Sohn Friedrich, der Kronprinz, wurden an einem Januarabend des Jahres 1728 durch die Gemächer des Dresdner Schlosses geführt. August der Starke hatte den Besuch aus Berlin zuvor mit reichlich Alkohol aufgemuntert. Der Womanizer von der Elbe konnte es nicht glauben, dass der Königskollege von der Spree tatsächlich sittsam war und seiner Gattin treu ergeben. Das abendliche Defilee durchs Dresdner Schloss war also eine Probe: Vor den Augen des Sohnes wollte August den preußischen Soldatenkönig der Untreue überführen. Wie geschickt er das inszeniert hatte, davon geben die *Mémoires* der Wilhelmine von Bayreuth Kenntnis, der Lieblingsschwester und Vertrauten des Kronprinzen und späteren Königs Friedrich II. von Preußen. »Eines Abends nach einem Trinkgelage führte der König von Polen den König wie von ungefähr in ein reich ausgestattetes Gemach von auserlesenem Geschmack. Mein Vater stand in Bewunderung vor all den Schätzen, als man plötzlich eine Tapetenwand hob und ein höchst unerwarteter Anblick sich darbot. Es war eine weibliche Gestalt im Kostüm der Eva, die nachlässig auf einem Ruhebett ausgestreckt dalag. Das Geschöpf war schöner, als man Venus und die Grazien darstellt; ihr Körper wie aus Elfenbein war weiß wie Schnee und schöner gestaltet als der medizeischen Venus in Florenz. Das Kabinett, das diesen Schatz in sich barg, war von so vielen Kerzen beleuchtet, daß ihr Schein das Auge blendete und die Schönheit dieser Göttin noch strahlender erschien.«

Eine »Komödie« nannte Wilhelmine den plumpen Versuch des sächsischen Hofs, den preußischen König zu verführen. Den preußischen König konnte August wohl nicht beeindrucken, den Kronprinzen, wie es scheint, doch, denn der Vater soll ihm angesichts der nackten Gräfin eilig einen Hut vor die Augen gehalten haben.

Friedrich Wilhelm hatte sich am 13. Januar 1728 auf den Weg an die Elbe gemacht. Die Einladung des Sachsenkönigs bestand schon länger, doch nun war der richtige Zeitpunkt gekommen. Preußens so soldatischer König litt an einer schweren Depression, er hatte sogar vorgeschlagen, zugunsten des Sohnes vorzeitig auf den Thron zu verzichten. Friedrich Wilhelm von Grumbkow, Berater und Mitglied der Zechrunde im berüchtigten Tabakskolleg des Königs, nutzte die Gunst der Stunde. Grumbkow gehörte zur sogenannten kaiserlichen Fraktion am preußischen Hof und wollte die neue Großmacht enger an Wien binden. Die englische Partei am Hofe, zu der auch die Königin gehörte, plante dagegen eine Doppelhochzeit Friedrichs und seiner Schwester Wilhelmine mit Sprößlingen des englischen Hofes. In Wien sah man ein solches Bündnis Preußens mit England voller Sorge, bedeutete es doch eine Gefahr für die österreichische Vorherrschaft im Heiligen Römischen Reich deutscher Nation. Grumbkows Vorschlag, Friedrich Wilhelm möge die Einladung Augusts annehmen, um sich von seiner Schwermut zu befreien, entsprang dem politischen Wunsch Wiens, Preußen, die neue Konkurrenz zu Sachsen und Österreich, mit dem Besuch in Dresden freundlich zu umarmen.

Anlass für den Berliner Staatsbesuch in Dresden bot der berühmte Karneval an der Elbe. Selbst der so nüchterne Soldatenkönig empfand eine gewisse Vorfreude auf das Spektakel, wie er in einem Brief an den Fürsten Leopold von Anhalt-Dessau, bekannt als der Alte Dessauer, gestand: »Ich gehe am Dienstag nach Dresden, da werde ich so viel neues wissen. Ich freue mich in eine andere Welt zu kommen.« Eine andere Welt war es tatsächlich, die den Soldatenkönig an der Elbe erwartete. Glich

Berlin zu dieser Zeit eher einer Kaserne, war Dresden eine Stadt im Rausch. Im Mittelpunkt der Dresdner Pracht stand der Fluss. Zu seinen Ufern hatte August den Zwinger bauen lassen, die katholische Hofkirche und, auf der Neustädter Seite, das Japanische Palais. Von dort wird später auch der Venezianer Bernardo Bellotto, besser bekannt als Canaletto, seine erste Vedute Dresdens malen.

Elbflorenz wurde Dresden schon damals genannt, und dass dies eine gwisse Berechtigung hatte, konnte der Besuch aus Preußen kaum bestreiten. Untergebracht war Friedrich Wilhelm im Palais des Grafen August Christoph von Wackerbarth, von dem er später sagte: »Als ich das Haus des Grafen Wackerbarth betrat, glaubte ich im königlichen Schloss zu Berlin zu sein.« Zwei Tage nach dem Eintreffen Friedrich Wilhelms brannte das prachtvolle Palais ab.

Friedrich hat das Palais nicht mehr gesehen, denn er war noch nicht in Dresden eingetroffen. Eigentlich wollte der Vater ihn gar nicht dabei haben. Erst auf Intervention Augusts – und der Schwester Wilhelmine – reiste der Kronprinz schließlich nach. Auch für Friedrich war Dresden eine Offenbarung, wie seinem ersten Brief aus der Fremde an die Schwester vom 26. Januar 1728 zu entnehmen ist: Beeindruckt zeigte er sich von August (»Er ist geistvoll, sehr höflich gegen jedermann und hat viel Lebensart.«), von der Pracht am Hofe (»Lustbarkeiten, fast alle Tage Redoute (Maskenball, U.R.), nur die Sonn- und Feyertage ausgenommen.«) und dem Empfang, der ihm bereitet wurde (»Ich habe mich als Musiker hören lassen. Richter, Buffardin, Quantz, Pisendel und Weiß haben mitgespielt. Ich bewundere sie. Sie sind die besten Künstler bei Hofe.«). Unterschrieben war der Brief mit »Frédéric le Philosophe«.

Schwester Wilhelmine fand noch in ihren Memoiren Worte des Erstaunens und der Bewunderung für den Hof, der so anders war als der preußische: »Der Hof zu Dresden war damals der glänzendste Deutschlands. Die Pracht war hier bis aufs Äußerste getrieben, und man frönte allen Genüssen; mit Recht durfte er mit der Insel Cythere verglichen werden: die Damen waren sehr liebenswert und die Herren sehr galant.« Kythera, das ist in der griechischen Mythologie die Insel der Aphrodite. Hier soll die Göttin der Liebe aus dem Meer gestiegen und an Land gegangen sein. Was für ein Gegensatz zum Hof des Vaters. In ihren Briefen sprach Wilhelmine von Schloss Wusterhausen, dem Lieblingsschloss des Soldatenkönigs, in dem er zu reichlich Bier und derben Zoten sein Tabakskollegium empfing, von einem Hades, einer Hölle also, gelegen am Styx, jenem Fluss, der das Reich der Lebenden von der Totenwelt trennt.

Friedrich vergnügte sich ganz offensichtlich im sächsischen Reich der Lust- und Kostbarkeiten. Der Anblick der nackten Gräfin Formera soll für den Kronprinzen – zumindest der Legende nach – alles andere als eine Zumutung gewesen sein. Die Gräfin soll den Kronprinzen sogar ins Liebesleben eingeführt haben. Friedrich, der in Dresden am 24. Januar seinen sechzehnten Geburtstag feierte, begehrte allerdings eine andere. Er hatte sich in die Gräfin Orzelska verliebt, eine uneheliche Tochter Augusts und zugleich dessen Lieblingsmätresse. Die Orzelska wurde Friedrichs Geliebte – und Dresden, die neue Welt, ein Ort der amourösen Entdeckungen und der sexuellen Leidenschaft. Noch viele Jahre später sollte er aus Rheinsberg seinem Philosophenfreund Voltaire über die Orzelska schreiben: »Sie hauchte mir in meiner zartesten Jugend zwei Leidenschaften auf einmal ein: Sie können sich denken, es waren die Liebe und die Dichtkunst. Dieses kleine Wunder der Natur, mit allen nur möglichen Reizen begabt, besaß Geschmack und Zartheit und versuchte mir beides mitzuteilen. In der Liebe gelang es mir vortrefflich, in der Dichtkunst schlecht.«

Friedrichs Schwester Wilhelmine wusste wie stets Bescheid: »Mein Bruder hat sich leidenschaftlich in die Gräfin Orzelska

verliebt«, schrieb sie in ihren Memoiren, und sie empörte sich
darüber, welche Anstrengungen August unternahm, den Berliner Gast von seiner Tochter und Mätresse fernzuhalten.

Dresden mit seiner Pracht und der Verheißung sinnlicher
Gelüste war Friedrich so ans Herz gewachsen, dass er ,nach Berlin zurückgekehrt, alsbald schwermütig wurde.»Der König hatte
ihn in argem Verdacht«, schrieb Franz Kugler in seiner zum
Klassiker des 19. Jahrhunderts avancierten Biographie,»dass das
freie Leben in Dresden schuld an seinem kränkelndem Zustand
sei.« Im Klartext hieß das: Bei seinen Amouren an der Elbe
hatte sich der Kronprinz eine Geschlechtskrankheit zugezogen.

Doch den Kronprinzen plagte nicht nur die Krankheit. Der
Staatsbesuch an der Elbe war Geschichte, nun hieß es wieder
exerzieren. Dem ebenso bildungshungrigen wie sensiblen jungen
Mann war es untersagt, Flöte zu spielen und Französisch zu par-
lieren. Er hatte also reichlich Gründe, schwermütig zu werden.

Friedrich sollte Dresden erst im Siebenjährigen Krieg wiedersehen. Diesmal kam er als Zerstörer. Elbflorenz wurde dem
Erdboden gleichgemacht.

SACHSENS GLANZ UND PREUSSENS GLORIA

Es gibt da diese Szene mit Silvio Hildebrandt als Friedrich II. in
Hans-Joachim Kasprziks legendärem und bald auch sprichwört-
lichen Sechsteiler *Sachsens Glanz und Preußens Gloria*. Während
des so genannten Zeithainer Lustlagers, einer opulenten Heeresschau an der Elbe, tanzt die Gräfin Orzelska und lächelt hinter
ihrem Fächer dem preußischen Kronprinzen zu. Friedrich Wilhelm durchschaut die Szene, und der Skandal nimmt seinen
Lauf. Unaufhörlich auf ihn einprügelnd, treibt er Friedrich vor
sich her – das sächsische Publikum wirft sich staunende Blicke
ob dieser »sensiblen Reprimanden« zu. Fasziniert und zugleich

abgestoßen von der Szene erlaubt sich der Graf Brühl, dargestellt von dem noch jungen Leander Haußmann, bei einem gemeinsamen Ausritt mit Friedrich die Frage: »Wer konnte denn ahnen, dass die preußische Majestät so gehässig reagieren würde?« Friedrichs Antwort: »Er ist Puritaner. Er lässt nur das familiär hausbackene gelten. Alles andere ist gotteslästerliche Lotterwirtschaft und staatsgefährdende Verschwendung.«

Kasprziks Film ist ein bemerkenswertes Dokument der Defa-Filmgeschichte, die immer auch politische Geschichte war, und ein erstaunlich preußenkritisches dazu. Denn in den 1980er Jahren hatte Preußen auch unter dem SED-Regime eine Renaissance erlebt, wofür die Wiederaufstellung des Rauchschen Reiterstandbilds von Friedrich II. Unter den Linden sichtbarer Ausdruck war. In der DDR sollte wieder an die schätzenswerten Errungenschaften Preußens erinnert werden. Nicht mehr nur Kriegstreiber war Friedrich nun, sondern auch Modernisierer, Philosoph und Aufklärer.

Ähnlich verhielt es sich mit August. In ihm entdeckte die DDR-Geschichtspolitik plötzlich den Förderer der Künste und den umsichtigen Kurfürsten, ohne den es Dresden als Elbflorenz nie gegeben hätte. Hier nun setzte Kasprziks Filmprojekt an, das bald zum teuersten werden sollte, das die Defa je produziert hat. In einem Brief an die künstlerische Leiterin des Deutschen Film- und Fernsehfunks in Berlin-Adlershof schrieb Kasprzik, das »sächsisch-preußische Duell« sei »schon deshalb interessant, weil es der bürgerlichen Geschichtsdarstellung entgegenwirkt, die dazu neigt, die Geschichte des deutschen Volkes auf die Geschichte Preußens zu reduzieren«. So entstand unter Mitwirkung der versammelten DDR-Schauspielerprominenz das Bild Sachsens als glänzender europäischer Großmacht, die im Siebenjährigen Krieg im Kanonendonner Preußens untergeht. Preußisch-sächsische Konfliktgeschichte für ein Massenpublikum wurde da in der Primetime präsentiert, personalisiert in der

65

erbitterten Fehde zwischen Friedrich und dem Grafen Brühl, die zu Beginn ihrer Begegnung noch freundlich miteinander ausgeritten waren: So erfolgreich wurde Kasprziks Vierteiler nach der Vorlage des polnischen Autors Józef Ignacy Kraszewski, dass die Defa, auch mit Blick auf den westdeutschen Markt, 1987 noch zwei Teile nachproduzierte.

Ob die Szene mit der Orzelska in Zeithain sich tatsächlich so zugetragen hat, wissen wir nicht. Sicher ist allerdings, dass Friedrich die Gräfin bereits im Jahr davor wiedergesehen hat beim Gegenbesuch Augusts am preußischen Hofe. Augenblicklich war Friedrich wieder guter Laune, notierte Wilhelmine: »Seine Freude, die Orzelska wiederzusehen, und ihr Entgegenkommen, das sie ihm durch geheime Zusammenkünfte bewies, stellten ihn vollends her.« In einem trifft Kasprziks Filmszene aber wohl die Realität: »Täglich bekomme ich Schläge, werde behandelt wie ein Sklave und habe nicht die mindeste Erholung«, zitiert Wilhelmine aus einem Brief ihres Bruders: »Man verbietet mir das Lesen, die Musik, die Wissenschaften, ich darf fast mit niemand mehr sprechen, bin beständig in Lebensgefahr, von lauter Aufpassern umgeben, mir fehlt es selbst an der nötigen Kleidung, noch mehr an jedem andern Bedürfnis.« Der Gedemütigte sah in seiner Verzweiflung schließlich keinen anderen Ausweg mehr, als den Hof des Vaters zu verlassen. »Sage nun selbst, ob mir ein anderes Mittel übrigbleibt als die Flucht?«, fragte er die Schwester und weihte sie in seine Pläne ein. In Zeithain, bei der großen Heeresschau an der Elbe unweit der sächsisch-preußischen Grenze, sollte es soweit sein.

Zeithainer Lustlager ist eigentlich ein Euphemismus für das größte Manöver, das der Kontinent in jener Zeit gesehen hat. Der Anlass für das vierwöchige Spektakel war die wachsende Konkurrenz zwischen Sachsen und Preußen, den beiden Territorialstaaten an der mittleren Elbe. Friedrich August I., der sächsische Kurfürst, hatte als August II. bereits 1697 die polnische

Königswürde erhalten. Der Zusatz »der Starke« war nicht nur ein Hinweis auf seine ungebrochene Manneskraft, sondern auch auf den Rang, den das wettinische Sachsen unter seiner Herrschaft in Europa eingenommen hat.

Doch 1701 zog Preußen nach. Kurfürst Friedrich III. ließ sich in Königsberg zu Friedrich I., König in Preußen, krönen. Die Rangerhöhung war etwas unschicklich und musste daher außerhalb des Heiligen Römischen Reiches stattfinden. Gleichwohl sah man in Dresden den Aufstieg Brandenburg-Preußens mit Sorge, zumal Friedrichs Vater seit seinem Regierungsantritt 1713 aus dem Königreich einen modernen Verwaltungs- und Militärstaat gemacht hatte.

Das megalomane Truppenmanöver, das vom 31. Mai bis zum 28. Juni 1730 zwischen Riesa und Zeithain stattfand, war so etwas wie die Antwort Sachsens auf die preußische Aufrüstung durch den Soldatenkönig. August der Starke wollte es den Preußen zeigen in Zeithain. Als der preußische König und der Kronprinz samt 150 Offizieren und Gefolge Sachsens Grenze erreichten, wurden sie von August persönlich in Empfang genommen, so wie es Ehrengästen gebührt. Für Friedrich war es die zweite Begegnung mit der Elbe nach dem Besuch in Dresden zwei Jahre zuvor. Die Erinnerung an 1728 war wohl nicht nur in ihm, sondern auch im Vater wach geblieben. Entsprechend groß war die Zahl der Aufpasser, die der König dem Sohn zur Seite stellte. Drei Kammerdiener, ein Page, ein Jäger, ein Leibkutscher, zwei Vorreiter, zwei Reitknechte und ein Stalljunge sollten den Kronprinzen daran hindern, erneut Kapriolen zu schlagen.

Doch nicht nur den preußischen Nachbarn gedachte der sächsische Hof zu beeindrucken, sondern auch die Fürstenhäuser Europas. Neben Friedrich Wilhelm waren 47 Fürsten und Herzöge an die Elbe gekommen, 15 europäische und außereuropäische Gesandte, 69 Grafen und 38 Barone. Der Aufbau einer Zeltstadt für die Gäste und 30000 Soldaten oblag keinem Geringeren als

Daniel Pöppelmann, dem Architekten des Dresdner Zwingers. Die militärische Oberhoheit über die Truppenschau hatte Graf von Wackerbarth, in dessen Palais Friedrich Wilhelm im Januar 1728 zwei Tage logiert hatte. Und der Graf begeisterte das Publikum mit einer Schau der sächsischen Kriegsflotte auf der Elbe.

Was das Manöver zu einem Lustlager machte, waren die Feste. Für sie zeichnete der sächsische Graf Heinrich von Brühl verantwortlich. Er war es auch, der zum Abschluss des Zeithainer Lagers ein gigantisches Feuerwerk auf der Elbe inszenierte. Schon Monate zuvor hatten 200 Zimmerleute in Riesa damit begonnen, ein 80 Ellen hohes und 200 Ellen breites Gerüst zu bauen, für das 18 000 Baumstämme gefällt wurden. Auf das Gerüst wurden 6000 Ellen Leinwand gespannt als Hintergrund für eine Illumination, wie sie Sachsen zuvor noch nie gesehen hatte. 20 000 Zuschauer strömten dann am 24. Juni 1730 ans Ufer der Elbe, »aus allen Teilen Sachsens«, wie in einer wissenschaftlichen Beilage der *Leipziger Zeitung* noch 1885 zu lesen war. Sie alle bestaunten die illusionistische Malerei auf der Leinwand, von der ein Augenzeuge berichtete: »Die perspectivischen Stücken, als die Portals, waren von so ungemeiner Kunst, dass man hätte wetten sollen, man sähe würckliche Durchgänge und hinter selbigen wieder andere Quergänge, die von vielem Lichte ganz helle waren, und in welchen man die Thüren und Eingänge derer Zimmer sahe. (…) Die Mahlerey war von solcher Vortrefflichkeit, dass auch die Erfahrensten gestehen mussten, dergleichen sey noch niemalen gesehen worden, und wäre würdig, dass es die gantze Welt sehen möchte.«

Der Höhepunkt des Abends war ein Wasser-Feuerwerk auf der Elbe, das es sogar ins deutsche Anekdoten-Lexikon schaffte. Dort war zu lesen, dass »Menschenleben so wenig als Geld geschont ward«. Tatsächlich war da Außergewöhnliches auf der Elbe zu bewundern. Punkt halb neun näherte sich ein riesiger Walfisch begleitet von vier Delfinen den Zuschauerrängen. In den Walfisch-Bäuchen steckten Gefangene, deren Aufgabe es war, das Feuerwerk abzubrennen. Wer überlebte, dem sollte die Freiheit geschenkt werden. Doch nicht wenige verbrannten.

Zur Anekdote wurde das Elbfeuerwerk aber wegen einer anderen Begebenheit. Auf Befehl Augusts hatte der Kommandierende Oberstleutnant Jauch mit brennenden Raketen ein »Vivat« an den Himmel über dem Strom zu zaubern. Weil sich Jauch mit der lateinischen Sprache aber etwas schwertat, wurde aus dem »Vivat« ein »Fifat« – verewigt im *Lexikon der Anekdoten:* »Allgemeines Gelächter war die Folge, nur nicht bei August dem Starken, der Jauch befahl, irgend einen gescheiten Mann aufzugattern, welcher dem dummen Streiche ein kluges Mäntelchen umzugeben vermöchte.« So wurde aus dem Rechtschreibfehler im Nachhinein ein kluger Spruch: »Fausta iubila fecerunt tempora« – »Glückliche Zeiten machen Feste«. Der königliche Baumeister Jauch sollte allerdings bis an sein Lebensende den Spitznamen »Fifat« tragen.

Falls Friedrich noch Skrupel gehabt haben sollte, seinen Fluchtplan in die Tat umzusetzen – die Hiebe in Zeithain dürften sie endgültig zerstreut haben. Sein Plan war im Grunde einfach. Über Frankreich wollte er nach England fliehen und dort nach dem Willen der Mutter um die Hand der Prinzessin Amalie anhalten, womit er sich der »englischen Partei« am preußischen Hof angeschlossen hätte. Sein Fluchtversuch hat daher nach Ansicht des Friedrich-Biographen Johannes Kunisch eine »politische Dimension« gehabt: »Die Vermählung des Kronprinzen mit der englischen Prinzessin hätte eine Verbindung mit dem Hause Hannover in dritter Generation bedeutet und eine wirkliche Familientradition begründet.«

Wollte Friedrich Wilhelm Preußen näher ans Reich heranführen, ging es Sophie Dorothea also um eine weitere Verfestigung der Beziehungen mit Hannover-England. Der politische Kompass des Preußenkönigs zeigte flussaufwärts, der der

Königin und des Kronprinzen flussabwärts nach Hannover und England. Die Vorbereitungen einer ehelichen Verbindung zwischen den Königshäusern in Berlin und London waren bereits weit vorangeschritten. In den Verhandlungen der Mittelsmänner stand dabei zur Debatte, der Prinzessin die Statthalterschaft über das welfische Kurfürstentum an der unteren Elbe zu übertragen. Friedrich und Amalie hätten dann in Hannover residiert.

Dass der Zeithainer Fluchtplan nicht realisiert wurde, lag daran, dass eine noch viel günstigere Gelegenheit winkte. Während des Manövers an der Elbe erfuhr Friedrich, dass sein Vater mit ihm im Sommer die preußischen Gebiete in West- und Süddeutschland besuchen wolle. Weit weg von Berlin und Potsdam sollte bei dieser Gelegenheit der Plan umgesetzt werden. Allein, die Flucht aus dem »Lerchennest«, einem Stall in Steinsfurt bei Sinsheim, misslang, und diesmal sollte Friedrich nicht mit Stockschlägen davonkommen wie in der Filmszene von *Sachsens Glanz und Preußens Gloria*.

Friedrichs Fluchtversuch gehört zu den großen Dramen um diese an Dramen wahrlich nicht arme Gestalt, die schon zu Lebzeiten als Friedrich der Große ihren Platz in der Geschichte reklamierte. Während der Feierlichkeiten zum dreihundertsten Geburtstag des preußischen Königs hat man diesem Ereignis 2012 sogar eine eigene Ausstellung gewidmet unter dem Titel »Kriegsgericht in Köpenick«. Im prunkvollen Wappensaal des Köpenicker Schlosses hatten die preußischen Kriegsrichter im Oktober und November 1730 darüber zu befinden, wie der gescheiterte Fluchtversuch von Steinsfurt am 5. August 1730 zu bestrafen sei. Sollten Friedrich und sein Vertrauter Hans Hermann Katte mit Kerkerhaft davonkommen? Oder musste ein Todesurteil gesprochen werden? Immerhin ging es, weil Katte wie Friedrich im Dienste der preußischen Armee standen, um Fahnenflucht – und darauf stand die Todesstrafe.

Der Ausgang des Prozesses ist bekannt. Friedrich erklärten die Richter zur »persona sacra«, über die der König und Vater selbst das Urteil fällen solle. Katte verdonnerten sie zu lebenslanger Festungshaft. Das Urteil Tod durch Enthauptung kam erst auf Intervention des Königs zustande. Der Kronprinz musste der Vollstreckung am 6. November 1730 in Küstrin beiwohnen – ein Höhepunkt der Grausamkeit im Konflikt zwischen Vater und Sohn.

Welche Folgen das Drama zwischen Vater und Sohn, zwischen König und Kronprinz für die Politik Friedrichs hatte, ist inzwischen Gegenstand zahlreicher historischer, aber auch psychologischer Abhandlungen. Der Psychoanalytiker Ernst Lürßen etwa stellte die Frage, ob die am Ende mehr naive als professionelle Vorbereitung der Flucht in Süddeutschland nicht eher eine Inszenierung war. Vielleicht habe Friedrich ja herausfinden wollen, ob der König mit seinen Todesdrohungen gegen den Sohn tatsächlich bis zum Äußersten gehen würde. Johannes Kunisch wiederum, der 2004 eine fundierte Biographie über Friedrich vorgelegt hat, meint, dass die im Kerker durchlebte, von Todesangst erschütterte Einsamkeit Friedrichs Fähigkeit befördert habe, »sich auch in ausweglos erscheinenden Situationen zu behaupten«.

YIN UND YANG AN DER ELBE

In seinem ebenso knappen wie intellektuell brillanten Essay *Die Elbreise* stellte Christian Graf von Krockow 2004 die Frage: »Sachsen und Preußen: Wie eigentlich soll man den Kontrast beschreiben? Und wie ihn erklären?« Krockow selbst schlug zur Klärung der Frage einen Ausflug in die fernöstliche Philosophie vor. »Fast möchte man meinen, dass zwei menschliche Grundmöglichkeiten zu ihrer Gestalt gekommen sind. Yin und Yang, um es mit der chinesischen Weisheit zu sagen: das Weibliche und Weiche auf dem einen, das Männliche, Harte auf dem anderen Pol. Oder: Liebe und Pflicht, Schönheit und Macht.« Krockows Vorschlag ist wie Kaspziks filmische Würdigung Dresdens eine Abkehr von der borussischen Geschichtsschreibung, die – beginnend mit Heinrich von Treitschke – das Duell Sachsen und Preußen aus der Warte des Siegers beschreibt. Krockow und Kasprzik geht es dagegen um eine Würdigung des historischen Verlierers – und um dessen Platz in der Geschichte. Krockow wirft mit seinem Hinweis auf die beiden Geisteshaltungen Sachsen und Preußen aber auch einen ganz anderen Blick auf die Elbe als den, den wir gemeinhin kennen.

Im Gegensatzpaar von Yin und Yang ist die Elbe nicht mehr nur die Kulturgrenze, die einst das Reich der Sachsenkönige von den Slawen trennte, dann die entwickelten Gebiete des Deutschen Reiches vom Junkerland Ostelbiens und später die Bundesrepublik vom »Asien« des Rheinländers Konrad Adenauer. Im Bild von Yin und Yang, in der Konkurrenz von Preußen und Sachsen, ist die Elbe keine natürliche Grenze, sondern ein fließender Raum, zu dessen Ufern sich, rechts wie links, kulturell höchst unterschiedliche Territorien und Territorialstaaten gebildet haben. Nicht mitten in der Elbe verläuft diese fließende Grenze, sondern dort, wo das Barocke langsam ins Nüchterne übergeht, der Sandstein in den Backsteinbau, das singende Idiom ins deklamierende, das Weibliche, wie es Krockow nennt, ins Männliche. Sachsen und Preußen, dieser »Elementargegensatz« ist also auch ein Schlüssel zum Verständnis der Kulturlandschaften an der Elbe.

Was aber stimmt an diesem Bild, und was ist bemüht? Auf die Frage, wo die Dichotomie denn herkomme, antwortet Krockow mit dem Hinweis auf die Hinwendung des sächsischen Hofes zur katholischen Religion. Diese Konversion – im Stammland der Reformation! – war die Voraussetzung dafür, dass

August 1697 zum polnischen König gekrönt werden konnte. Sie war aber weitaus mehr, meint Krockow und verweist auf die prägende Gestalt der katholischen Hofkirche, die August zum Dank für seine Krönung bauen ließ: »Zu dem Schönheitsverlangen Augusts des Starken passte die Sinnlichkeit, die Formen- und Farbenfreude des katholischen Barock gewiss weit besser als ein gewissensstreng umdüstertes Luthertum.« So entstand, wie Krockow es nennt, »ein Empfinden für das Schöne, eine Nachsicht für die Schwächen oder vielmehr Stärken des Fleisches, eine Kultivierung der Sinne, ein gutes Gewissen zum Genießen, zur Freude, zur Leichtigkeit und zum Luxus des Lebens«.

In dieses Yin und Yang war auch der Kronprinz Friedrich bei seinem ersten Besuch in Dresden im Januar 1728 geraten. Rückblickend betrachtet, könnte dort ein psychologisches Programm entstanden sein, das sich später im Furor vollenden sollte – in der Zerstörung Dresdens und all der Schönheit, der Kunst und der Schwächen, die Friedrich in diesem Elbflorenz erlebt hatte.

DRESDENS INFERNO

Dem preußischen Offizier und späteren Schriftsteller Johann Wilhelm von Archenholtz verdanken wir die vielleicht ausführlichste Darstellung der Belagerung Dresdens im vierten Jahr des Siebenjährigen Krieges: »Das Feuer wütete entsetzlich in und außer der Stadt; viele der vornehmsten Straßen brannten von einem Ende zum anderen. Prächtige Paläste, die jede Stadt Europas geziert hätten, wurden ein Raub der Flammen. Wo man hinblickte, stürzten Häuser von vielen Stockwerken ein, die Sitze der Betriebsamkeit und des Wohlstandes. Oft wurden die armen Einwohner unter dem Schutt begraben oder flohen und ließen alles im Stich.«

Bald hatten die Preußen auch schwere Artillerie herbeigeschafft. Johann Wilhelm von Archenholtz: »Die Beschießung
wurde indessen immer fortgesetzt. Eine Anzahl Bomben fiel auf
die Kreuzkirche, eine der ältesten und schönsten Kirchen in
Sachsen. Der festgebaute Thurm that langen Widerstand, endlich aber drangen die Eisenmassen ein, zerschmetterten das
Dach der Kirche und zerstörten das Innere des Gebäudes, so wie
die umliegenden Häuser. Die wüthenden Flammen vollendeten
das Werk.« Einzig der Frauenkirche, einem Bauwerk des Bür-
gertums, konnte der Hagel der Kanonenkugeln nichts anhaben.
Zwar wurde auch der prächtige Turm der Frauenkirche zum
Ziel, beobachtete Archenholtz. »Allein die Kugeln prallten immer von der Kuppel ab und verursachten bloß Risse.«

Archenholtz, ein Bewunderer Friedrichs, als Schriftsteller
und Chronist aber kein Schmeichler, berichtete auch von einer
Taktik der Belagerung, die man heute psychologische Kriegfüh-
rung nennen würde. Es ging nicht um die Einnahme der Stadt,
schrieb er, sondern darum, die Bewohner und die verbündeten
Österreicher mürbe zu machen. Deswegen wurden nicht die Be-
festigungsanlagen beschossen, sondern öffentliche Plätze und
Wohnhäuser.

Die Bilanz der Belagerung war verheerend: 226 Häuser, das
war ein Drittel aller Dresdener Bauwerke, sowie nahezu der gesamte Osten der Stadt lagen in Trümmern. Dresden, die stolze
Residenzstadt an der Elbe, die vor dem Siebenjährigen Krieg
63 000 Einwohner gezählt hatte, brachte es nach dem Frieden
von Hubertusburg 1763 nur noch auf 40 000 Bewohner. Als der
junge Goethe zehn Jahre nach der Katastrophe auf die Kuppel
der Frauenkirche stieg, notierte er: »Die Mohrenstraße im Schutt
sowie die Kreuzkirche mit ihrem geborstenen Thurm drückten
sich mir tief ein und stehen noch wie ein dunkler Fleck in meiner Einbildungskraft.«

Woher nur dieser Hass? Dem Thema Friedrich und Dresden widmete sich 2012 eine Ausstellung. Sie fand statt in Pförten, dem ehemaligen Familiensitz des Grafen von Brühl. Auch Pförten, das heute in Polen liegt und Brody heißt, wurde von Friedrichs Truppen zerstört – auf ausdrücklichen Befehl des Königs, der gesagt haben soll: »Von Brühls Besitz soll nichts überdauern.« Also legten am 5. September 1758 rund 200 Soldaten das Pförtener Schloss in nur drei Stunden in Schutt und Asche. Zerstört wurden auch die Brühlschen Besitztümer Grochwitz, Nischwitz und Oberlichtenau bei Pulsnitz. Die größte Barbarei aber war die Zerstörung des Belvedere auf der Brühlschen Terrasse – jener wunderbar feierlichen Promenade am Dresdner Elbufer, von der Friedrich selbst einmal gesagt haben soll, sie sei »der Balkon Europas«.

Die Ausstellung, die in Pförten gezeigt wurde, hatte den Titel »Friedrich II. und Brühl. Geschichte einer Feindschaft«. Simone Neuhäuser, die Kuratorin, machte vor allem Brühls Rolle bei der Neuordnung der Kräfteverhältnisse in Europa als Grund für den Hass und die Zerstörungswut aus. Auf sein Drängen hin hatten sich Österreich und Russland nach den beiden ersten Schlesischen Kriegen überraschend gegen Preußen verbündet. Friedrich wiederum hatte auf jenes *renversement des alliances* mit dem Einmarsch in Sachsen reagiert, jenem Präventivschlag, mit dem der Siebenjährige Krieg am 9. September 1756 begann.

Brühls diplomatisches Meisterstück hat auch Hans-Joachim Kasprzik in *Sachsens Glanz und Preußens Gloria* in Szene gesetzt. Der Film zeigt, wie sich Friedrich gleich zu Beginn des Siebenjährigen Krieges im Palais Brühl in Dresden einquartierte und wie er später den Beschuss Dresdens mit schwerer Artillerie lächelnd und voller Genugtuung verfolgte. Die Geschichtsstunde à la DDR endet mit der Erklärung des Sprechers: »Friedrich II. kann Brühl die antipreußische Allianz nicht verzeihen.«

Doch der Hass auf Brühl hätte vielleicht die Zerstörung der Brühlschen Anwesen erklärt und auch die Vernichtung des

Belvedere auf dem »Balkon Europa«, nicht aber die Zerstörung Dresdens, jener Stadt, von der Friedrich 1728 noch gesagt hatte, sie habe ihn so wunderbar empfangen. Die Zerstörung Dresdens erfolgte, um im Bilde des Christian Graf von Krockow zu bleiben, nicht aus Hass. Vielmehr wird mit der Stadt das Alter Ego zerstört, die andere Möglichkeit, zu herrschen und zu sein, der Friedrich an der Elbe begegnete, die ihm aber vom Vater ausgeprügelt wurde und ihn schließlich vor das Köpenicker Kriegsgericht brachte. Um seinen Kopf aus der Schlinge zu ziehen und seinen Anspruch auf die Thronfolge aufrechtzuerhalten, musste Friedrich widerrufen. Er widerrief damit auch Dresden, den Ort seiner ersten Liebe, die Stadt der Redouten, die Stadt des Weiblichen in ihm.

Noch heute erinnert man sich in Dresden an diese Zeit – nicht zuletzt dank der Veduten des Canaletto. Nicht nur die prächtigen Bilder von Elbflorenz hat der Maler aus Venedig der Nachwelt hinterlassen, sondern auch die Bilder seiner Zerstörung. Berühmt ist sein Gemälde von der Ruine der zerbombten Kreuzkirche. Auch Canaletto hat bei der Zerstörung Dresdens durch Friedrich Schaden genommen. Zwar blieben er und seine Familie unversehrt, doch sein Dresdner Haus und seine Kunstwerke wurden im Hagel der preußischen Artillerie vernichtet. So steht das Bild der zerschossenen Kreuzkirche für die Schrecken des Krieges, die in der Nacht zum 13. Februar 1945 Dresden ein zweites Mal – diesmal noch verheerender – erreichen sollten. Yin und Yang an der Elbe ist also noch präsent. Einen Großen würde Friedrich in Sachsen keiner nennen. Mit ihrem großen August aber haben sie sich ausgesöhnt. *Sachsens Glanz und Preußens Gloria* hat an der Elbe sein Vermächtnis hinterlassen.

KAPITEL DREI

Rausch und Nüchternheit

Der Dualismus an der Elbe

Barocke Sinnesfreude oder hanseatische Nüchternheit. Sachsen und Böhmen oder Preußen: Diese beiden Grundhaltungen prägen die Elbe. Anhalt-Dessau hat sich dem immer entzogen. Von Wörlitz bis zum Bauhaus ist es einen dritten Weg gegangen.

DIE SCHLACHT BEI KÖNIGGRÄTZ

Für Heinrich von Treitschke war Königgrätz Tragödie und Triumph gleichermaßen. Tragödie war die Schlacht an der Elbe, weil sein Bruder Rainer beim Kampf gegen die Preußen schwer am Oberschenkel verwundet wurde. Rainer kämpfte, wie auch Heinrichs Vetter Heinrich Leo von Treitschke, in einem sächsischen Regiment auf Seiten der Österreicher. Triumph war Königgrätz für den 1834 in Dresden Geborenen, weil sein Preußen, dem er als Historiker und Abgeordneter diente, die Sachsen und Österreicher vernichtend geschlagen hatte. Mit Königgrätz 1866 war die Frage entschieden, die zuvor Generationen von Deutschen – und selbst Brüder – entzweit hatte: Welche Gestalt sollte ein Nationalstaat der Deutschen haben? Sollte er Österreich mit einschließen? Oder sollte er alleine unter preußischer Führung gebildet werden? Rainer von Treitschke war für die großdeutsche, Heinrich für die kleindeutsche Lösung.

Deutschlands Bruderkrieg begann am 23. Juni getreu dem Motto »Getrennt marschieren, vereint schlagen« mit einem Doppelschlag. Preußens 1. Armee marschierte wie schon im Siebenjährigen Krieg kampflos in Sachsen ein, während die Elbarmee entlang des Stroms nach Böhmen vorrückte. Es folgten mehrere Schlachten, in denen die Preußen siegten, allerdings mussten sie in Trautenau am Fuße des Riesengebirges eine Niederlage hinnehmen. Ein zweiter Kriegsschauplatz eröffnete sich an der mittleren Elbe. Das Königreich Hannover hatte sich auf die Seite Österreichs geschlagen und ging am 27. Juni 1866 siegreich aus der Schlacht bei Langensalza hervor. Noch heute erinnern Stelen im tschechischen Trutnov und ein Denkmal in Minden an die beiden Niederlagen Preußens.

Es sollten die einzigen bleiben. Am 3. Juli 1866 kam es in Sadowa bei Königgrätz auf einem hügeligen Gelände zwischen der Bistritz und der Elbe zur entscheidenden Schlacht. König Wilhelm I. höchstpersönlich befehligte die preußischen Truppen, ihm zur Seite stand der Generalstabschef Helmuth Graf von Moltke. Den Oberbefehl auf österreichischer Seite hatte Ludwig von Benedek. Es war eine ungleiche Entscheidungsschlacht. Mit 250 000 Mann war Preußen den 160 000 Österreichern schon zahlenmäßig überlegen; technische Überlegenheit kam hinzu. Die gesamte preußische Infanterie war nämlich mit neuen Zündnadel-Hinterladern ausgestattet, die sieben Schuss pro Minute abfeuern konnten. Österreich dagegen hatte es verpasst, seine Armee zu modernisieren. Die Niederlage war unausweichlich. Gegen 16 Uhr gab Benedek die Schlacht verloren und ordnete den Rückzug in die Festung Königgrätz an. 5658 Tote hatte er zu beklagen, auf preußischer Seite fielen 1929 Mann. 22 170 Österreicher und Sachsen gerieten in preußische Gefangenschaft, darunter auch Heinrich von Treitschkes Bruder Rainer. Eine persönliche Depesche an den preußischen Kanzler Otto von Bismarck half, ihn vor weiterem Unglück zu bewahren. Heinrich von Treitschke bat darin, dass sein Bruder zur Pflege der Wunden aus der Haft entlassen werde. Bismarck gab dem Ersuchen statt.

Königgrätz ist seit diesem 3. Juli ein Erinnerungsort nicht nur für Preußen und Österreicher, sondern auch für die Elbe. Von Königgrätz 1866 führte ein direkter Weg zum Deutsch-Französischen Krieg 1870/71 und schließlich zur Proklamation des Deutschen Reiches am 18. Januar 1871 im Spiegelsaal von Versailles. Heinrich von Treitschke, der an der Elbe geborene preußische Patriot, wurde als Nachfolger von Leopold von Ranke drei Jahre später auf den historischen Lehrstuhl der Humboldt-Universität zu Berlin berufen. Er wurde Preußens Nationalhistoriker und gilt bis heute als einer der umstrittensten Vertreter seiner

Zunft. Vor allem aber war die Elbe nach diesen Kriegen von der böhmischen Grenze bis zur Mündung in Cuxhaven ein preußisch-deutscher Strom.

DIE SCHLACHT UM MAGDEBURG

Fast hundert Jahre vor Königgrätz hatte Friedrich Schiller, der Mann vom Neckar, der sich die Elbe zur zweiten Heimat erkor, einen anderen Erinnerungsort der Elbe beschrieben. 1790 verfasste er in Jena seine *Geschichte des Dreißigjährigen Kriegs* – und beschrieb darin ein Ereignis, für das es bis dahin kein historisches Vorbild gegeben hatte: die Zerstörung Magdeburgs am 20. Mai 1631 durch die kaiserlichen Truppen. Der Ausflug des Dichters auf das Feld der Geschichtsschreibung liest sich überaus anschaulich: »Kaum hatte dieses Blutbad seinen Anfang genommen, als alle übrigen Thore aufgingen und der Croaten fürchterliche Banden gegen die unglückliche Stadt losgelassen wurden. Eine Würgeszene fing jetzt an, für welche die Geschichte keine Sprache und die Dichtkunst keinen Pinsel hat. Nicht die schuldfreie Kindheit, nicht das hilflose Alter, nicht Jugend, nicht Geschlecht, nicht Stand, nicht Schönheit konnten die Wuth des Siegers entwaffnen.« 6000 Leichen, schreibt Schiller, musste man nach der Eroberung der Stadt und der folgenden dreitägigen Plünderung durch Tillys österreichisches Söldnerheer in die Elbe werfen. Insgesamt kamen 20 000 Menschen ums Leben.

Selbst die Sieger waren ob des Massakers beeindruckt. »Es ist gewiß, seyd der Zerstörung Jerusalem, kein grewlicher Werck und Straff Gottes gesehen worden«, schrieb Gottfried Heinrich Graf zu Pappenheim, der Mitstreiter an der Seite des katholischen Heerführers Johann von Tilly. »All unser Soldaten seind reich geworden. Gott mit uns.«

Magdeburg, die einstige Metropole der Sachsenkönige, war auch in der Frühen Neuzeit eine der größten und mächtigsten Städte Deutschlands. 30 000 Einwohner zählte die Handelsstadt an der Elbe. Nur Köln, Nürnberg, Hamburg und Augsburg waren größer. Vor allem aber war Magdeburg eine Hochburg des Protestantismus. Bereits 1524, sieben Jahre nachdem Martin Luther sein Thesenpapier an die Wittenberger Schlosskirche genagelt hatte, bekannte sich die Elbestadt zur Reformation – und wurde deshalb 1547 fünfzehn Jahre lang mit Reichsacht belegt. Eine erste Belagerung 1550/51 überstand Magdeburg und trug fortan den Namen »Heilige Wehrstadt des Protestantismus«. Als Kaiser Ferdinand II. sich 1596 an die Spitze der Gegenreformation stellte, wurde Magdeburg zum Symbol des Widerstands.

Im Jahr 1618 mündeten die Glaubenskämpfe in den Dreißigjährigen Krieg. Bald hatten die Katholiken das protestantische Magdeburg wieder im Visier. Aber auch eine zweite Belagerung, diesmal durch Wallenstein, konnte die Stadt 1629 abwehren. Magdeburg, dessen Wappen eine Jungfrau zierte, blieb dem Protestantismus treu. Als Tilly im März 1631 erneut vor den hohen Mauern der Festung stand, wusste er, was auf dem Spiel stand: Fiel Magdeburg, war der Weg für die Truppen des Kaisers in den protestantischen Norden frei, hielt es stand, war die Rekatholisierung vorerst gescheitert, die Reformation hätte gesiegt. Also strebte Wien eine »Bluthochzeit« zwischen der Magdeburger Jungfrau und dem bereits 73 Jahre alten Feldherrn an.

Die Eroberung gelang, Magdeburg wurde vernichtet. Die Elbe, wusste Schiller, färbte sich rot vom Blut der Opfer. Zwar ließ Tilly 2000 Bürger, die im Dom Schutz gesucht hatten, am Leben. Doch nach den schrecklichen Ereignissen in der Elbstadt wollten nur noch wenige bleiben, und so zählte man nach dem Massaker schließlich nur noch 449 Bürger. Tillys Sieg, urteilte der Dichter 160 Jahre später, wurde zum Pyrrhussieg: »So unglücklich also die nächsten Folgen von Magdeburgs Untergang für die Protestanten auch sein mochten«, so »wohltätig« seien die späteren gewesen: »Die Verzweiflung gab Kräfte, und die deutsche Freiheit erhob sich aus Magdeburgs Asche.«

Friedrich Schiller wusste natürlich, wie der Krieg um die Vorherrschaft des rechten Glaubens ausgegangen war. 1648 wurde im Westfälischen Frieden von Münster und Osnabrück ein religiöser Status quo festgeschrieben, der schon vorher bestanden hatte: Böhmen und die obere Elbe blieben katholisch. Ab Sachsen war die Elbe weiterhin protestantisch. Magdeburg aber zog aus der Katastrophe weitreichende Schlüsse. Nach dem Wiederaufbau begab sich die bis dahin freie Stadt 1680 unter die Obhut Preußens. Erstmals hatten die Hohenzollern nun eine Metropole an der Elbe. Aus dem langen Krieg in Europa ging Preußen als Territorialmacht gestärkt hervor.

Bis heute wird der Dreißigjährige Krieg ein Glaubenskrieg genannt, dabei war er, wie Johannes Burkhardt in seiner *Geschichte der Frühen Neuzeit* schreibt, auch ein Staatsbildungskrieg. Er begann mit dem Prager Fenstersturz 1618, also einer Erhebung der protestantischen Adligen Böhmens gegen die katholische Zentralgewalt in Wien: »Wie schon zuvor die Schweizer mit der ›Confoederatio Helvetica‹«, schreibt Burkhardt, »gründeten die Stände von Böhmen, Mähren, Schlesien, Ober- und Niederlausitz mit der ›Confoederatio Bohemica‹ einen Bundesstaat von damals stattlichen vier Millionen Einwohnern.« Zwar scheiterte dieser Versuch eines böhmischen Ständestaats schon mit der Schlacht am Weißen Berg 1620. Die Niederlande aber konnten sich nun tatsächlich von der Herrschaft der Habsburger befreien.

War der Dreißigjährige Krieg aber, wie Friedrich Schiller suggerierte, auch ein Krieg der deutschen Patrioten gegen die Söldnerheere des Österreichers Tilly? Schiller wusste sehr wohl: Nationale Staatlichkeit und mit ihr nationale Ideen spielten im 17. Jahrhundert keine Rolle. Dennoch wurde das tragische Ende Magdeburgs in späteren Zeiten instrumentalisiert. »Der Magdeburg-Mythos«, weiß der Historiker Hans Michael Kloth, »wird zum Baustein, den die protestantischen Intellektuellen im 19. Jahrhundert benutzen, um die deutsche Nation zu schaffen.« Friedrich Schiller hat dazu seinen Beitrag geleistet.

1871 ist das Reich der Deutschen Realität – und die Ereignisse an der Elbe haben nicht wenig dazu beigetragen. Bis es aber soweit war, sollte zwischen Königgrätz und Magdeburg gerungen werden um die schönste Architektur, um den wahren Glauben, um die beste nationale Lösung, um die Vorherrschaft an der Elbe, diesem wichtigsten Strom Mitteleuropas. Wollte man den deutschen Dualismus, der das 18. und 19. Jahrhundert prägte, politisch und kulturell verorten, müsste man ihn einen Dualismus an der Elbe nennen. Einen Dualismus, dessen Anfänge bis weit vor das 18. Jahrhundert zurückreichen.

DAS BAROCKE FEUERWERK

Schwer zu sagen, welches Bauwerk den Marktplatz von Königgrätz, auf Tschechisch Hradec Králové, dominiert. Wer auf der schmalen Seite des dreieckigen, leicht abfallenden Platzes steht, blickt zur Linken auf die Heilig-Geist-Kathedrale aus dem 14. Jahrhundert mit den beiden markanten Türmen und den neogotischen Dächern aus dem späten 19. Jahrhundert, wie man sie in ganz Böhmen findet. Rechts neben der Kathedrale ragt der 72 Meter hohe Weiße Turm empor, ein Wach- und Glockenturm, der so genannt wird, weil er zwischen 1574 und 1580 im Renaissancestil aus weißem Sandstein erbaut wurde. Neben dem Turm steht das niedrigste Gebäude des Ensembles, das alte Rathaus von Königgrätz, das immer noch weiß getüncht ist. Es ist ein Renaissancebau aus dem 16. Jahrhundert, der um 1850 umgebaut wurde. In der Mitte des Platzes schließlich erhebt sich die fast zwanzig Meter hohe, opulente Pestsäule aus dem Jahr 1716, errichtet aus Dankbarkeit, weil die Stadt von der großen Pestepidemie zu Beginn des 18. Jahrhunderts verschont blieb.

Es ist ein wahrhaft architektonisches Feuerwerk, das da in Hradec Králové am Oberlauf der Elbe gezündet wird: opulent, formenreich, vielfarbig, sinnesfreudig, marktschreierisch auch. Der Prunk war Programm. Vor allem die Pestsäulen in Böhmen waren barocker Ausdruck einer Geschichtspolitik, die ganz im Dienst der Gegenreformation stand. Die Botschaft war klar, und auch sie hat mit dem Dualismus an der Elbe zu tun: Hier der von Gott gegebene Reichtum der katholischen Städte, dort die Verarmung der Sinne durch den Protestantismus. Hier die Pracht der Gotteshäuser mit ihren figürlichen Darstellungen aus Sandstein, dort die schlichten, wenn auch monumentalen Kathedralen aus Backstein. Hier die Pest- und Mariensäulen, diese Fingerzeige der jesuitischen Rekatholisierung, die die zunehmend weltlichen Bürger wieder in die Gottesfürchtigkeit führen sollten, dort die Rolandstatuen an der Elbe, die die Marktplätze nicht den Kirchen überließen, sondern selbstbewusst die Geschichte von Bürgersinn, Handel und unabhängiger Rechtsprechung erzählten. Hier die »Propaganda des jesuitischen Barock« wie es die amerikanische Kunsthistorikerin Evonne Levy nennt, dort die Botschaft des Magdeburger Stadtrechts. Zwischen Königgrätz und Magdeburg liegen nicht nur Schlachten, sondern politische und kulturelle Welten. Der jesuitische Barock in Hradec Králové ist sozusagen die erste Station des Dualismus an der Elbe.

WEICHES SANDSTEINDRESDEN

Großes architektonisches Kino wird auch in Dresden geboten, der zweiten Station an der Elbe. Zwar fehlt in »Elbflorenz« die propagandistische Botschaft der Gegenreformation, doch Sinnesfreude und Prunk findet man in der Stadt Augusts des Starken und Augusts III. allenthalben. Allein die Pracht am Elbufer ist Legende: Zwinger, Hofkirche, Königsschloss und Brühlsche Terrasse samt Kunstakademie bilden ein barockes Ensemble, wie man es nicht nur an der Elbe kein zweites Mal findet. Allerdings ist die Dresdner Architektur kein Sammelsurium individueller Entwürfe und verschiedener Materialien. Spürbar ist vielmehr der Wille zu einem gestalterischen Gesamtkonzept, dessen sichtbarer Ausdruck der Sandstein ist. Von ihm hat der Dresdner Dichter Thomas Rosenlöcher einmal augenzwinkernd gesagt: »Wer als Dresdner in der Welt etwas werden will, muss rechtzeitig die Stadt verlassen. Allein schon des Sandsteins wegen, der nach den Worten eines, der die Stadt auch verließ, alles weich macht, was hier aufwächst. (…) Doch muss einer denn in der Welt etwas werden, wenn Härte die Voraussetzung ist? Bedeutet es nicht ein tieferes Lächeln, als runder Puttenhintern auf der Zwingerbalustrade im Ansturm der Verhältnisse ein wenig Sand rieseln zu lassen? Besser weich in Dresden als in der Welt Granit.«

Weich ist Dresden also, wo man andernorts auf Granit beißt. Das gilt auch für andere sächsische Städte entlang der Elbe, namentlich für Meißen, dessen Dom bereits im 13. Jahrhundert mit dem weichen Stein aus dem Elbsandsteingebirge errichtet wurde. Dass der gelbe Stein über Sachsen hinaus Verbreitung fand, hat er der Elbe zu verdanken. Bis nach Hamburg brachte der Strom den kostbaren Baustoff aus Postelwitz, Rathen und Wehlen: Das Hamburger Rathaus von 1897 wurde aus Elbsandstein gebaut. Doch nur in Sachsen wurde der Sandstein zum gestalterischen Dogma, dem auch die Schwärzungen im Zuge der Verwitterung nichts anhaben können.

Lieber sandsteinweich als granithart: Für den Elbreisenden und Schriftsteller Christian Graf von Krockow war das auch eine Frage der Religion. Um als August II. König von Polen werden zu können, war Sachsens Kurfürst Friedrich August I. im Jahr

1697 zum Katholizismus übergetreten. Baulicher Ausdruck dieses religiösen Seitenwechsels und der Dankbarkeit für den Warschauer Königsthron war die Dresdener Hofkirche, neben dem wieder errichteten Schlossturm die Landmarke Dresdens am Elbufer. Gerade die Hofkirche, meint Krockow, zeige, dass Augusts Katholizismus mehr war als ein politischer Schachzug: »Zu dem Schönheitsverlangen Augusts des Starken passte die Sinnlichkeit, die Formen- und Farbenfreude des katholischen Barock gewiss weit besser als ein gewissenstreng umdüstertes Luthertum, das Vergleichbares schwerlich anbieten konnte.«

So ist es also die Freude an der Schönheit, die diesen Abschnitt der Elbe prägt – und ein Maß an Toleranz, das am Oberlauf des Flusses nicht gewährt wurde. Von Gegenreformation war in Sachsen keine Rede, als August den katholischen Glauben annahm. Seine damalige Frau blieb lutherisch. »Diese katholisch-protestantische Kombination ist als einzig zu rühmen«, findet Krockow. »Sie erschließt uns den Zugang zu Sachsen.«

Wenn Christian Graf von Krockow, der seine Eindrücke von der Elbe in dem wunderbaren Essay *Elbreise* niedergeschrieben hat, vom Dualismus an der Elbe spricht, ist schnell von einem »sächsisch-preußischen Elementargegensatz« die Rede. Rosenlöcher beschreibt den Gegensatz als den von »weich« und »hart«. Und in einem anonymen, in Dresden aber recht bekannten Gedicht heißt es:

> »Warum ist denn die Elbe
> Bei Dresden so gelbe?
> Se schämt sich ze Schande,
> Sie muss aus'm Lande,
> Aus'm Lande so scheene,
> so niedlich und kleene;
> Denn gleich hinter Meißen,
> Pfui Spinne, kommt Preißen!«

Anders als zu Zeiten Paul Kellers, der das Gedicht von der Elbe in seinem *Märchen von den deutschen Flüssen* 1905 zitiert, endet Sachsen heute nicht hinter Meißen, sondern erst hinter Riesa. Doch ihre wahrhaft romantische Passage hat die Elbe unterhalb Meißens tatsächlich hinter sich. Auf die Gipfel des Riesengebirges und des Böhmischen Mittelgebirges, auf die schroff aufragenden Steine der Sächsischen Schweiz und die anmutigen Weinberge bei Radebeul und Diesbar-Seußlitz folgt nun die weite Ebene, hinter der einst Brandenburg-Preußen begann.

DIE HANSE AN DER ELBE

Der elementare Gegensatz, von dem Krockow spricht, ist älter als die Rivalität zwischen Hohenzollern und Wettinern. Das kann man vor allem an der Architektur erkennen. In der Ebene prägt nicht mehr der Sandstein die Städte längs des Flusses, sondern der Backstein. Kein Feuerwerk der Sinne wird mehr abgefeuert, verkündet wird die Botschaft von Maß und Mitte. Das gilt auch für die alte Kaiserstadt Tangermünde, der dritten Station des Dualismus an der Elbe.

Dass Tangermünde an Elbkilometer 763 beinahe nordisch wirkt, hat nicht nur mit den geziegelten Fachwerkhäusern zu tun, die die Altstadt prägen. Auch das Rathaus im Stil der Backsteingotik erinnert eher an Wismar und Stralsund als an Torgau oder Meißen. Zum Markt hin präsentiert es sich mit einem 24 Meter hohen spätgotischen Schaugiebel von reicher Verzierung aus verblendeten Ziegeln. Auch diese Form der Repräsentation war Programm, schließlich hätte man auch nach Tangermünde Sandstein über die Elbe heranschaffen können. Doch an der mittleren Elbe hielt man sich lieber an den aus Ton gebrannten Baustoff Norddeutschlands – und machte aus der Not eine Tugend. Putten ließ der Backstein zwar nicht zu, wohl aber verzierte Giebel, deren feine Gliederung weitaus mehr mit dem menschlichen Maß korrespondiert als die barocke Sause aus Sandstein.

Erbaut wurde das Rathaus in Tangermünde, einer der schönsten Profanbauten Norddeutschlands, 1430 vom Stettiner Architekten Hinrich Brunsberg. Dass die Wahl der Ratsherren auf den Baumeister aus dem Norden fiel, war kein Zufall. Brunsberg wirkte auch in Brandenburg an der Havel, in Königsberg in der Neumark, in Stargard und im pommerschen Stettin. Dort steht heute der Zwillingsbau zu Tangermünde, das Alte Rathaus, das nach dem Krieg am Rynek Sienny in Szczecin wieder aufgebaut wurde.

In Tangermünde trifft die Elbe auf die Backsteinbauten Norddeutschlands und tritt ein in den Einflussbereich der Hansestädte, zu denen neben Tangermünde die Elbestädte Werben, Havelberg, Hamburg und Stade gehörten. Lange bevor die Gegenreformation, die Pracht des Barock und die höfische Inszenierung in Dresden Einzug hielten, herrschten an der mittleren und unteren Elbe Bürgersinn und Kaufmannsgeist. Wie Salzwedel, die Hansestadt an der Jeetze, lag auch Tangermünde an der Salzstraße, die von Lüneburg, der Stadt des Salzes, Richtung Osten führte. Tangermünde, die ehemalige Kaiserstadt, hat das schwierige 14. Jahrhundert – und den Tod Karls IV. – überstanden, ohne Schaden zu nehmen, ja, sie blühte während der Hussitenkriege, die von 1419 bis 1436 an der oberen Elbe wüteten, geradezu auf. Dem Bau des Rathauses folgte 1450 der Neubau der drei Stadttore und der gotische Umbau der Stephanskirche, neben dem Kloster Jerichow eines der bedeutendsten kirchlichen Bauwerke der Backsteingotik an der Elbe. Doch der Stolz der Tangermünder blieb das Rathaus, das Betrachter leicht ins Schwärmen bringt. Die Schriftstellerin und Historikerin Ricarda Huch huldigte dem Bau 1927 in geradezu barocker Sprache: »Der Backsteinbau des Rathauses liegt inmitten der Stadt wie eine allerschönste Prinzessin in der Felsenburg eines Riesen. Mit seinen bunten Giebeln und arabeskenhaften Rosen scheint es aus einem Märchen von Tausendundeiner Nacht hierher versetzt zu sein, und man meint, es müssten verschleierte Frauen aus Damaskus und weise Kadis darin aus- und eingehen.«

Das Tangermünder Beispiel zeigt, dass die Nüchternheit der Hanse keine Reaktion auf die katholische Welt am Oberlauf ist, sondern sich unabhängig von ihr – und der Religion – bereits zu Beginn der frühen Neuzeit entwickelt hatte. Königgrätz wiederum steht für die Reaktion auf ein Ereignis, das diese Frühe Neuzeit prägte wie kein anderes – die Reformation. Auch diese Revolution ging von der Elbe aus, und auch sie hat dazu beigetragen, dass sich die Geschichte dieses Stroms stellvertretend für die europäische Geistes- und Kulturgeschichte lesen lässt.

LUTHER IN WITTENBERG

Als Martin Luther 1508 zum ersten Mal nach Wittenberg kam, war er bereits studierter Jurist und Augustinermönch. Der Stadt Erfurt, in der er studiert hatte, war der 25-Jährige inzwischen überdrüssig geworden. Sein Beichtvater und Förderer Johann von Staupitz schickte ihn deshalb zum Theologiestudium nach Wittenberg, wo der sächsische Kurfürst Friedrich der Weise 1502 die erste landesherrliche Universität auf deutschem Boden gegründet hatte. Luther näherte sich der Stadt von der Seite, von der sie damals für gewöhnlich auf Stichen dargestellt wurde – vom linken Elbufer. Auf einem Kahn setzte er im September 1508 auf das rechte Ufer des Stroms über und hatte dabei die Silhouette vor Augen, die sich noch heute dem Besucher darbietet: zur Rechten die Türme der Stadtpfarrkirche, in der der Begründer der Reformation später predigen sollte; links der Turm des Wittenberger Residenzschlosses, an dessen Tür er am

31. Oktober 1517 seine 95 Thesen wider den Ablasshandel an-
brachte. So besonders muss Luthers erster Eindruck von der
Stadt gewesen sein, dass man seine Ankunft in Wittenberg fünf-
hundert Jahre später in dem Spektakel »Luther kommt!« nach-
stellte – mit dem Theologen Friedrich Schorlemmer und dem
Schauspieler Martin Schicketanz in den Hauptrollen.

Wittenberg um 1508, das war für den jungen Mann aus der
20 000 Einwohner zählenden Stadt Erfurt aber nicht nur ein
Quell der Inspiration, sondern auch ein Kulturschock. Ein
Städtchen »am Rande der Zivilisation« und eine »Schindleiche«
nannte der Neuankömmling die Residenzstadt Friedrichs des
Weisen, der als sächsischer Kurfürst die ernestinischen Lände-
reien Sachsens regierte.

Friedrich indes hatte viel vor mit seiner 2000 Seelen zählenden Residenz Wittenberg. Bereits drei Jahre nach der Gründung
der *Leucorea*, der Universität, berief er Lucas Cranach den Älteren als Hofmaler an die Elbe. Fünfzig Jahre später entstand in
dessen Werkstatt ein kolorierter Holzschnitt der Stadt samt
einer Brücke über die Elbe. Die Inschrift auf dem Stich macht
deutlich, dass sich Wittenberg inzwischen mit Recht als neues
Kraftzentrum an der Elbe betrachtete: »Wittenberg, die ruhm-
reiche Gottesstadt, Sitz und Burg der wahren, den ganzen Erd-
ball beherrschenden Lehre, des Kurfürstentums Sachsen Hauptstadt, die berühmteste unter den Universitäten Europas und des
letzten Jahrtausends bei Weitem heiligster Ort.« Dass Wittenberg zum »Rom der Reformation« werden konnte, hat es freilich
nicht nur Martin Luther, dem Rebellen im Priestergewand, zu
verdanken, der nach einer Romreise 1511 erneut nach Wittenberg
kam, um dort sein Studium der Theologie zu beenden. Es war
auch das geistige und politische Klima in dem kleinen Univer-
sitätsstädtchen, das die Verbreitung der Lutherschen Thesen
begünstigte und dem Rebellen zur nötigen Aufmerksamkeit verhalf.

Dass Wittenberg überhaupt Residenz wurde, hatte es einem folgenschweren Fehler des wettinischen Herrschergeschlechts zu verdanken, von dem sich Sachsen nie richtig erholen sollte. Als Friedrich der Sanftmütige, Kurfürst von Sachsen, Markgraf von Meißen und Landgraf von Thüringen im Jahre 1464 starb, ging sein Erbe zu gleichen Teilen an seine Söhne. Fortan regierten der 23-jährige Ernst und sein zwei Jahre jüngerer Bruder Albrecht Kursachsen gemeinsam. Lange ging das gut, doch 1482 gerieten sich die Brüder in die Haare. Ernst, der Ältere, schlug daher die Teilung Sachsens in einen »meißnischen« und einen »thüringischen« Teil vor. Albrecht stimmte zu und hatte die Wahl. Er entschied sich für Meißen, obwohl die Kurfürstenwürde mit dem thüringischen Teil verbunden war. Seit dieser so genannten Leipziger Teilung von 1485 war das Herrscherhaus der Wettiner in eine ernestinische und eine albertinische Linie gespalten – eine Trennung, die bis 1918 Bestand hatte. Die albertinische Linie verlegte ihre Residenz bald von Meißen elbaufwärts nach Dresden, während Ernsts Sohn Friedrich, der spätere Weise, Wittenberg 1486 zur Residenz des nunmehr Sachsen-Wittenberg genannten Kurfürstentums machte. Sogleich ließ er eine steinerne Elbbrücke errichten und baute anstelle des alten Schlosses der Askanier jene Residenz, an deren Kirchentür bald Weltgeschichte gemacht werden sollte.

Vor Luther mochte Wittenberg unbedeutend gewesen sein, doch das änderte sich unter Kurfürst Friedrich, der, anders als sein Onkel Albert, einer der Mächtigen im Reich war. Lange Zeit galt es sogar als möglich, dass die sieben Kurfürsten ihn – und nicht den späteren Karl V. – zum Kaiser des Heiligen Römischen Reiches wählen würden. Doch Friedrich winkte ab. Sein Interesse galt nicht der Zentralgewalt, sondern vielmehr den föderalen Rechten der Territorialstaaten, die er zu stärken suchte. Es war dieser Interessenkonflikt zwischen Reich und Kirche auf der einen und den Kurfürsten auf der anderen Seite, der die Reformation von Wittenberg beförderte. Denn Friedrich, der sich 1518 weigerte, das Ketzerurteil Roms gegen Luther anzuerkennen, der diesem drei Jahre später freies Geleit zum Reichstag in Worms gewährte und ihn noch später vor den Schergen der Kurie auf der Wartburg versteckte, handelte stets als selbstbewusster Herrscher Kursachsens, dem sich bald die anderen Kurfürsten anschlossen.

Die Ausbreitung der Reformation in Deutschland war daher nicht nur auf die Skepsis gegen die Kurie in Rom zurückzuführen, wo sich der Papst gerade den Petersdom bauen ließ, sondern auch auf die selbstbewusste Haltung, die die deutschen Territorialfürsten gegenüber dem Habsburger Karl V. auf dem Kaiserthron einnahmen. Vor allem aber war sie ein Motor der Modernisierung. Luthers Lehre, das war nicht nur ein neues Glaubensbekenntnis, sondern auch eine neue Arbeitsethik, die, wie Max Weber es zu Recht formulierte, den Geist des Kapitalismus hervorbrachte. So nahm auch die frühneuzeitliche Revolution in Wittenberg an der Elbe ihren Ausgang.

Lebten in den 300 deutschen Territorialstaaten um 1500 etwa neun Millionen Menschen, waren es am Vorabend des Dreißigjährigen Kriegs bereits siebzehn Millionen. Auch an der Elbe nahm die Bevölkerung rasant zu. Dresden, das es 1501 nur auf 3500 Einwohner brachte, zählte hundert Jahre später knapp 15 000 Menschen. Im Hamburg verdoppelte sich die Zahl der Bewohner von 20 000 im Jahr 1560 auf 40 000 vier Jahrzehnte später. Nur Magdeburg, die unbestrittene Metropole an der Elbe, hatte bereits um 1400 rund 30 000 Einwohner – bevor die Stadt am 20. Mai 1631 von den Truppen Tillys erobert, zerstört und geplündert wurde.

Martin Luther, der vielleicht einflussreichste Geist, der je an der Elbe wirkte, hat Sachsen-Wittenberg zeit seines Lebens nicht mehr verlassen – abgesehen von jener Romreise 1511, die ihm die Notwendigkeit weitreichender Veränderungen vor Augen geführt hatte. Sein Radius war beschränkt, denn das Kurfürstentum Friedrichs des Weisen war klein und im Grunde ein Flickenteppich, der nur durch wenige Fäden zusammengehalten wurde. Es reichte im Norden Wittenbergs bis Belzig und im Westen bis Eisenach, wo Luther von Friedrich auf der Wartburg versteckt wurde. Im Süden war Coburg die Grenze und im Osten Belgern, dahinter lag das albertinische Sachsen. Zwischen dem Norden und dem Süden war Kursachsen an der Mulde nur wenige Kilometer breit.

Dass ihr Herrschaftsgebiet klein war, hielt die Ernestiner nicht davon ab, sich in Reichsangelegenheiten einzumischen. Friedrichs Bruder und Nachfolger Johann der Beständige gründete 1530 den Schmalkaldischen Bund, ein Bündnis zur Verteidigung des Luthertums gegen den mächtigen Kaiser Karl V. Als Friedrich starb, führte sein Nachfolger Johann Friedrich den Bund in den Krieg mit dem Kaiser – ein schwerer Fehler, wie sich bald herausstellen sollte. Als es am 24. April 1547 in Mühlberg an der Elbe zur entscheidenden Schlacht dieses »ersten Religionskrieges« in Deutschland kam, waren die Truppen der Kursachsen dem vorwiegend aus spanischen Söldnern bestehenden Heer des Kaisers nicht gewachsen. Mit der Wittenberger Kapitulation, die Johann Friedrich am 19. Mai 1547 unterzeichnete, ging seinem Kurfürstentum ein Großteil der ohnehin nicht großen Territorien verloren, und überdies verlor Sachsen-Wittenberg die Kurwürde an das albertinische Sachsen.

Der neue mächtige Mann in Sachsen war nun August der Starke, der Dresden zur Residenz des neuen Kurfürstentums ausbaute und sich auch mit dem Kaiser in Wien verbündete – nicht gegen das Luthertum, wohl aber gegen die Calvinisten, denen Brandenburg-Preußen später Zuflucht gewährte. Nach dem Prager Fenstersturz nahm das albertinische Sachsen sogar am Krieg Wiens gegen die böhmischen Stände teil – und sicherte sich seinen Teil an den böhmischen Ländern: Mit dem Frieden von Münster und Osnabrück bekam Sachsen die Ober- und die Niederlausitz.

Schon zuvor war es in Böhmen recht turbulent zugegangen. Die Dynastie der Přemysliden war bereits im frühen 14. Jahrhundert ausgestorben, was allerdings durch Karl IV., den Luxemburger auf dem Prager Thron, zunächst wettgemacht worden war. Prag wurde zur europäischen Metropole, die dortige Karlsuniversität die erste Universität in Mitteleuropa. Doch Karls Sohn und Nachfolger Vaclav agierte glücklos, zudem erschütterten zu Beginn des 15. Jahrhunderts die Hussitenkriege das Land. Als 1437 die luxemburgische Linie des böhmischen Königshauses ausstarb, zog mit Albrecht erstmals ein Habsburger auf den Hradschin. Zwar gelang es den böhmischen Ständen, mit Georg von Podiebrad zwischenzeitlich einen der Ihren – und zudem einen Mann der Elbe – auf den Thron zu hieven. Doch 1526, mitten in der Reformation, fiel die böhmische Krone mit Ferdinand I. dann endgültig an die Habsburger. Zu dieser Zeit war Prag schon lange keine Residenzstadt mehr. Für die Kräfteverhältnisse an der Elbe war dies von entscheidender Bedeutung. Böhmen war zwar noch Kronland, doch regiert wurde es von Wien aus wie eine Kolonie. Kein Wunder, dass die böhmischen Stände bald aufbegehrten. Freilich umsonst. Ging das albertinische Sachsen gestärkt aus dem Dreißigjährigen Krieg hervor, versank Böhmen in der Bedeutungslosigkeit.

An der unteren Elbe dagegen standen die Vorzeichen auf Aufstieg. Dort erstreckte sich das Kurfürstentum Brandenburg, das seit 1415 von den Hohenzollern regiert wurde, bis hinein in die Altmark. Stendal, Salzwedel, Tangermünde, Havelberg und Werben waren also brandenburgisch, doch ihre goldene Zeit war mit Beginn des 16. Jahrhunderts vorüber. Die Hanse hatte sich aufgelöst, das wirtschaftliche Herz der Elbregion schlug nun weiter im Norden, in der Freien Reichsstadt Hamburg. Hamburg hatte allerdings ernstzunehmende Konkurrenz. Lüneburg war stark und mit ihm das welfische Herzogtum Braunschweig-Lüneburg, aber auch das Herzogtum Holstein rechts der unteren Elbe, das zur dänischen Krone gehörte.

Das Einzugsgebiet der Elbe, dieser Schlagader des Heiligen Römischen Reiches deutscher Nation, war zu dieser Zeit wie das gesamte Reich ein Flickenteppich. Doch die Konzentration der Macht auf einige wenige Territorialstaaten zeichnete sich bereits ab. Neben Sachsen und der böhmischen Kolonialmacht Wien ist hier vor allem Preußen zu nennen, das ebenfalls gestärkt aus dem Dreißigjährigen Krieg hervorging. Noch stand der Wiederaufbau der Mark im Vordergrund, doch die Personalunion mit dem Herzogtum Preußen hatte aus Brandenburg-Preußen 1618 eine europäische Territorialmacht gemacht. Im Jahr 1701 gelang schließlich mit Kurfürst Friedrich III. der Aufstieg zum Königreich – Friedrich ließ sich in Königsberg krönen und regierte fortan als König Friedrich I. in Preußen. Neben Österreich und Sachsen gab nun vor allem Preußen an der Elbe den Ton an. Nach dem Siebenjährigen Krieg sprach von Sachsen keiner mehr. Dass sich Dresden nach der Revolution in Paris mit Napoleon verbündete, war im Grunde seine einzige Chance.

NAPOLEON AN DER ELBE

Franzosenzeit, das hat in Deutschland und an der Elbe recht verschiedene Bedeutungen. In Hamburg führte sie zu wirtschaftlichem Niedergang, in Sachsen zur Hoffnung auf neue Stärke. In

Magdeburg wiederum war die Franzosenzeit vor allem mit der Stadtentwicklung außerhalb der Festung verbunden.

Wer von Schönebeck kommend elbabwärts Richtung Magdeburg fährt, trifft an der Leipziger Straße auf ein zweistöckiges Fachwerkhaus, das so gar nicht ins architektonische Bild der sachsen-anhaltischen Landeshauptstadt passen will. Es handelt sich um ein Rayonhaus, von denen in Magdeburg heute noch achtzig erhalten sind. Ihre Geschichte ist eng mit der Festung verbunden, mit dem Dreißigjährigen Krieg, aber auch mit der napoleonischen Besatzung.

Kaum hatte Brandenburg-Preußen 1680 das zerstörte Magdeburg übernommen, begann man mit dem Festungsbau. Erster Baustein war die Zitadelle auf der Elbinsel, deren Errichtung der Große Kurfürst persönlich in Auftrag gegeben hatte. Friedrich-Wilhelm wusste um die strategische Bedeutung der Stadt und wollte Magdeburg zur mächtigsten Festung Preußens machen. Nachdem die Zitadelle 1706 fertiggestellt worden war, begann 1716 der Bau von zwölf Bastionen. Die dritte Etappe schließlich, zu der auch die Regulierung der Elbe in den Jahren 1736 bis 1739 gehörte, fand unter der Regie des Soldatenkönigs statt. Damit die Stromelbe unterhalb der Festung mehr Wasser führte und nicht mehr, wie zu Tillys Zeiten, einfach überquert werden konnte, grub man der Mittelelbe das Wasser ab und ließ sie versanden.

Als Friedrich II. im Jahr 1740 preußischer König wurde, war der Festungsbau vollendet. Zweihundert Hektar Fläche nahmen die Befestigungen ein, die Stadt selbst erstreckte sich lediglich auf einer Fläche von 120 Hektar. Zur strategischen Bedeutung der Festung hatte bereits Friedrichs Vater gegenüber dem Alten Dessauer erklärt, dass Preußen »durch Magdeburg mehr Respekt habe als durch 30 000 Mann«. Friedrich II. nannte Magdeburg gar ein »Pièce de résistance«. Ohne die Festung, glaubt der Historiker Erich Wolfrum, hätte Friedrich seine schlesischen

Deutsches Amazonien: Winterhochwasser an der Elbe bei Hitzacker

Die Moldau in Prag hat schon Bedřich Smetana fasziniert

Arkadengang in Arnau/Hostinné

Mäandernd wie ein Fluss: In der Altstadt von Königgrätz/Hradec Králové

Die Elbphilharmonie: Dauerbaustelle statt Hamburger Landmarke

Der Hamburger Hafen hat noch jeder Konkurrenz das Wasser abgegraben

Das blaue Wunder in Dresden verbindet die Elbvororte Loschwitz und Blasewitz

Landschaftspflege: Weidende Schafe an der Unterelbe

Wie auf einer Vedute von Canaletto: Der Balkon Europas in Dresden

Mit der Hafencity wendet sich Hamburg wieder der Elbe zu

Der Rufer in Lauenburg ist das Wahrzeichen der Schifferstadt

Die Promenade ist weg: Eisgang vor der Altstadt von Lauenburg

Kriege nicht anzetteln können: »So war Magdeburg lange Zeit Hauptstadt und Kraftmittelpunkt Preußens in Kriegszeiten als das wenig geschützte Berlin Russen und Österreichern preisgegeben war.«

Wie fast überall sind auch an der Elbe die Festungen die frühneuzeitlichen Nachfolger der Burgen. Ihre Funktion allerdings war eine andere. Dienten Burgen wie die Hammaburg und das Kastell Karls des Großen am Höhbeck vor allem der Sicherung einer Grenze, konnten in den Festungen Zehntausende von Soldaten kaserniert werden. Das band die Kräfte der gegnerischen Armeen und machte Belagerungen nahezu aussichtslos. So gelang es den Preußen nicht, die sächsischen Truppen, die zu Beginn des Siebenjährigen Krieges mit dem Königshaus auf den Königstein, die älteste Festung an der Elbe, geflohen waren, zu besiegen.

Nach den Hussitenkriegen, spätestens aber im Dreißigjährigen Krieg galt der Festungsbau als Königsdisziplin der Verteidigungskunst, denn nur im Schutze einer Festung konnte man den Ansturm fremder Truppen mit Feuerwaffen abwehren. So entstanden an der Elbe die Festungen Pirna, Dresden, Torgau, Wittenberg, Werben, Dömitz, Hamburg, Harburg, Stade und Glückstadt. Auf böhmischer Seite reagierte Maria Theresias Sohn und Nachfolger Joseph II. mit dem Bau von Theresienstadt und Josefstadt 1780 und 1781 auf die Niederlagen Österreichs gegen Preußen in den Schlesischen Kriegen. So reihen sich entlang der Elbe schließlich die Festungen wie Perlen an einer Schnur und künden von der zunehmenden politischen Spannung zwischen Sachsen, Preußen und Österreich.

Doch Magdeburg, dieser Kraftmittelpunkt an der Elbe, schützte Preußen nicht davor, von den Franzosen besetzt zu werden. Nach der verlorenen Schlacht von Jena und Auerstedt am 14. Oktober 1806 zog sich König Friedrich Wilhelm III. mit 100 000 Mann zunächst in die Magdeburger Festung zurück. Als sechs

Tage später aber der französische General Ney mit 7000 Soldaten an der Elbe stand, war das Ende Preußens abzusehen. Am
24. Oktober kapitulierte Berlin, am 8. November schließlich die
Festung Magdeburg. Der preußische Kommandant General von
Kleist übergab die Stadt an die Franzosen. 23 000 Soldaten und
neunzehn Generäle gingen in Gefangenschaft.

Kaum hatte Napoleon Magdeburg eingenommen, ließ er
die Festung nach den neuesten militärstrategischen Erkenntnissen ausbauen. Sollte seine rückwärtige Flanke während des
Russlandfeldzug geschützt sein, musste unter anderem ein
freies Schussfeld vor den Festungsmauern entstehen. Also verfügte der Kaiser der Franzosen im Dekret vom 19. Februar 1812:
»Die Häuser und anderen Baulichkeiten der Vorstadt Neustadt
bei Magdeburg sollen abgerissen werden auf eine Entfernung
von 320 Metern.« Diese Bestimmung, die den Rayon um die
Festung betraf, schloss eine Neubebauung der freien Fläche
nicht grundsätzlich aus, nur mussten die neuen Häuser so gestaltet sein, dass ihr Fundament nicht mehr als 15 bis 30 Zentimeter
aus dem Boden ragte, und sie mussten in Holzbauweise errichtet
sein, damit sie im Verteidigungsfall schnell abgerissen werden
konnten.

Wer sich Magdeburg über die Leipziger Straße nähert, hat
also eines dieser »Rayonhäuser« vor sich. Dass es so viele wurden,
liegt daran, dass Preußen nach den Befreiungskriegen am napoleonischen Reglement festhielt. Indem es die Sanierung der Rayonhäuser fördert, kümmert sich Magdeburg heute um das Erbe
einer Zeit, die als Franzosenzeit im kollektiven Gedächtnis der
Deutschen oft mit schlechten Erinnerungen verbunden ist. Tatsächlich aber hat die Elbregion von den Jahren der Besatzung
zwischen 1803 und 1813 profitiert, und nicht überall wurden die
Truppen des französischen Kaisers feindselig empfangen.

Im Grunde begann die napoleonische Zeit in Deutschland
mit einer Flurbegradigung. Weil Napoleons Truppen sich in den

Koalitionskriegen durchsetzten, mussten Preußen und Österreich 1801 in den Frieden von Lunéville einwilligen und die linksrheinischen Gebiete an Frankreich abtreten. Um die Fürsten für diese Verluste zu entschädigen, beschloss der Reichstag in Regensburg 1803 die Säkularisierung des kirchlichen Besitzes östlich des Rheins. Infolge dieses als Reichsdeputationshauptschluss bekannt gewordenen Entscheids wurden 112 bis dahin selbstständige Reichsstände benachbarten Staaten einverleibt. Es war das letzte Gesetz, das im Heiligen Römischen Reich deutscher Nation erlassen wurde, denn mit dem Rücktritt Kaiser Franz' II. am 6. August 1806 war sein Ende gekommen.

Zu dieser Zeit hatten sich zwischen Rhein und Elbe bereits zahlreiche deutsche Staaten dem Rheinbund angeschlossen, darunter die Königreiche Württemberg und Bayern sowie an der Elbe Sachsen, das damit von Napoleon mit der Königswürde belohnt wurde. Einzig Preußen widersetzte sich noch den imperialen Ansprüchen des französischen Revolutionskaisers. Nach der Niederlage bei Jena und Auerstedt und der anschließenden Kapitulation von Berlin und Magdeburg war aber auch der preußische Widerstand erloschen. Die Königsfamilie musste nach Ostpreußen fliehen. Im Frieden von Tilsit verlor Preußen 1807 ein Drittel seines Territoriums, darunter alle Gebiete westlich der Elbe. Aus der preußischen Konkursmasse bildete Napoleon das Königreich Westfalen und vermachte es seinem Bruder Jérôme Bonaparte. 1808 umfasste der Rheinbund die gesamte Region zwischen Rhein und Elbe sowie – über die Elbe hinaus – Sachsen. Genauso gut hätte der Satellitenstaat Frankreichs in Deutschland also auch Elbebund heißen können.

Heinrich von Treitschke, der preußische Nationalhistoriker aus Dresden, hat den Rheinbund einmal die Region der »geschichtslosen deutschen Mittelstaaten im Süden« genannt – und damit den Ton vorgegeben, in dem in Preußen und Deutschland lange über die napoleonische Zeit gesprochen und geschrieben wurde. Den Reformen des Rheinbundes wurden die preußischen Reformen als die wahre Erneuerung Deutschlands gegenübergestellt. Tatsächlich aber haben die Einführung eines bürgerlichen *Code civil*, die Aufhebung der Leibeigenschaft, Religionsfreiheit und die Abschaffung adliger Privilegien eine Aufbruchsstimmung zwischen Elbe und Rhein entfacht. Historiker sprechen deshalb heute von einem Modernisierungsschub.

Das galt allerdings nicht für Magdeburg, obwohl die preußische Festung nach der Gründung des Königreichs Westfalen zur Hauptstadt des Elbdepartements wurde. Anders als in Süddeutschland und in den Kleinstaaten Mitteldeutschlands war in Preußen der Franzosenhass nicht nur Staatsräson, sondern auch Volksempfinden. Als das Volk schließlich 1813 in den Befreiungskriegen die französische Fremdherrschaft abschüttelte, blieben die anderen Staaten zunächst neutral. Sachsen stellte sich sogar auf die Seite Frankreichs – und wurde später mit dem Bau des gigantischen Völkerschlachtdenkmals verhöhnt. Preußen dagegen wurde immer mächtiger. Auf dem Wiener Kongress sprach man ihm fast die Hälfte des sächsischen Territoriums zu, darunter die Stadt Torgau an der Elbe. Damit war der gesamte Mittellauf der Elbe in preußischer Hand.

So könnte die Geschichte des Dualismus an der Elbe hier enden und nicht erst mit der Schlacht von Königgrätz 1866 und der Reichsgründung 1871. Doch neben Preußen und Österreich und ihrer »teutschen Staats-Kranckheit«, die es sogar zum Eintrag in zeitgenössische Enzyklopädien brachte, gab es noch ein »drittes Deutschland« an der Elbe, das seinen Weg suchte zwischen barock und sachlich, sandsteinweich und granithart, Rausch und Nüchternheit, also gewissermaßen die Synthese des preußisch-sächsischen (und österreichischen) »Elementargegensatzes«.

Wilde und romantische Strecken bietet der Elberadweg zuhauf, doch dieser Abschnitt fordert die Sinne. Vom Kornhaus in Dessau führt der Weg über die Muldebrücke zum *Luisium*, jenem Schloss, das Leopold III. Friedrich Franz von Anhalt Dessau, den hier alle nur den Fürsten Franz nennen, seiner Frau Luise schenkte – auch um mehr Raum für seine zahlreichen Gespielinnen zu haben. Das mit der abgeschobenen Ehefrau hat Franz mit Friedrich II. gemeinsam, das mit den Gespielinnen nicht.

Vom *Luisium* geht es weiter zum *Schweizerhaus* am Leiner Berg, ein ehemaliges Forsthaus, das heute als Radlerherberge genutzt wird. Dann sind wir schon am Sieglitzer Berg. Hier befand sich vor dem Krieg die beliebteste Ausflugsgaststätte der Dessauer. Die Rückfahrt in die Stadt besorgte ein Omnibus. Die *Solitude*, ein Tempel, der in den 1980er Jahren zerstört wurde, wird derzeit wieder aufgebaut.

Weiter geht es entlang herrlicher Hainbuchen- und Eichenalleen auf einem Weg, der rechts und links hinabfällt in die Niederung. Dämme sind es zum Schutz vor den Hochwassern von Elbe und Mulde, doch das sieht man ihnen nicht an. Im Dessau-Wörlitzer Gartenreich sind selbst Hochwasserdämme Inszenierungen von Erhabenheit und Schönheit. Kein Wunder, dass die Zeitgenossen den Weg von Dessau nach Wörlitz auch »Wallfahrt« genannt haben.

Nächste Station ist der Dianentempel, ein kleiner Bau im Stil des Klassizismus, den Fürst Franz ebenfalls nicht nur aus einer Laune heraus am Weg platziert hat. In Dessau-Wörlitz sollten vielmehr, so das Credo des Künstlerfürsten, »Schönheit und Nützlichkeit« eine Liaison eingehen. Auch der Dianentempel war von Nutzen, weil in ihm der Wallwächter seinen Dienst versah. Was für ein Unterschied zu Schönhausen an der Elbe, wo Otto von Bismarck wenig später Deichwächter wurde. Seine

Unterkunft war kein Tempel, sondern ein preußischer Backsteinbau.

Die Zeitgenossen waren begeistert vom Kleinod des Fürsten
Franz an der Elbe. So notierte etwa der Revolutionsfreund Ludwig Wehrlin 1791: »Niemals haben sich Philosophie und Künste
in einem kleineren Raum vereinigt. Vielleicht gibt es auf der
kultivierten Erde keinen Fleck, welcher den Blick des denkenden und empfindsamen Reisenden so sehr verdient.«

Heute wird der »Blick des denkenden und empfindsamen
Reisenden« zunächst auf eine harte Probe gestellt. Vor Vockerode rauschen Pkw und Lkw auf der A 9 von Leipzig nach Berlin dahin, gleich dahinter ragen die monströsen Hinterlassenschaften des Kraftwerks in die Höhe. Hinter Vockerode aber
zeigt sich die Erhabenheit von Neuem, nun auf dem *Fliederwall*,
den ebenfalls zahlreiche Bauwerke säumen. »Der Fremde glaubt
anfänglich«, staunte Carl August Böttiger in seinem Reisetage-
buch *Wörlitz* 1797, »diese Gebäude wären bloß zur Verzierung da,
wird aber aufs angenehmste überrascht, wenn er erfährt, dass
hier nichts vergeblich stehe und alles zugleich putzen und nutzen müsse.« Der Nutzen hier: Neben dem Hochwasserschutz
bietet der Wall Unterkünfte für die »Öbster«, die Obstbauern
von Anhalt-Dessau.

Schließlich das Finale. Über den *Floratempel* und den *Flora-
garten* erreicht der Radwanderer am Elberadweg den Wörlitzer
Park, das Herzstück des Gartenreichs des anhalt-dessauischen
Fürsten. Nur 142 Quadratkilometer groß war sein Fürstentum, in
dem gegen Ende des 18. Jahrhunderts 35 000 Menschen lebten.
Klein genug also, um es gemeinsam mit dem Architekten Friedrich Wilhelm von Erdmannsdorff zum ersten Landschaftspark
in Kontinentaleuropa umzugestalten, aber groß genug, um an
der Elbe und in der Welt die aufklärerische und humane Botschaft von Anhalt-Dessau zu verbreiten. Selbst Karl Marx, sonst
kein Freund des Adels, zollte dem »kleinen Musterstaat« seine

Anerkennung: »Das fortschrittlichste deutsche Land jener Epoche«, notierte er.

Dass aus Dessau-Wörlitz ein Musterstaat wurde, hatte die Elbe Friedrich II. zu verdanken. 1756 führte der Preußenkönig sein Land erneut in einen Krieg um Schlesien. Diesmal ging es aber nicht nur gegen Österreich und seine Gegenspielerin Maria Theresia. Der Koalition gegen Preußen hatten sich neben Sachsen auch Russland und Frankreich angeschlossen.

Die anhaltischen Fürstentümer standen im Siebenjährigen Krieg zunächst auf der Seite Preußens. Doch dann kam es am 18. Juni 1757 an der Elbe zur Schlacht bei Kolin und einer empfindlichen Niederlage für Preußen. Hannover links der mittleren Elbe wurde von den Franzosen erobert, in Ostpreußen marschierten die Russen ein, Berlin war kurzzeitig von den Österreichern besetzt. Für Fürst Franz war das die Gelegenheit, von Preußen abzurücken. Er täuschte eine Krankheit vor und verließ kurzerhand die preußische Armee, der die anhaltischen Fürsten seit Generationen gedient hatten, unter ihnen auch der Alte Dessauer, der Großvater von Franz, der Preußen 1745 zum Sieg im Zweiten Schlesischen Krieg verholfen hatte.

Mit Friedensliebe, wie es hernach in Dessau oft kolportiert worden ist, hatte der Entschluss des 17-Jährigen nur am Rande zu tun. Eher ging es ihm darum, ein außenpolitisches Gleichgewicht zu wahren. Schließlich war Anhalt-Dessau nicht nur Preußen verbunden, sondern auch dem Reich verpflichtet, und dieses hatte Preußen nach dessen Einmarsch in Sachsen zu Beginn des Siebenjährigen Krieges den Reichskrieg erklärt.

Fürst Franz zu Anhalt-Dessau hatte mit seiner Politik der Äquidistanz Erfolg: Der Kaiser würdigte seine Entscheidung, und Preußen ließ ihn – auch nach dem Sieg im Siebenjährigen Krieg 1763 – in Ruhe. Allerdings legte es Franz erhebliche Kontributionen auf. Der bezahlte diese aus eigener Tasche und hatte es geschafft: Anhalt-Dessau war neutral. Endlich konnte er damit beginnen, sein Ländchen umzukrempeln und im Geiste der Aufklärung nach seinen Vorstellungen reformieren. Als »Zierde und Inbegriff des 18. Jahrhunderts« sollte der große Aufklärer und Schriftsteller Christoph Martin Wieland Anhalt-Dessau einmal würdigen.

Leopold Friedrich Franz machte sich unverzüglich an sein Reformwerk. Zunächst erwarb er auf Reisen mit seinem Freund Erdmannsdorff die nötigen Voraussetzungen. Wo immer Franz und sein Freund weilten – England, Italien, Frankreich, Schweiz, Holland –, überall studierten sie die neuesten Entwicklungen in der Landwirtschaft und im Gartenbau. Namentlich die englische Gartenbaukunst faszinierte die Besucher vom Kontinent, wo noch der barocke Garten französischen Stils als *dernier cri*, als letzter Schrei, galt. Dem feudalistischen Park setzte man auf der Insel den Landschaftsgarten als Ausdruck bürgerlichen Selbstbewusstseins entgegen: Für Franz war das ganz im Geiste Rousseaus, den er 1775 in Paris persönlich kennenlernen sollte.

Zurück an Elbe und Mulde, machten sich Fürst Franz und Erdmannsdorff ans Werk, ihr »Freyland« zu schaffen, wie es der Aufklärer und Pädagoge Johann Bernhard Basedow nannte. Basedow hat von diesem »Freyland« selbst profitiert. 1774 holte Franz ihn als Gründungsdirektor des *Philanthropin* nach Dessau, eine pädagogische Lehranstalt, die nicht Zucht und Ordnung, sondern die Bedürfnisse der Zöglinge in den Vordergrund stellte.

Zwei Jahre zuvor hatte Franz bereits eine Armenverordnung erlassen und ein erstes Konjunkturpaket für die Mittellosen in der Textilproduktion aufgelegt. 1779 ließ er als erster Herrscher in Europa in seiner Residenzstadt eine kommunale Straßenbeleuchtung installieren, der 1787 der erste kommunale Friedhof folgte und 1796 schließlich ein umfangreiches Gesundheitsprogramm, zu dem auch kostenlose Impfungen gehörten. An Toleranz fehlte es nicht im Regierungsprogramm des Fürsten: Während Preußen gerade Moses Mendelssohn die Aufnahme in die

Akademie verweigerte, wurde in DeassuIn mit *Sulamith* die erste deutschsprachige jüdische Zeitung gegründet. So galt im kleinen »Freyland« bald, was auch die pädagogische Maxime im *Philanthropin* war: »Unser Zweck (ist es), aus jedem unserer Zöglinge mehr einen Europäer als einen Schwaben, Oesterreicher oder Sachsen zu bilden.«

Wenn Heinrich von Treitschke nach dem Ende der napoleonischen Zeit die Reformen im Rheinbund als Werk der »geschichtslosen deutschen Mittelstaaten im Süden« bezeichnete, so ging diese Polemik im Falle Anhalt-Dessau ins Leere, denn die Reformen wurden dort bereits vor dem Zusammenbruch des Reiches eingeleitet. In Preußen wurden Reformen erst durchgeführt, als sie sich nicht mehr vermeiden ließen. Aus dieser Not hat man schließlich eine Tugend gemacht. In Dessau dagegen entsprangen sie einer Geisteshaltung. Wohl deshalb wurde das Städtchen im 19. Jahrhundert in einem Atemzug mit Weimar genannt. In der ersten Hälfte des 20. Jahrhunderts hat es dann der Stadt Goethes und Schillers sogar den Rang abgelaufen.

HUGO JUNKERS UND DAS BAUHAUS

Dort, wo Dessau auf die Elbe trifft, steht ein Gebäude, dessen Namen Geschichte verspricht – Kornhaus. Tatsächlich aber wurde die Ausflugsgaststätte an der Dessauer Dampferanlegestelle erst in den Jahren 1929 und 1930 im Bauhausstil errichtet. Architekt war Carl Fieger, ein Schüler von Walter Gropius, der seinem Lehrer und dem Bauhaus 1925 von Weimar nach Dessau gefolgt war. Im konservativen Thüringen war die Schule, die Architektur und Design völlig neu erfinden wollte, nicht mehr gelitten. In Dessau war sie willkommen. Der frische Wind, den Fürst Franz einst nach Anhalt gebracht hatte, wehte hier auch noch in den zwanziger Jahren des 20. Jahrhunderts.

Die Schauseite des Kornhauses, ein gläserner, lichtdurch-
fluteter Pavillon, ist zur Elbe gerichtet, an deren Ufer hier einer
der Hauptwege des Dessau-Wörlitzer Gartenreichs vorbeiführt.
Ganz bewusst wollte die Dessauer Stadtverwaltung 1926 ein Zeichen der Kontinuität und der Erneuerung setzen. Kontinuität,
weil am Elbbogen bereits seit 1900 eine Ausflugsgaststätte stand,
die wegen Baufälligkeit aber abgerissen werden musste, Erneuerung, weil das Kornhaus ganz im Stil des neuen Bauens errichtet
sein sollte. Kein unnötiger Zierrat mehr, stattdessen die Ästhetik
der Funktionalität. »Nützlichkeit und Schönheit«, diese gestalterischen Imperative der Aufklärung, waren für das neue Bauen
Bürde und Herausforderung zugleich.

Für Dessau war das Bauhaus eine Chance. Nach dem Tod
von Fürst Franz 1817 war die Stadt bedeutungslos geworden. In
der Zeit der Restauration gaben mit Berlin und Wien wieder die
üblichen Verdächtigen im Machtgefüge der Elbe den Ton an. Im
Umfeld der 1848er Revolution richtete Preußen sein Augenmerk
erneut auf die Stadt an Elbe und Mulde, denn es wollte unbedingt verhindern, dass die Fürsten von Anhalt eine moderne
Verfassung verabschiedeten. Allzuviele Revolutionäre waren wegen des liberalen Klimas aus Berlin nach Dessau geflohen. Dieser wollte Preußen habhaft werden, und so marschierten 1850
schließlich preußische Truppen in Dessau ein. Im ehemaligen
»Freyland« herrschte erneut Grabesstille.

Nicht mehr von der Politik kamen nun die Veränderungen,
sondern von der Wirtschaft. 1840 wurde Dessau an das Eisenbahnnetz angeschlossen, 1859 wurde es gar zum wichtigsten
Knotenpunkt Mitteldeutschlands. Zahlreiche Industrieunter-
nehmen siedelten sich an, darunter die Deutsche Continental-
Gas-Gesellschaft, die Berlin-Anhaltische Maschinenbau AG
und die Dessauer Waggonfabrik. Ein Pionier der Dessauer In-
dustriegeschichte war Hugo Junkers, dessen Werke in den zwanziger Jahren in Dessau über 5000 Arbeiter beschäftigten. Nicht

mehr nur für »Wallfahrten« entlang der Elbe stand Dessau nun, sondern für moderne Badeöfen und die zivile Luftfahrt.

Junkers war es auch, der sich für die Ansiedlung des Bauhauses einsetzte. Am 21. März 1925 notierte Ise Gropius in ihrem Tagebuch: »G. von Dessau zurück. Situation scheinbar gerettet. Die Industrie nach vielen Mühen gewonnen. Vor allem Junkers, der sich sehr für den ganzen Bauhausplan interessiert und gleich überlegt hat, wie man praktisch zusammenarbeiten kann.«

Wie groß das Interesse bei den Junkers-Leuten an einer Zusammenarbeit mit dem Bauhaus war, hielt Hans Maria Bongers fest, einer der Pioniere der Junkers-Luftfahrt: »Wir Junkersleute engagierten uns natürlich sofort. Das Bauhaus war Fortschritt, es brachte neue Ideen. Das war auch unser Element. Vielleicht war für die Wahl Dessaus nicht ganz ohne Einfluss, dass hier Professor Junkers wirkte und ein fortschrittliches und großzügiges Klima herrschte. Dessau wurde nun erst recht für viele zum Mekka.« Dessau war wieder ein Ort, an dem man groß dachte. Im Auftrag von Hugo Junkers entwarfen die Architekten Ludwig Mies van der Rohe und Ludwig Hilberseimer von Oktober 1930 an einen ehrgeizigen Plan: Am Rande des Dessau-Wörlitzer Gartenreiches sollte ein neuer Stadtteil für 20 000 Menschen entstehen. Doch dann gewann die NSDAP 1931 die Gemeinderatswahlen in Dessau, und schon im folgenden Jahr wurde das Bauhaus geschlossen. Mit dem Machtantritt der Nazis wurde Hugo Junkers in Dessau zur *persona non grata*.

VOM BAUHAUS ZUR BAUAUSSTELLUNG

Seiner Dauerausstellung über die Geschichte von Anhalt-Dessau hat das Dessauer Museum für Stadtgeschichte einen programmatischen Titel gegeben: »Schauplatz vernünftiger Menschen«. Die Schau im Schloss schlägt einen weiten Bogen vom

Alten Dessauer über Fürst Franz bis zu Hugo Junkers und dem Bauhaus. Es ist der Geist des »Freylandes« an der Elbe, der da, über die Zeiten hinweg, beschworen wird, ein Geist, der wohl auch der Lage zwischen den Stühlen und Mächten geschuldet war, in dem sich die kleinen anhaltischen Fürstentümer an der mittleren Elbe immer befunden haben. Nirgendwo hielt sich der Geist des »dritten Deutschland« länger als hier. »In einer Historie von Krieg, Katastrophen, Willkür und Gewalt der Vernunft immer wieder einen Platz bei der Gestaltung der Gesellschaft zu geben«, heißt es im Vorwort zum Katalog der Ausstellung, »ist eine der erfolgreichen und positiven Traditionen der anhaltischen Geschichte.«

Man kann es auch anders sagen: Im Schatten von Preußen und Sachsen, respektive Österreich zeigt sich an der mittleren Elbe eine dritte Geisteshaltung. »Schönheit und Nützlichkeit«, lautete das Credo des Aufklärers Franz. »Form folgt Funktion« war der ästhetische Imperativ des Bauhauses. Und heute?

Das Bauhaus von Walter Gropius steht, wie auch das Kornhaus an der Elbe, noch immer in Dessau, und noch immer stellt es sich den Herausforderungen der Zeit. Als 2010 in Sachsen-Anhalt die Internationale Bauausstellung (IBA) »Stadtumbau« präsentiert wurde, war das Bauhaus der Ideengeber. Gleich vier Städte an der mittleren Elbe haben sich an dem Projekt beteiligt, mit einem geschärften Standortprofil den Weg in eine Zukunft zu wagen, die auch weiterhin von Abwanderung und Deindustrialisierung begleitet sein wird. So widmete sich Wittenberg, das längst als Lutherstadt firmiert, dem großen Thema Reformation und entwickelte mit der IBA das Projekt »Campus Wittenberg«. Als Wissensstandort will die Stadt, in der Martin Luther sich im September 1508 niederließ, gewappnet sein für das Lutherjahr 2017.

In Schönebeck an der Elbe hieß das Zukunftsthema Vergangenheit. Ausgehend von den »Kolonistenstraßen«, die 1774 angelegt wurden, will die Stadt oberhalb Magdeburgs ihre drei Zentren besser miteinander verbinden. Auch hier spielt die Elbe eine Rolle. Sie soll im Stadtteil Frohse künftig dem Wassertourismus Auftrieb geben.

Dessau-Rosslau beteiligte sich mit dem Thema »urbane Kerne«. Sie sollen dem schrumpfenden Gemeinwesen zu mehr Stabilität verhelfen. Auf den Flächen zwischen diesen Kernen wird die Stadt zurückgebaut zu einer Stadtlandschaft, die sich wieder an den Qualitäten des Dessau-Wörlitzer Gartenreiches orientiert.

Schließlich Magdeburg, die einstige Metropole an der Elbe, die am 20. Mai 1631 dem Erdboden gleichgemacht wurde und am 16. Januar 1945 bei einem Bombenangriff neunzig Prozent ihrer Bauten in der Innenstadt verlor. Nach dem Krieg hat sich Magdeburg von der Elbe zurückgezogen. Mit der IBA Stadtumbau soll die Stadt wieder an den Strom zurückkehren, an dem sie einst gegründet wurde.

»Leben an der Elbe« heißt das Thema in der Landeshauptstadt von Sachsen-Anhalt seitdem. Den Worten lässt man Taten folgen: Am linken Elbufer wurde eine Promenade angelegt, von einem Balkon über der Elbe kann man den bei den Schiffern berüchtigten Domfelsen ebenso bestaunen wie den mächtigen Dom, den einst Otto der Große erbauen ließ. So will Magdeburg wieder zum Kraftzentrum zwischen Dresden, Berlin und Hamburg werden. Im Mittelpunkt steht dabei die Elbe. Mit dem Wörlitzer Gartenreich, dem Bauhaus und der Lutherstadt Wittenberg liegen in Sachsen-Anhalt gleich drei Weltkulturerbestätten der Unesco an den Ufern des Flusses. Das können die Protagonisten des Dualismus an der Elbe nicht von sich behaupten.

KAPITEL VIER

Nachglühen

Die Elbe als literarischer Erinnerungsort

Einst war sie die größte Eisenbahnbrücke Deutschlands, dann wurde sie zum Symbol der Teilung. In Zukunft könnte die Dömitzer Brücke ein Museum zum Literaturraum an der Elbe beherbergen.

KEIN SCHUSS FÄLLT MEHR

Das Ende der Grenze kommt im Prolog. »Sobald man im Morgengrauen die eigene Hand vor Augen sehen kann, kommen sie auf dem Deich zusammen und greifen sich die über Nacht liegen gelassenen Bolzenschneider.« So beginnt der Roman *Nachglühen*, den der 1973 in Lüneburg geborene Schriftsteller und Musiker Jan Böttcher 2008 veröffentlicht hat. Zwei Sätze später haben die Bewohner des fiktiven Dörfchens Stolpau vor Augen, was sie 28 Jahre nur hören konnten und riechen: »Da ist die Elbe, mit jeder Streckmetallplatte, die sie zwischen den Betonsäulen herausreißen, wird die Sicht frei auf den Fluss.«

Und dann ist da noch, zwei Seiten weiter, Jo Brüggemann. Überwältigt vom Anblick des bis dahin weggesperrten Stroms, rudert er mit den Armen und rennt zum Entsetzen der Menge in Richtung Elbe: »Er läuft am Fluss entlang und wird doch immer kleiner da unten auf der planen Fläche der Elbauen, auf diesem absurd leeren Streifen, einer schwarzen, schwammigen Wiese, auf der keine knorrigen Weiden mit einem halben Meter Durchmesser wachsen, keine hohen Sträucher, keine Jungbirken, wo die Buhnen sich noch nicht zu kleinen Sandstränden zusammenfinden; alles, was Jahre später wirken wird, als sei es immer so gewesen, üppig grün, mit einer Basthütte für die Kinder zwischen den Weidezweigen, liegt damals plan und leer, und Jo Brüggemann zieht die Lederjacke im Laufen aus. (…) Mancher auf dem Deich sieht hinunter zum Wachturm. Brüggemann, der Sperrbrecher. Wenigstens ein Warnschuss. Aber die neue, die gerade angebrochene Zeit schweigt.«

Es scheint, als spiegle sich in dieser Szene noch einmal der Schrecken, der so lange keine Worte hervorgebracht hat, aber auch keine Fragen, nur stummes Schweigen an einer Grenze, die für die Anwohner nicht der Fluss markiert hatte, sondern der Deich. Hinter dem Deich, wo der Metallgitterzaun den Blick auf die Elbe versperrte, war »feindwärts«. »Freundwärts« hingegen war die Richtung, die ins Landesinnere führte. Jo Brüggemann, einer der beiden Helden in Böttchers *Nachglühen*, schüttelt diese Geografie von Freund und Feind ab, als er zur Elbe hinunterrennt und die Lederjacke von sich wirft. Die Minen, mit denen die Grenzsoldaten das Vordeichland »gesichert« hatten, will er nicht mehr wahrhaben, und auch seinen Vater sieht er nicht, der ihm nun, am Ende des Prologs, folgt. Hans Brüggemann, vor dem Ende der Grenze Freiwilliger bei den Grenztruppen, rennt dem Sohn hinterher und führt ihn schließlich ab wie einen Gefangenen.

Die deutsche Literaturkritik hat *Nachglühen* gefeiert, als hätte sie auf einen Roman gewartet, der nicht das Zusammenwachsen Deutschlands, sondern seine Grenzen in den Mittelpunkt stellt. Tatsächlich gibt es in *Nachglühen* nicht nur eine, sondern viele Grenzen. Die ganz reale am Deich mit dem Streckmetallzaun, und die innere Grenze mitsamt den Rissen, die sich an der Westgrenze der DDR, wo Loyalität die einzige Währung war, oft durch die eigene Familie zog. Davon lebt die Spannung in diesem Buch über das Dorf am zunächst östlichen, dann nördlichen Ufer der Elbe. Mit dem Prolog ist die innerdeutsche Grenze nicht verschwunden. Gleich zu Beginn von *Nachglühen* heißt es: »Sie selbst sind es, die das Ende zum Anfang machen.«

Mag Stolpau auch ein fiktives Dorf sein, die Umgebung, die Jan Böttcher ihm verpasst hat, ist real. Stolpau liegt im Amt Neuhaus, jenem einst zu Niedersachsen gehörenden Landstrich rechts der Elbe, der mit der Grenzziehung 1945 plötzlich in der Sowjetischen Besatzungszone, dann in der DDR lag. Als ob sich diese Geister nach der Wende verscheuchen ließen, stimmten die Bewohner 1993 dafür, dem Land Mecklenburg-Vorpommern den Rücken zu kehren und ihr Glück erneut in Niedersachsen zu suchen. Keine Republikflucht war das, eher eine Bundeslandflucht. Amt Neuhaus, Landkreis Lüneburg, Niedersachsen, so steht es heute politisch korrekt, aber geografisch noch immer ungewohnt, auf den gelben Ortsschildern zwischen den Landkreisen Ludwigslust (Mecklenburg-Vorpommern) und Herzogtum Lauenburg (Schleswig-Holstein).

Real ist auch die Randlage, in die der Strom die Dörfer in der »neuen, gerade angebrochenen Zeit« belässt. Das muss Jo Brüggemann erfahren, als er viele Jahre nach Prolog und Grenzfall aus der Elbmetropole Hamburg in sein Heimatdorf zurückkehrt: »22 Uhr 35, die allerletzte Überfahrt. Als Jo Brüggemann auf die Fähre hinabrollte, krachte die eiserne Rampe, bog sich unter der Last des Wagens. Er reckte den Kopf nach der Fährfrau, und prompt trat sie an Deck, in ihrem gelben Öljackenponcho. Ein Kommando blieb aus – warum auch sollte sie ihm mit ehrgeizigen Bewegungen einen Stellplatz zuweisen. Er war der einzige Fahrgast an Bord. Niemand war vor ihm, niemand war nach ihm. (...) Fünfzehn, sechzehn, dachte er dabei, siebzehn Jahre waren jetzt vorüber – und noch immer keine Brücke von West nach Ost.«

Real sind schließlich auch die Hinterlassenschaften der Grenze. Wer heute in Bleckede mit der Fähre über die Elbe setzt und auf dem Deich nach Konau radelt, kann es plötzlich sehen: Mitten in der Landschaft steht da ein Stück Grenzanlage mit Wachturm und dem Metallgitterzaun, der die Menschen auf dem DDR-Ufer der Elbe zu Binnenlandbewohnern machte. 94 Kilometer lang, von Schnackenburg und Lütkenwisch bis kurz vor Lauenburg, markierte diese Abfolge – Signalzaun, Todesstreifen, Metallgitterzaun und Selbstschussanlagen – die innerdeutsche Grenze an der Elbe. Der in Wustrow im Wendland aufgewachsene Literaturwissenschaftler Axel Kahrs kann sich noch gut an den Anblick der Elbgrenze vom westdeutschen Ufer aus erinnern. »Wenn ich auf die andere Seite geschaut habe, sah ich den Zaun und hörte das Kläffen der Hunde. Dennoch war das Gegenüber für uns ein Land der Stille. Man sah auch nichts. Keinen Schornstein, aus dem Rauch stieg, keine Stimmen, es fuhren keine Züge, nur das Kläffen der Hunde. Für die im Osten war die Elbe ein Phantomfluss. Für uns war sie ein Fluss ohne anderes Ufer, ein Fluss ohne Gegenüber.«

Die Elbe als Grenze: Nicht nur Amerikaner, Briten und Sowjets haben sie auf ihren Konferenzen in Jalta und Potsdam dazu gemacht, sondern auch die Schriftsteller. Bereits 1959 stellte der Kritiker Marcel Reich-Ranicki in einer Serie von Porträts »Schriftsteller, die jenseits der Elbe wohnen« vor. Christoph Hein, der Pankower, schaute aus der Berliner Perspektive auf den Strom und beobachtete »die Schwierigkeiten der Deutschen diesseits und jenseits der Elbe«.

All das hat Axel Kahrs zusammengetragen. In seinem stilvoll sanierten Fachwerkhaus in der Lüchower Innenstadt hat alles seine Ordnung: im Erdgeschoss Belletristik, Kunstbände, das intellektuelle Mobiliar des Deutschlehrers, der Kahrs lange war. Oben, im etwas schiefen ersten Stock, stapeln sich dagegen aufgeschlagene Bücher, Zeitschriftenbeiträge, Kopien – beachtliche Mengen Gedrucktes, aus dem allenthalben gelbe Klebezettel lugen. Axel Kahrs ist der literarische Chronist der Elbe – und damit auch ihres literarischen Werdegangs. Zu dem gehört neben dem Image als Grenzfluss das des Langeweilers unter den deutschen Flüssen. Immer wieder gerne zitiert Kahrs einen Beitrag des Theater- und Literaturkritikers Benjamin Henrichs. Der gebürtige Stuttgarter schrieb 1991, zwei Jahre nach dem Fall der Mauer: »Der Fluss Elbe ist eine Zumutung für Geist und Auge. Ganz sachte (…) verwandelt er sich aus einem sächsischen, beinahe südländischen Strom in einen erbarmungslos norddeutschen. Das Ufer-Theater, das die Elbe dem Flussreisenden bietet, ist ein karges, von allerdings majestätischer, man kann getrost sagen, magischer Monotonie (…) da ist nichts und da kommt nichts.«

Auch eine Reportage der Publizistin Gabriele Riedle hat Kahrs aufgehoben. Darin heißt es: »Die Bilder ziehen vorbei, alle im gleichen Tempo, alle im gleichen Abstand, alle ohne Bedeutung: Torgau, Wittenberg, Magdeburg – vom Fluss aus unterscheiden sie sich nur in Silhouetten und in der Zeit, die man braucht, um sie hinter sich zu lassen. Wer einmal eine Fahrt auf ihr gemacht hat, der weiß, dass man vom Fluss aus die Welt nicht wirklich sehen kann.«

Die Elbverrisse der unmittelbaren Nachwendezeit mögen über ihre Verfasser mehr verraten als über den Gegenstand; den Ruf der Elbe als »nachrangig« haben sie jedenfalls nicht zu verantworten, denn der ist älter. Bereits 1874, also ebenfalls nach einer deutschen Staatsgründung, war der Franzose Victor Tissot auf der Elbe unterwegs und stellte wenig überraschend fest: »Die Geschichte Deutschlands spiegelt sich viel weniger in den Fluten der Elbe als in denen des Rheins, denn sie ist weniger der Strom der Krieger und Denker noch der Strom der Feudalherren oder der Poesie, an ihren Ufern blühen keine Vergissmeinnicht und keine Sagen, auch die Nixen und Nymphen der Balladen tummeln sich nicht in ihren Fluten.«

Da hat sich also etwas festgeschrieben in der Wahrnehmung der Elbe, etwas, das so gar nicht dem entspricht, was einst Friedrich Schiller, der Dichter vom Neckar, beim ersten Anblick der Elbe empfunden hat. Nach der Ankunft in Dresden-Loschwitz notierte dieser am 13. September 1785: »Unsre Hieherreise war wirklich sehr angenehm. (…) Als auf einmal, und mir zum erstenmal, die Elbe zwischen 2 Bergen heraustrat, schrie ich laut auf. O mein Liebster Freund, wie intereßant war mir alles. Die Elbe bildet eine romantische Natur um sich her, und eine schwere Aehnlichkeit dieser Gegend mit dem Tummelplatz meiner frühen dichterischen Kindheit macht mir sie dreifach theuer. Meißen, Dresden und seine Gegenden gleichen ganz in die Familie meiner vaterländischen Fluren.«

Bevor er 1787 nach Weimar ging, hatte Schiller auf Einladung seines Freundes Christian Gottfried Körner im Dresdner Elbvorort Loschwitz einen kleinen Pavillon bezogen. Die Lage in den Weinbergen und der Blick auf den Strom hatten ihn augenblicklich beeindruckt und auch literarisch inspiriert. In Dresden schrieb Schiller neben dem *Don Carlos* auch die *Ode an die Freude*, die in der Vertonung Beethovens zur inoffiziellen Hymne der Europäischen Union wurde. Die Elbe selbst schien Schiller freilich eher deutsch als europäisch und böhmisch geprägt zu sein. In einem Epigramm auf die Elbe notierte er: »All ihr andern, ihr sprecht nur Kauderwelsch. Unter den Flüssen Deutschlands rede nur ich, und auch in Meißen nur, deutsch.«

Natürlich ist Schillers Blick auf die »deutsche Elbe« ein früher Hinweis auf die aufkeimende deutsche Frage – das Epigramm befindet sich in einer Reihe weiterer so genannter *Xenien* aus dem Jahre 1797, von denen es unter anderem über den Rhein hieß:

»Treu, wie dem Schweizer gebührt, bewach' ich
   Germaniens Grenze,
Aber der Gallier hüpft über den duldenden Strom.«

Schillers Elbe begründet dennoch ein anderes Sujet als das der Grenze. Sie fließt als Ganzes von Loschwitz bis Hamburg, über das der Dichter schrieb: »Ich spazierte damals an den Ufern der Elbe und fing eben an zu phantasieren, ob dieses Wasser oder mein Leiden das tiefste wäre.«

In der deutschen Klassik ist die Elbe also das Band, das Deutschland verbindet. Ignorieren will der literarische Fährtensucher Axel Kahrs den *Messerschnitt entlang der Elbe*, wie Eduard

Claudius 1951 sein Buch über die Elbe betitelte, allerdings nicht. Das unterscheidet Kahrs von vielen linken Autoren, die einst ins Wendland kamen, in diesen entlegenen Zipfel Westdeutschlands, wo alles so schön bunt war, so wie die Freie Republik, die man ausgerufen hatte – nicht frei im Gegensatz zur unfreien DDR, sondern frei im Verhältnis zur Bundesrepublik und ihrer Atomindustrie, die gerade Gorleben als Standort für ein atomares Endlager zu erkunden begann. Es war die Angst vor der Atomenergie, die die Menschen im Wendland zusammenführte, nicht die vor Stacheldraht und Metallgitterzaun. Da geriet die Grenze schnell in den Hintergrund, wie ein Zitat von Nicolas Born verdeutlicht, der 1972 ins Wendland zog: »Der Himmel war blau, erst weiter weg hingen dicke aufgebauschte Wolken dicht über dem Horizont. Die Elbwiesen zerflossen da, immer blasser, und wo nichts genaues mehr war, da sah man auch keine Zäune mehr.«

Axel Kahrs war sich des Spagats bewusst. Als Atomkraftgegner galt er den Zugezogenen als Linker, als Genosse. Als einer, der die Grenze an der Elbe als unmenschlich anprangerte, befand er sich dagegen oft in konservativer Gesellschaft. Er bekam, wie es damals hieß, Beifall von der falschen Seite. Das änderte sich erst mit dem Mauerfall – oder auch nicht. So wie Jan Böttcher das *Nachglühen* der Grenze im Osten beschreibt, hat Kahrs die »Mauer in den Köpfen« im Westen erlebt: »Dass sich jemand sofort aufgemacht hat, Land und Leute hinter der Grenze zu erkunden, war eher die Ausnahme als die Regel«, sagt er und öffnet die Beifahrertür. Axel Kahrs will etwas zeigen, etwas, das vielleicht der Schlüssel ist für die Leidenschaft, die er der Elbe entgegenbringt.

Für Hans-Friedrich Franck war die innerdeutsche Grenze Hindernis und Hoffnung zugleich. Hindernis, weil er wusste, wie schwer es ist, Signalzaun, Todesstreifen, Metallgitterzaun und Selbstschussanlagen zu überwinden. Hoffnung, weil hinter den Grenzanlagen ein anderes, ein neues Leben winkte.

Hans-Friedrich Franck, geboren am 20. Dezember 1946 in Meißen, war ein Kind der Elbe. Er war aber auch ein Kind der Elbgrenze. Ein Jahr vor seiner Geburt wurde die Elbe zwischen Stromkilometer 472,6 und 566,3 zur innerdeutschen Trennlinie, eine 94 Kilometer lange Flussgrenze, die das Bild des Flusses auch im Osten prägen sollte – selbst wenn über der Elbe bei Meißen nach wie vor die Albrechtsburg und die Domspitzen aufragten und am andern Ufer die von der Südlage verwöhnten Weinberge.

Viel hat Axel Kahrs nicht in Erfahrung bringen können über das Leben von Hans-Friedrich Franck, außer, dass er Konstrukteur wurde und sich in den kalten Januartagen des Jahres 1973 auf den Weg machte die Elbe hinab in Richtung Altmark und dann nach Salzwedel – dorthin, wo nicht die Elbe die beiden Deutschlands teilte, sondern die Jeetze, die in Niedersachsen Jeetzel heißt.

Anders als in Berlin, das von einer Mauer durchzogen war, bestand die innerdeutsche Grenze zumeist nur aus einem Metallgitterzaun. Am 17. Januar gegen 23 Uhr gelang es Hans-Friedrich Franck, den drei Meter zwanzig hohen Zaun bei Blütlingen zu überwinden. Doch der 26-Jährige hatte Pech. Beim Klettern löste er eine jener Selbstschussanlagen aus, die in der DDR ganz unverblümt SM 70 hießen, SM für Splittermine. Was dann passierte, steht im Bericht des Diensthabenden Arztes Dr. med. W. Stoll aus dem nahen Wustrow: »Der durch eine Selbstschussanlage am Metallgitterzaun der DDR-Grenze Verletzte Hans-Friedrich Franck konnte trotz intensivster Bemühung seitens (...) der Ärzte nicht am Leben gehalten werden. Die unregelmäßig geformten, scharfkantigen und gezackten Metallsplitter des Sprengkörpers, die in ihrer Wirkung einem Dum-Dum-Geschoss gleichkommen, wenn nicht übertreffen, hatten bei dem Verletzten unterhalb des Leistenbandes am linken Oberschenkel (...) die dort gelagerten Gefäße an mehreren Stellen so zerfetzt, dass sich eine Gefäßnaht äußerst schwierig gestaltete und die Operationszeit erheblich verlängerte. Den schweren Entblutungsschock, die Länge der Operation und den dadurch bedingten massiven Einsatz von Blutkonserven (...) hat schließlich selbst ein junger Organismus nicht mehr verkraften können, so dass es 2 ½ Stunden nach Abschluss der Operation zu einem irreversiblen Kreislaufzusammenbruch gekommen ist, der den Tod zur Folge hatte.«

Heute erinnert ein Denkmal an Hans-Friedrich Franck – an jener Stelle, die ihm am Abend des 17. Januar 1973 zum Verhängnis wurde. An einem Stück Metallgitterzaun ist ein Kreuz angebracht, davor ein Hügel mit Tannenzweigen. Die Grenze als Grab. Jemand hat einen Kranz niedergelegt zum fünfzigsten Jahrestag des Mauerbaus. Auf einer schwarzrotgoldenen Schleife steht da: CDU Salzwedel.

144 Kilometer lang war die Grenze im Landkreis Lüchow-Dannenberg, zu dem Blütlingen gehört. Sie führte von Müssingen entlang der Dumme bis Wustrow und weiter bis Schnackenburg an der Elbe. Stromabwärts ging es dann über Gorleben und Hitzacker bis Neu Darchau. Das Wendland war der Landkreis in der Bundesrepublik mit dem längsten Grenzabschnitt zur DDR. Und es war der, an dem verhältnismäßig viele Selbstschussanlagen des Typs SM 70 standen. Lange Zeit hat das SED-Regime den Einsatz der tödlichen Apparate geleugnet, die seit 1971 auf einer Länge von rund 200 Kilometern an der 1393 Kilometer langen Grenze angebracht wurden. Drei Jahre nach dem Tod von

Hans-Friedrich Franck aber half alles Leugnen nichts mehr. Am 12. April 1976 veröffentlichte der *Spiegel* ein detailgetreues Funktionsschema der SM 70. Das Fazit eines Gutachtens, das das Hamburger Nachrichtenmagazin hatte erstellen lassen, gibt dem Arzt aus Wustrow recht, der bei Hans-Friedrich Franck nur noch den Tod feststellen konnte: Die 118 Stahlwürfel, die aus dem Trichter geschossen werden, hieß es, wirkten bis zu einer Entfernung von 25 Metern tatsächlich wie Dum-Dum-Geschosse.

Inzwischen steht ein Exemplar der SM 70 im Grenzlandmuseum in Schnackenburg, der zweiten Etappe der Tour, zu der Axel Kahrs eingeladen hat. Angebracht waren die SM 70 an jedem vierten Pfahl des Grenzzauns, das letzte Hindernis der sorgfältig gestaffelten Sperranlagen. Alle zehn Meter wachte eine SM 70 über die »Friedensgrenze«, um »Grenzverletzer« abzuschrecken. Ihre Splitter verschossen sie in drei verschiedenen Höhen: 40 Zentimeter, 1,50 Meter, drei Meter. Hans-Friedrich Franck war in eine tödliche Maschinerie geklettert, deren Testphase noch unter den Nazis begonnen hatte und die von der DDR in den Sprengstoffwerken in Schönebeck an der Elbe zur Serienreife gebracht wurde. Neben Franck starben neun Menschen an den Verletzungen durch Splitterminen des Typs SM 70.

Wie der *Spiegel* und mit ihm die westdeutsche Öffentlichkeit an die SM 70 kam, ist eine der abenteuerlichsten Geschichten, die die innerdeutsche Grenze hervorgebracht hat. Bereits im November 1975 hatte das Magazin einen Bericht über die Sicherung der Grenze und die SM 70 veröffentlicht, dabei aber eingestehen müssen: Wie die Anlage im Einzelnen funktioniere, »weiß der Bundesgrenzschutz bis heute nicht genau«. Den Bericht im *Spiegel* las Michael Gartenschläger, ein 31-jähriger Tüftler aus Strausberg bei Berlin, der 1971 von der Bundesregierung freigekauft worden war, nachdem das Bezirksgericht Frankfurt (Oder) ihn am 19. August 1961 wegen »staatsgefährdender Propaganda und Hetze im schweren Fall« zu einer lebenslangen

Zuchthausstrafe verurteilt hatte. Auch in der Bundesrepublik ließ die Mauer den gelernten Dreher nicht los. Mit einer »seltenen Kombination von Tüfteltum und Waghalsigkeit«, so der *Spiegel*, verhalf er mehreren DDR-Bürgern zur Flucht, mal über die Tschechoslowakei, dann über Jugoslawien, in einem Fall sogar über Libyen. Als Gartenschläger durch den *Spiegel* von der Wissenslücke des Bundesgrenzschutzes erfuhr, dachte er: »Wenn die so'n Ding brauchen und nicht haben, wirst du denen eben so'n Ding besorgen.«

In der Nacht zum 30. März 1976 machte sich Gartenschläger mit einem Kompagnon auf den Weg zur innerdeutschen Grenze. Auf einem abgelegenen Waldstück bei Bröthen in der Nähe von Lauenburg näherten sich die beiden dem Grenzzaun. Gartenschläger stieg auf eine Leiter, lehnte sich hinüber auf die DDR-Seite, durchtrennte zwei Kabel und schraubte die gesamte Selbstschussanlage ab. Wieder auf westdeutschem Gebiet, hielt er die Trophäe in die Höhe und jubelte. Doch niemand rührte sich. Gartenschläger hätte, wie er einräumte, »zu gerne photographiert, wie die da verdutzt um einen leeren Pfahl herumstanden«. Ohne Publikum, aber mit der SM 70 in der Hand, machte er sich schließlich auf den Heimweg. Dieses Husarenstück gelang ihm ein zweites Mal. Beim Versuch, nach der ersten und der zweiten auch eine dritte Selbstschussanlage abzuschrauben, wurde er am 30. April 1976 von DDR-Grenzern erschossen – ohne Vorwarnung, wie Augenzeugen berichteten. Die Verfahren gegen die Täter und Verantwortlichen wurden später wegen Verjährung eingestellt.

In seinem Roman *Sehnsucht* lässt der Schriftsteller Arnold Stadler den Ich-Erzähler die ehemalige Grenzelbe zwischen Schnackenburg und Lütkenwisch auf einer Fähre überqueren und dabei staunen: »Auf der Fähre war ich mit meinem Wagen der
Einzige, der sich übersetzen ließ, die Elbe glitzerte wie eine Fata
Morgana des Nordens. Den ehemaligen Todesstreifen überquerte ich schwimmend. Der Todesstreifen war nun ein Naher-
holungsgebiet. Aus der Hundegrenze war ein Biotop geworden.
(…) Drüben sah ich, was ich in jenem Augenblick gar nicht sehen wollte. Da lagen zwei und machten Liebe.«

Arnold Stadler, 1954 geboren und zwischen Bodensee und
Donau aufgewachsen, kam 1999 erstmals ins Wendland, ein
Jahr später war er Stipendiat im Künstlerhof Schreyahn, einem
zaubrischen Ort für Schriftsteller und Komponisten. Grenzzaun,
Todesstreifen und Hundegebell waren zwar Geschichte, aber eine
überaus präsente. Dem Ich-Erzähler in *Sehnsucht* fällt an solchem
Ort die Rückkehr in die Normalität schwer. Immer wieder geht
sein Blick zum Liebespaar: »Mitten im Todesstreifen, da, wo einmal die Hunde auf- und abliefen und sich in regelmäßigen Ab-
ständen immer wieder festbissen.« Die ehemalige Grenze und
ihre Gegenwart: Das beschäftigte auch den Lyriker Richard
Pietraß. In seinem Gedicht *Kolonnenweg* heißt es:

Wo Fuchs und Hase Tunnel gruben
versandet der Kolonnenweg.
Wo Peitschenlampen Schatten schlugen
zweigt ein Pfad zum Angelsteg.
Wo Kübelwagen Leine zogen
dem Kradsoldat die Knarre platzte
Streiten Elstern in den Wolken
um die Reste eines Spatzen.

Wie Arnold Stadler lebte Richard Pietraß einige Zeit als Stipendiat im Künstlerhof Schreyahn, den Axel Kahrs – ebenso wie das Nicolas Born Archiv – leitet.

In dem Rundlingsdorf Schreyahn mit seinen 71 Einwohnern hämmern Spechte, flötet der Pirol, und im Sommer singt, das haben alle Schriftsteller festgehalten, die dort waren, die Nachtigall eine betörende Melodie. Doch die Grenze, an der Hans-Friedrich Franck verblutete, ist von der Literatenidylle nur fünf Kilometer entfernt. Zu nah ist das, um zu vergessen. So erzählt Reinhard Jirgl, der gebürtige Salzwedeler, in seinem Roman *Die Unvollendeten* von einem Flüchtlingsschicksal in der Altmark. Von einer Grenze zu einer anderen verschlägt es seine Helden. Die Ost-Berlinerin Brigitte Struzyk hat der altmärkischen Grenzstadt Salzwedel ebenfalls einen Text gewidmet: »Vor der Stadt auf dem Weg ins Wendland steht Apfelduft über dem Acker. Äpfel rollen in die Furchen. Über der Loh lodert die Sonne. Salzwedel entfernt sich, es bläuen die Glocken den Grenzkanal, so läuten sie zum Sammeln. Wie die Absätze beim Stepptanz knallen, so springen die Äpfel auf den Patrouillenweg.«

»Im Gedächtnis der Deutschen verläuft die innerdeutsche Grenze vor allem als Mauer durch Berlin«, sagt Axel Kahrs. »Niedersachsen aber hat mit 550 Kilometern die längste innerdeutsche Grenze gehabt. Das waren 42 Prozent der gesamten Grenze Westdeutschlands zur DDR.«

Seit dem Fall der Mauer hat Axel Kahrs nicht nur die deutschsprachige Literatur nach Einträgen zur Elbe durchforstet. Fündig wurde er unter anderem in Jenny Erpenbecks *Heimsuchung* oder Brigitte Kronauers *Teufelsbrück*. Gemeinsam mit einer Kollegin aus dem nur fünfzehn Kilometer von der Stipendiatenstätte entfernten Salzwedel hat Kahrs 2009 auch eine Anthologie herausgegeben, in der Autoren, die in Schreyahn waren, aber auch andere, an die innerdeutsche Grenze erinnern.

Christa Wolf berichtet über die gescheiterte Flucht in den Westen, Wolfgang Rischer schreibt über die Dömitzer Brücke und Erich Loest spielte in seinem satirischen Roman *Fallhöhe* vor dem Fall der Mauer schon einmal die Wiedervereinigung durch.

Der Blick auf die Elbe, den ehemaligen Grenzfluss, sagt der Germanist Sven Kramer von der Leuphana Universität Lüneburg, »wirft bei vielen Schriftstellern Fragen nach der Positionsbestimmung der deutsch-deutschen Vereinigung auf«. So bewahren sie die Elbgrenze vor dem Vergessen, meint Kramer. »Indem sie das Hineinwachsen der Vergangenheit in die Gegenwart gestalten, konterkarieren die Autoren die in der populären Wahrnehmung stattfindende Transformation des Kulturraums zum Naturraum.« In *Nachglühen* heißt es dazu: »Es gab nicht nur den gleichmütigen, alle Menschen überholenden, dahinfließenden Strom. Nicht nur die silbernen Münzen, die auf seiner Oberfläche funkelten. Es gab auch die Tiefe, in der die Elbe aufbewahrte, was die Menschen an ihren Ufern erlebt hatten.«

Zu den Merkwürdigkeiten der Grenze, die viele Autoren in Schreyahn entdecken, gehören auch wüst gefallene Dörfer wie Jahrsau. Den Dreißigjährigen Krieg hat das Rundlingsdorf nordöstlich von Salzwedel überlebt, weil es abgelegen im »Jahrsauer Sack« lag, einer kleinen Enklave. Sein Ende kam 1952 mit einer Säuberungswelle, die die Regierung in Ost-Berlin wenig euphemistisch »Aktion Ungeziefer« nannte. Über Nacht wurden missliebige Personen abgeholt, deportiert, ihre Häuser zerstört. Nach dem Mauerbau wiederholte sich das Ganze, nur, dass die Aktion diesmal »Kornblume« hieß. 1970 schließlich wurde Jahrsau ganz geschleift, ein verschwundenes Dorf mitten in Deutschland. Dieses Schicksal teilt Jahrsau mit Billmuthausen, Dornholz, Erlebach, Groß Grabenstedt, Kaulsroth, Lenschow, Liebau, Korberoth, Neuhof, Stöckigt und Stresow bei Schnackenburg.

Auch Rüterberg an der Elbe war von der »Aktion Kornblume« betroffen, die die »Staatsgrenze West« sichern sollte. Angeordnet wurden die Zwangsumsiedlungen vom Ministerium für Staatssicherheit (MfS), durchgeführt von der Volkspolizei. Im Grunde konnte es jeden treffen: »Staatsfeindliche Einstellung« lautete ein Vertreibungsgrund oder »organisiertes Westfernsehen«. Manchmal wurde notiert »geht nicht zur Wahl« oder »besucht Kirchentage«. Andere wiederum wurden umgesiedelt, weil sie sich gegen die Kollektivierung der Landwirtschaft gewehrt hatten oder der Nachbar ein Auge auf das Grundstück geworfen hatte. Die Umsiedlungen erfolgten ohne Vorwarnung. Binnen kürzester Zeit wurden die Habseligkeiten der Betroffenen auf Lastwagen verladen und ins Landesinnere geschafft – dorthin, wo das MfS den Bewohnern von Rüterberg und den anderen Grenzdörfern ein neues Zuhause verordnet hatte.

In Jan Böttchers Roman *Nachglühen* betrifft die Säuberung die Gaststätte »Deichkrug« im fiktiven Dörfchen Stolpau: »Siebzehn war Martha gewesen, da lag Stolpau plötzlich im Schutzstreifen der Sperrzone, und der Deichkrug wurde auf Anweisung geschlossen. Jens stellte sich die Staubschicht vor, die sich damals über den Schanktresen gelegt hatte. Immer dicker, flockiger, ein Gewöll. Mehr als ein Jahr sollen die Großeltern vergehen lassen haben, bis sie den Ausschank rausrissen. Nicht aus Protest – aus Trauer.« Doch nicht die Großeltern oder Martha, die Tochter, waren an dieser Atmosphäre aus Misstrauen und Schweigen, die im Dorf herrschte, zerbrochen, sondern Jens, der Enkel, der nach der Wende mit seiner Frau aus dem Westen den Deichkrug wieder beleben wollte.

Nachglühen, das ist auch das Schweigen, das in Stolpau über der Vergangenheit liegt: »Das Bier floss. Sie stellten Jens Lewin keine Fragen, redeten nur untereinander. Streute er irgendeine Anekdote oder Erfahrung ein – vom Journalismus, aus dem Westen, aus Göttingen –, wurde es ganz still, und je öfter dies geschah, desto mehr schien sich diese Stille gegen ihn zu richten.«

Anfang 1952, als man zwischen Ost- und West-Berlin noch ungehindert die Sektorengrenzen überqueren konnte, begann das SED-Regime an der innerdeutschen Grenze bereits mit der Anlage eines zehn Meter breiten Kontrollstreifens, den die Anwohner harken mussten. Bald bestimmten die Grenztruppen das Bild, mussten Passierscheine vorgelegt werden, wenn man den Kontrollstreifen überqueren wollte. Dann kamen die Grenzer von der NVA, immer zu zweit auf Streife, Posten und Postenführer, der eine hatte das Sagen, der andere musste gehorchen. Immer wieder wurden die Streifenpaare neu zusammengesetzt: Freundschaft sei eine Gefahr, Misstrauen gewährleiste »Sicherheit«.

Als am 13. August 1961 in Berlin die Mauer gebaut wurde, setzte in Rüterberg und den andern Dörfern entlang der innerdeutschen Grenze die zweite Welle der Aussiedlung ein, und zugleich wurde die Grenzsicherung perfektioniert. Weil spielende Kinder im Deichvorland immer wieder Alarm ausgelöst hatten, wurde von 1971 an der Metallgitterzaun aus Streckmetall hochgezogen. 1978 errichteten die Grenztruppen einen zweiten Zaun, den Signalzaun. An ihm waren Drähte angebracht, die bei Berührung Alarm auslösten. Ende der siebziger Jahre waren 1281 Kilometer Metallgitterzaun zwischen Lübeck und Hof errichtet, 900 000 Minen verlegt und 39 000 Selbstschussapparate montiert. In Jan Böttchers Roman *Nachglühen* lobt Hans Brüggemann, der Vater des aufsässigen Jo, die Grenze noch nach dem Fall der Mauer. »Ja, damals, wir haben doch nicht mal das Haus abschließen müssen, konnte ja keiner kommen, nie störte jemand und drang ein.« Hans Brüggemann nannte das »Freiheit der Sperrzone«.

In Rüterberg hat es noch eine dritte Welle der Grenzsicherung gegeben. Das Dorf an der Elbe wurde eingezäunt und somit zur Exklave, die nur über eine Stichstraße und zahllose Kontrollen erreicht werden konnte. Hans Rasenberger erinnert sich noch genau an das Jahr 1967 und die Folgen: »Ab diesem Termin

war nur noch ein Zugang zum Dorf, alles andere war total abgeriegelt, mit Stacheldraht verriegelt, die zweite Absperrung entstand, die genau so scharf bewacht wurde wie die Elbe, die Elbe
konnte gar nicht scharf genug bewacht werden, weil alle West-
boote frei fahren durften auf der Elbe.« Wenn der Rüterberger
Schneider Rasenberger bei einer Kundin Maß nahm, musste
dies außerhalb des Sperrgebiets geschehen: »So kam das tatsächlich dann auch vor, dass eine Kundin, die ihr Kostüm schon bestellt hatte, die ich aber nicht mehr besuchen konnte, die auch
nicht zu mir kommen konnte, mit der haben wir uns dann verabredet im Wald, und dort haben wir dann eine Probe gemacht,
und die Soldaten, die das gesehen haben, die haben gegrinst,
nicht wahr, es war dann humorvoll.«

Galgenhumor hatten die Rüterberger, aber keine Hoffnung,
dass sich die Lage bessern würde. »Ab 23.00 Uhr ging hier nichts
mehr«, erinnert sich Meinhard Schmechel, ehemals Grenzpoli-
zist und später Bürgermeister, den die Liebe an der Grenze hielt.
»War man unterwegs, konnte man bis morgens um 5.00 Uhr
nicht mehr nach Hause. Man hatte dann vor dem Tor zu warten.
Dann stand auf der anderen Seite am Tor der Grenzer und sagte
lapidar: Sie waren nicht angemeldet und Ende!«

DIE SCHLACHT BEI GORLEBEN

Dass Rüterberg zur Enklave wurde, hatte es Gorleben zu verdanken. Lange bevor die Bundesrepublik das Elbdorf zum Symbol ihrer Atompolitik machte, ereignete sich am 18. Oktober
1966 ein bis dahin einmaliger Grenzzwischenfall. Zu dieser dritten Station der Grenzreise hat Axel Kahrs einen Zeitungsbe-
richt aus dem *Spiegel* mitgebracht. Unter der Überschrift »Strich
im Strom« hatte das Nachrichtenmagazin über das berichtet,
was der britische Autor David Shears in seinem Buch *Die häss-*

liche Grenze »Die Schlacht bei Gorleben« nennen sollte. Was war geschehen?

Wie jedes Jahr sollte die *MS Kugelbake*, ein Vermessungsschiff aus Stade, Anfang Oktober mit einem Echolot die Grenzelbe erkunden. Das Ziel war höchst zivil: Nach der Vermessung von Tiefen und Untiefen sollte mit Bojen die beste Fahrrinne der Elbe abgesteckt werden – für Schiffe aus dem Warschauer-Pakt-Gebiet wie auch für jene mit dem Ziel West-Berlin. Eine Routinearbeit, eigentlich. Doch 1966 konnte von Routine keine Rede sein. Im Jahr zuvor hatten DDR-Grenzer auf die *MS Kugelbake* »gezieltes Feuer« eröffnet, wie das *Neue Deutschland* formulierte. Laut DDR-Behörden hatte das Boot die Grenzlinie an der Elbe überschritten. Verletzt wurde niemand.

Wo aber verlief die Grenzlinie? Darüber stritten sich Ost-Berlin und Bonn seit der Gründung beider Staaten 1949. Für die DDR lag die Grenze je nach Lesart entweder mitten im Strom oder entlang des Schifffahrts-Talwegs, der teilweise rechts, teilweise links der Strommitte verläuft. Die britische Besatzungsmacht und die Bundesrepublik bestanden dagegen darauf, dass die Grenze am östlichen Ufer verlaufe – entlang einer auch bei Hochwasser noch erkennbaren »Streichlinie«, die die Köpfe der Buhnen miteinander verbindet. Jahrelang war dieser Streit folgenlos geblieben. Die Binnenschiffe beider Staaten wie auch die Patrouillen der Grenztruppen und des Bundesgrenzschutzes nutzten auf ihren Fahrten die gesamte Elbe. Zu Zwischenfällen kam es nicht.

Mitte der sechziger Jahre, so berichtete der *Spiegel* in seiner Ausgabe vom 24. Oktober 1966, häuften sich die Provokationen jedoch. Nach den Schüssen auf die *MS Kugelbake* eröffneten DDR-Grenzer am 16. November 1965 erneut das Feuer, diesmal gegen die Besatzung der *MS Christoph*, die einen Hamburger Lastkahn freischleppen wollte, der sich am Ostufer der Grenzelbe festgesetzt hatte. Am 20. Juni 1966 wurde das Schwesterschiff der *Kugelbake,* die *MS Lauenburg,* an das DDR-Ufer abgedrängt. Dort belehrten Offiziere der Nationalen Volksarmee (NVA) die verdutzte Besatzung 45 Minuten lang darüber, wo an der Elbe die Grenze verlaufe. Der vorerst letzte Zwischenfall ereignete sich am 15. Juli 1966. Schnellboote der NVA hinderten die Zollbarkasse *Blankenese* mit Maschinengewehrsalven vier Stunden lang an der Weiterfahrt.

Den britischen Besatzungsbehörden riss nun der Geduldsfaden. Wie aber sollte eine angemessene Reaktion aussehen? Als die DDR am 5. Oktober ein eigenes Vermessungsschiff, die *MS Lenzen,* auf den Weg schickte, protestierte ein britischer Offizier per Megafon gegen den Einsatz, woraufhin die *Lenzen* augenblicklich beidrehte. Dieser Rückzug war wohlkalkuliert. Kurz darauf zogen die DDR-Behörden die Genehmigung für die Vermessungsfahrt der *Kugelbake* zurück. Begründung: Eines ihrer eigenen Boote sei behindert worden.

Als die *Kugelbake* am 7. Oktober erneut auslaufen wollte, wurde sie von Booten der NVA daran gehindert, die Mitte des Stroms zu überqueren. Der Westen stand nun unter Zugzwang. Der britische Botschafter in Bonn, Sir Frank Roberts, setzte auf den gewaltsamen Durchbruch der Sperrkette. Die Besatzung der *Kugelbake,* die sich einer militärischen Eskalation verweigert hatte, wurde ausgetauscht. Nicht nur die Bundesregierung hatte inzwischen grünes Licht für den Durchbruch gegeben, auch zur Rheinarmee hatte Roberts Kontakt aufgenommen. Die »kommunistische Blockade«, hieß es in Anlehnung an die Berlin-Blockade von 1948, sollte ein für allemal beendet werden.

Als die *MS Kugelbake* am 18. Oktober 1966 im kleinen Hafen von Gorleben die Leinen losmachte, gab es kein Zurück mehr. Wie erwartet, zogen die DDR-Boote wieder einen Sperrriegel in der Strommitte auf. Die *Kugelbake* drehte zunächst ab. Zur selben Zeit fuhren am Elbdeich britische Panzer auf. Kurz darauf setzte sich eine bundesdeutsche Flottille in Bewegung.

Schnellboote mit jeweils einem britischen Offizier an Bord rasten mit hoher Geschwindigkeit auf die Sperrkette zu. Mit Hilfe von Hubschraubern, die einen beachtlichen Wellenschlag verursachten, gelang es den bundesdeutschen Booten, die DDR-Boote aus östliche Ufer abzudrängen und zwischen zwei Buhnen zu zwängen. Die *Kugelbake* konnte ihre Arbeit wieder aufnehmen.

Zu einem Schusswechsel war es nicht gekommen, doch der ranghöchste anwesende britische Offizier, Generalmajor Mike Strickland, kommentierte das Vorgehen später mit den Worten: »Es hätte leicht einen dritten Weltkrieg auslösen können.«

Von Gorleben bis Rüterberg ist es heute ein Katzensprung. Über Langendorf und vorbei an den Resten der Dömitzer Eisenbahnbrücke geht es über die Straßenbrücke rüber nach Dömitz, ein Stück elbabwärts Richtung Wehningen, dann steht da schon an einer Stichstraße das Schild: »Dorfrepublik Rüterberg«.

Eine eigene Republik, diese Idee stammte von Hans Rasenberger. Der Freiheitstraum des Schneiders aus Rüterberg begann am Rhein. 1988 durfte der Rentner aus der DDR ausreisen, Verwandtschaftsbesuch. Er führte ihn ins Dreiländereck bei Basel, wo Deutschland, die Schweiz und Frankreich aufeinandertreffen und die Grenze nur noch eine symbolische Funktion hat. Was für ein Unterschied zur Elbe! Das ehemalige Dreiländereck Preußen, Mecklenburg und Hannover gab es nicht mehr, in Rüterberg war alles abgeriegelt. Nachdem die DDR 1967 nach der »Schlacht bei Gorleben« einen Zaun um Rüterberg errichtet hatte, wollten die Grenztruppen der DDR schließlich sogar noch den Bade- und Angelsee sperren.

Am 1. August 1988 erlebte Hans Rasenberger in der Schweiz die Feierlichkeiten zum Nationalfeiertag, gipfelnd im nachgestellten Rütlischwur, dem mythischen Gründungsakt der Eidgenossenschaft. Das brachte ihn auf eine Idee: Wenn die DDR sein Dorf nicht mochte, konnte diese DDR seinem Dorf egal sein. Warum nicht also eine Dorfrepublik ausrufen, ganz nach dem Vorbild in der Schweiz? Und hieß es nicht im Rütlischwur aus dem *Wilhelm Tell* von Friedrich Schiller:

> »Wir wollen sein ein einzig Volk von Brüdern,
> in keiner Not uns trennen und Gefahr.
> Wir wollen frei sein, wie die Väter waren,
> eher den Tod, als in der Knechtschaft leben.
> Wir wollen trauen auf den höchsten Gott
> und uns nicht fürchten vor der Macht der Menschen.«

Zurück in seinem Elbdorf, umfing Rasenberger wieder der zermürbende Alltag einer Enklave im Grenzgebiet. Doch im November 1989, in Berlin und Leipzig brodelte es bereits, schwor er sich: »Rasenberger, wenn du mal willst mehr sein als die andern, dann musst du jetzt was tun, und die Vorgeschichte war ja so, dass die Menschen doch schon Mut gefasst hatten, und da war mir das vollkommen gleich, ob ich festgenommen oder eingesperrt würde, ich war an einem Punkt angekommen, wo es heißt, du musst aufstehen!«

So kam es zur legendären Dorfversammlung am 8. November 1989, dem Vorabend des Falls der Mauer in Berlin. 90 der 150 Dorfbewohner waren ins Gemeindehaus gekommen und auch einige Herren aus Ludwigslust von den Grenztruppen und vom Volkspolizeikreisamt. Hans Rasenberger, der Schneidermeister, ließ sich nicht beeindrucken, er rief: »Wer für die Dorfrepublik Rüterberg ist, hebe die Hand.« Alle hoben sie die Hand. Rüterberg hatte sich von der DDR losgesagt.

Axel Kahrs parkt seinen grauen Mercedes vor der Heimatstube, dort, wo die Rüterberger heute ihre Geschichte aufbewahren: Passierscheine, Wimpel, Uniformen. Die Dorfrepublik hat die DDR inzwischen ins Museum am Elbdeich gesteckt, wo auch ein Stück des Metallgitterzauns steht, der den Rüterbergern einst den Blick auf die Elbe versperrte. Anders als das fiktive Personal in Jan Böttchers *Nachglühen* haben sich die Rüterberger dem Klima der Angst und des Misstrauens nicht hingegeben. Im Nachhinein räumt der damalige Bürgermeister Meinhard Schmeichel allerdings ein, dass man damals mit einer gewissen Naivität gehandelt habe. »Weder der Dorfpolizist noch ich haben über mögliche Konsequenzen nachgedacht. Wenn es so weitergegangen wäre mit der Staatssicherheit, hätten wir wohl unseren Heimatort verlassen müssen.«

Doch die Sorge war unbegründet. Nach dem Mauerfall implodierte die Staatsmacht, die Ereignisse in Rüterberg wurden zur Heldengeschichte. Bis heute darf das Elbdorf den Titel »Dorfrepublik« tragen. Die Erlaubnis kam vom Innenministerium in Schwerin. Schillers *Wilhelm Tell* wurde übrigens am Abend des Mauerfalls im Mecklenburgischen Staatstheater Schwerin aufgeführt. Im Oktober war die Inszenierung, die offen zur Revolution in der DDR aufrief, noch von Buhrufen unterbrochen worden.

DIE DÖMITZER EISENBAHNBRÜCKE

Ungläubig starrt Rüdiger Vogler alias Bruno auf den VW Käfer. Ungebremst rast der auf die Elbe zu, im Hintergrund der Torso der Dömitzer Eisenbahnbrücke, am andern Ufer der Grenzzaun der fernen DDR. Dann versinkt der Käfer in den Fluten, doch Robert, gespielt von Hanns Zischler in seiner ersten Spielfilmrolle, hat es sich anders überlegt. Der Selbstmörder revidiert seinen Plan, die Elbe muss ohne ihn auskommen. In einem umgebauten Möbelwagen fahren Bruno und Robert fortan die deutsch-deutsche Grenze entlang, reparieren alte Projektoren in noch älteren Dorfkinos, kommen sich näher und auch wieder nicht, leben in den Tag hinein in Deutschland-West, während in

Deutschland-Ost gerade Wolf Biermann ausgebürgert wird.

Die Anfangsszene von Wim Wenders' Roadmovie *Im Lauf der Zeit* ist eine Hommage an die Elbe, die den Möchtegern-selbstmörder Robert wieder ausspuckt. Und sie ist eine Verneigung vor einem industriellen Denkmal, das wie kaum ein anderes die Teilung Deutschlands symbolisiert. Sechzehn Bögen der Dömitzer Eisenbahnbrücke, einst die längste Eisenbahnbrücke Deutschlands, überspannen bis heute das Deichvorland nordöstlich von Dannenberg – auf die andere Seite, bis ins mecklenburgische Dömitz, reichen sie nicht mehr. Vielleicht ist das der Grund, warum nach Wim Wenders auch der Regisseur Volker Schlöndorff die abgebrochene Brücke vor die Kamera genommen hat. In der Verfilmung von Nicolas Borns Roman *Die Fälschung* folgt Schlöndorff dem Lauf der Elbe mit der Kamera von der Dömitzer Bahnbrücke bis zur zwei Kilometer entfernten Straßenbrücke, die ebenfalls im Zweiten Weltkrieg zerstört wurde. Der Karlsruher Liedermacher Walter Moßmann textete 1978: »Eine zerbrochne Brücke als Sinnbild der Region/Wo links und rechts vom Wasser verwandte/Menschen woh'n/Für die der Fluss so breit wie'n Weltmeer ist.«

Eingeweiht wurde die 1050 Meter lange Eisenbahnbrücke 1873. Sie war in nur drei Jahren mit Reparationsgeldern aus dem Deutsch-Französischen Krieg erbaut worden. Schon als der Bau der Brücke 1869 von der Berlin-Hamburger Eisenbahngesellschaft beschlossen wurde, bildete die Elbe hier eine Grenze: Am rechten Ufer lag das Großherzogtum Mecklenburg-Schwerin, am linken das ehemalige Königreich Hannover, seit 1866 preußische Provinz. So ganz trauten beide Seiten dem Brückenschlag nicht, wie man noch heute bemerkt: Die Brückenköpfe auf beiden Seiten wurden militärisch gesichert, ihre Architektur glich den Kasematten von Festungsbauwerken. Eine wilde Mischung aus Mittelalter und Moderne zeigte auch die Architektur der Brücke: Die 25 Pfeiler mit ihren Zinnen aus Stein nahmen das

Motiv der beiden Brückenköpfe auf, während die 24 eisernen Bögen mit elegantem Schwung den Geist der Moderne vorwegnahmen.

Der Brückenschlag bei Dömitz sollte eine Lücke im norddeutschen Eisenbahnnetz schließen. Bereits im Jahr 1846 war die Bahnlinie Berlin – Wittenberge – Ludwigslust – Hamburg eröffnet worden. Um der Konkurrenz, die eine Strecke Magdeburg – Uelzen plante, das Geschäft zu vermasseln, baute die Berlin-Hamburger Eisenbahngesellschaft eine Strecke nach Uelzen über Wittenberge, Dömitz, Dannenberg und Hitzacker. Doch die Rechnung ging nicht auf. Nach der Eröffnung befuhren die Brücke lediglich drei Zugpaare pro Tag im Nahverkehr zwischen Wittenberge und Hitzacker, während der Fernverkehr um die eingleisige Brücke einen großen Bogen machte. Die längste Eisenbahnbrücke Deutschlands war eine Fehlinvestition.

Als Wim Wenders seinen Film *Im Lauf der Zeit* drehte, war die Brücke längst nicht mehr passierbar. Am 20. April 1945 hatten alliierte Flieger den stählernen Koloss bombardiert. Sie unterbanden damit nicht nur die Truppenbewegungen von Ost nach West, sondern schnitten auch den Flüchtlingstrecks den Weg nach Westen ab. »Was die Dömitzer Bahnbrücke als Transportweg nicht zustande brachte, schaffte sie als Symbol der deutsch-deutschen Teilung«, sagt Axel Kahrs. »Brücken, die abbrechen ins Nichts, eine entleerte Landschaft, am anderen Ufer eine unerreichbare Stadt: Das war ein Totenreich deutscher Geschichte.« Was in West-Berlin die Ausgucke über die Mauer hinweg in Richtung Ostteil waren, wurde die Dömitzer Brücke entlang der innerdeutschen Grenze. Sie war Ort für Demonstrationen, aber auch Abenteuerspielplatz – und Drehort für einen so wunderbaren Film wie *Im Lauf der Zeit*.

Im Jahr 1976 war die lahmgelegte Eisenbahnbrücke noch fast vollständig erhalten. Neben den sechzehn Bögen auf dem Deichvorland standen die Pfeiler der Bögen, die die Elbe überquerten. Auf der Dömitzer Seite ragte, wie auch heute noch, der zur Kassematte ausgebaute Brückenkopf empor. Doch zwei Jahre später begannen die Abrissarbeiten: 1978 sprengte die Deutsche Bundesbahn die Pfeiler in der Elbe und verschrottete die zerbombten Stahlträger. Der Torso reichte nun nicht mehr bis fast auf die östliche Elbseite, sondern endete schon am Westufer. Der Zerstörung im Westen folgte 1988 die im Osten. Es war das Jahr, in dem auch in Rüterberg der Angel- und Dorfteich dem Grenzzaun zum Opfer fiel.

Den vorerst letzten Akt der Zerstörung sah Axel Kahrs im Frühjahr 2010 kommen. Für diesen Tag hatte Mark Karhausen, der Geschäftsführer der Mark Karhausen Immobilien Auktionen GmbH, zur Versteigerung geladen. Die Bahn AG als Eigentümerin wollte die Brücke samt Instandhaltungskosten loswerden, das Mindestangebot lag bei 19 800 Euro, 70 000 Quadratmeter Land inklusive. Nicht nur Axel Kahrs war in Sorge, sondern auch der Bürgermeister von Langendorf, Harald Hintzmann. Er nannte die Brücke ein »wichtiges Bauwerk« und eine Chance für den Tourismus. »Sie darf nicht in die Hände von Leuten gelangen, die sie abreißen wollen. Das wäre schlimm.« Sollte die Marktwirtschaft nun endgültig entsorgen, was 45 Jahre Grenze überstanden hatte?

Die Fragen wurden nicht leiser, als feststand, wer die Brücke ersteigert hatte. Toni Bienemann hieß der neue Eigentümer, ein Geschäftsmann aus Arnheim in den Niederlanden, der sein erstes Geld im Export-Import-Geschäft verdient hatte. Später hatte er mit einem chinesischen Partner die Firma Dutchi Motors gegründet, ein Hersteller für Elektromotoren. 305 000 Euro hatte Bienemann gegen einen Konkurenten aus dem Landkreis geboten und den Zuschlag erhalten. Dann setzte er sich in einen Bentley und nahm erstmals seinen neuen Besitz in Augenschein. War das Symbol der Elbe und ihrer Grenze einem Spekulanten in die Hände gefallen?

Ein Jahr später steht Axel Kahrs erneut an der Brücke und wirkt entspannt. Auch Toni Bienemann ist wieder da, die Wendländer und Dömitzer haben sich inzwischen an den skurrilen Sammler von Industriedenkmälern und an sein schräges Outfit gewöhnt. Am »Tag der Industriekultur« hat der Landkreis Lüchow-Dannenberg zur inzwischen denkmalgeschützten Dömitzer Brücke geladen. Ein Abriss steht nicht mehr zur Debatte, und es werden auch keine Windräder auf den Stahlbögen montiert, was Bienemann anfangs vorhatte. »Die Brücke ist mehr als ein Industriedenkmal«, hat Bienemann erfahren, »sie ist ein Symbol für die Verbindung von Ost und West.« Damit sind auch die Chancen für ein Projekt gestiegen, das Axel Kahrs schon lange mit sich herumträgt: Ein Literaturmuseum für die Elbe. »Es wäre das erste Museum in Deutschland, das einem Fluss gewidmet ist.«

Für seinen Traum vom Elbemuseum hatte Kahrs bereits in Hitzacker einen ersten Anlauf unternommen. Auf dem Weinberg, hoch über dem Fluss, wollte er eine gläserne Rotunde bauen lassen. Je höher der Besucher die Wendeltreppe gestiegen wäre, desto mehr hätten die Textpassagen über die Elbe, eingraviert in die Scheiben, das triste Bild der Elbe zurechtgerückt. Natürlich gab es am Grenzfluss nichts zu leugnen, ganz oben aber, wenn man den nötigen Überblick gewonnen hatte, sollte eine andere Elbe stehen, eine, die stromab den Blick auf Hamburg und die Nordsee frei gibt und stromaufwärts, über Dresden und sein Elbsandsteingebirge hinaus, nach Böhmen. Die Mittel vom Bundesbeauftragten für Kultur und Medien standen schon bereit für diesen neuen Blick auf die Elbe und ihre Literatur – aber die Stadt Hitzacker wollte plötzlich nicht mehr.

Nun also die Dömitzer Brücke. Eine Rotunde samt erhabenem Aufstieg wird es hier nicht geben, vielmehr muss die Elbliteratur, falls Toni Bienemann mitspielt, in die Kasematte. Doch das schreckt Kahrs nicht ab. »Mit Hilfe der Literatur würde aus diesem militärischen Ort ein ziviler«, freut er sich. Geduld hat Kahrs inzwischen gelernt, und so schlecht sind die Aussichten nicht. Die Universität Lüneburg ist mit im Boot, und auch das Land Niedersachsen hat sein Interesse bekundet. Für Sven Kramer, den Literaturwissenschaftler aus Lüneburg, wäre ein Museum Literaturraum Elbe auch eine Alternative zum Gedenken an die Mauer in Berlin. »Nicht von außen, als verordnete Gedenkpolitik, stellt sich die Erinnerung an die einstige deutsch-deutsche Grenze hier ein, sondern von innen, als Nachbeben der Versehrungen, die das Gewaltverhältnis in den Menschen hinterlassen hat.«

Bis es soweit ist, sammelt der literarische Chronist der Elbe weiter seine Textstellen. Zwar scheitert in Böttchers *Nachglühen* die Wiederbelebung des Deichkrugs, weil die überwunden geglaubte Vergangenheit den Protagonisten einholt. Aber Kahrs hat in einem gerade erst veröffentlichten Essay von Arnold Stadler, dem Büchner-Preisträger und ehemaligen Stipendiaten in Schreyahn, eine Stelle gefunden, die ihm aus dem Herzen spricht: »Das Wendland ist eine schön besiedelte Welt mit der Elbe als Himmelsrichtung und mit Dächern wie Schiffen, die sich hinter dem Deich ducken, als Lebenszeichen.«

KAPITEL FÜNF

Elbe und Moldau

Deutscher Fluss, tschechischer Fluss?

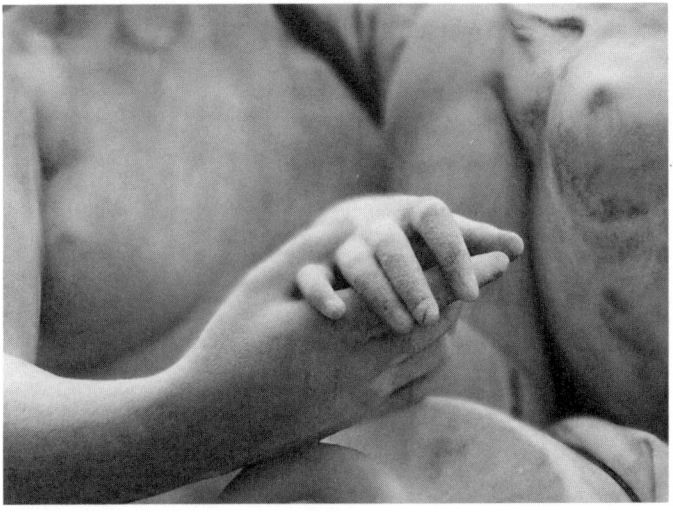

Allegorische Darstellungen von Elbe und Moldau gibt es in Prag und in Wien. Während in Prag die Elbe als alter Greis und die Moldau als junge Mutter dargestellt werden, fehlt in Wien die »nationale Flüssekonkurrenz«. In ihrer Anmut stehen sie sich gleichberechtigt gegenüber.

Der Anblick muss ihn provoziert haben. An einem Früh-
sommertag des Jahres 1838 steht Franz Schuselka, ein angehen-
der Schriftsteller aus dem südböhmischen Budweis, über den
Weinbergen von Mělník und schaut hinab auf das, was er später
eine »geographische Sünde« nennen wird. Vor seinen Augen
mündet die Moldau, an der er geboren wurde, in die an Kilometern kürzere und auch weniger breite Elbe. Schuselka holt tief
Luft. In seiner am 19. Juni 1838 in der Zeitschrift *Bohemia* abge-
druckten »Standrede, gehalten an der Mündung der Moldau an
die Elbe« heißt es: »Kaum einen Topographen wird man finden,
der nicht mit tiefen elegischen Seufzern das tragische Fatum an-
klaget, welches die königliche Moldau, nachdem sie stolz und
segensreich des Landes Mitte durchfluthet, in dem kleineren,
weniger berühmten Fluße untergehen läßt.«

Dass der damals 27-Jährige beim Anblick des »tragischen
Fatums« tatsächlich eine Standrede gehalten hat, darf bezwei-
felt werden. Sein Bedauern aber teilte der deutsch gesinnte
Böhme mit vielen seiner tschechischen Landsleute. »Der erste
Platz im Herzen des Vaterlandes gehörte der Moldau: Sie ist
und bleibt der erste National-Fluß Böhmens, und eben ihrem
Untergange in der Elbe verdanken wir es, dass die Moldau nur
als Böhmischer Fluß genannt wird.«

Knapp vierzig Jahre, nachdem Schuselka seine »Standrede«
gehalten hatte, wurde in Prag die sinfonische Dichtung *Vltava*,
zu deutsch *Die Moldau*, des Komponisten Bedřich Smetana
uraufgeführt. Da war aus dem nationalen Fluss der – deutschen
und tschechischen – Böhmen längst der nationale Fluss der
Tschechen geworden. Prag, die Hauptstadt Böhmens, stand im

Zeichen des Nationalitätenkampfes zwischen Deutschen und Tschechen. Indem Smetana die Moldau zum Teil seines sinfonischen Zyklus *Ma vlást* (Mein Vaterland) machte, stellte er den Fluss, der so majestätisch durch Prag, die goldene Stadt, strömt, in eine Reihe mit den anderen Mythen und Symbolen der tschechischen Geschichte, etwa den Moldau-Zufluss Šárka oder den mythischen Berg Vyšehrad. Einen solchen Nachklang hat diese Liaison zwischen Tschechisch und Moldau, dass noch heute jede Ansage im Prager Hauptbahnhof von den ersten vier Klängen von Smetanas *Vltava*, quasi als Jingle, eingeläutet wird.

Steingewordener Ausdruck des neuen tschechischen Selbstbewusstseins war das Nationaltheater, das damals direkt am Ufer der Moldau erbaut wurde – an jener Stelle, an der einst die mittelalterliche Stadtmauer auf den Strom getroffen war. Schon 1852 hatten tschechische Patrioten Geld für den Kauf des Grundstücks in bester Innenstadtlage gesammelt. Vierzehn Jahre später wurde der Grundstein gelegt, der zuvor in einer feierlichen Prozession vom Berg Říp, dem heiligen Berg der Tschechen, herbeigeschafft worden war. Zur Eröffnung des Theaters 1881 erklang Smetanas Oper *Libussa*. Die Uraufführung von *Mein Vaterland* – und damit auch der *Moldau* –, erfolgte am 5. November des darauffolgenden Jahres an dieser Stelle.

Über den Aufbau seiner sinfonischen Dichtung schrieb Smetana: »Die Komposition schildert den Lauf der Moldau, angefangen bei den beiden kleinen Quellen, der kühlen und der warmen Moldau, über die Vereinigung der beiden kleinen Bächlein zu einem Fluss, den Lauf der Moldau durch Wälder und Fluren, durch Landschaften, wo gerade eine Bauernhochzeit gefeiert wird, beim nächtlichen Mondschein tanzen die Nymphen ihren Reigen. Auf den nahen Felsen ragen stolze Burgen, Schlösser und Ruinen empor. Die Moldau wirbelt in den Johannisstromschnellen; im breiten Zug fließt sie weiter gen Prag, am

Vyšehrad vorbei, und in majestätischem Lauf entschwindet sie in der Ferne schließlich in der Elbe.«

Den tschechischen Patrioten zeigte sich die Moldau in Prag von ihrer prächtigsten Seite, und auch Franz Schuselka sah sie in der goldenen Stadt ihrem Höhepunkt entgegenstreben: »Jetzt erreicht die nimmer rastende Welle den Ort, wo Prags thronende Paläste prangen, wo weithin Prags stolze Thürme herrschen. Und mächtig schwellt und breitet sich der Strom, wie in hohem, freudigen Entzücken. Zum klarsten Spiegel ebnet er die Wellen, um das hohe Bild rein und glänzend zu empfangen. Er hemmet den schnellen Lauf, um länger und länger im Anschauen dieser Herrlichkeit zu schwelgen.«

Doch nicht selten folgt einem Höhepunkt bald die Ernüchterung. Unterhalb Prags scheint die Moldau ihre magische Kraft verloren zu haben; ausgepowert und ohne Glanz fließt sie dem baldigen Ende zu. »Von Prag scheidend«, verabschiedet sich Schuselka von seinem heimatlichen Fluss, »spiegelt die Moldau nicht mehr das Bild heiterer Kräftigkeit. Ihr Lebensmuth scheint gebrochen. In weiter, regelloser Krümmung schleicht sie fort, als wollte sie lieber zurück als vorwärts schreiten, und nach kurzem, mäßigen Laufe vollendet sie ihre Bahn in den Armen der zärtlichen Schwester, die zu ihrem Troste auf weitem Umwege herbeigeeilt ist.«

DIE DEUTSCHE ELBE

Im Gegensatz zur Moldau in Tschechien hat es die Elbe in Deutschland nie zum Nationalfluss gebracht, zu übermächtig war der Rhein mit seinen Burgen, Liedern und Mythen. Gleichwohl wurde sie im Böhmen des 19. und 20. Jahrhunderts, als der Nationalismus zum Bekenntnis zwang, trotzig in eine deutsche und eine tschechische Elbe aufgeteilt. Welcher Art die deutsche Elbe war, schilderte Paul Theodor Hoffmann in seinem 1939 erschienenen Buch *Die Elbe. Strom deutschen Schicksals und deutscher Kultur* am Beispiel des Städtchens Hohenelbe und seiner Giebelhäuser: »Dass die Häuser mit dem Giebel nach der Straße grüßen, ist ein charakteristisches Merkmal, das wir in allen deutschen Elbdörfern längs der Elbe von Sachsen durch Preußen bis nach Hannover und Holstein wiederfinden. Das tschechische Haus wendet dagegen die Traufenseite, die Flanke der Straße zu.«

Für Hoffmann ist die Giebelständigkeit ein Zeichen von Direktheit und Aufrichtigkeit, während die traufständigen Häuser auf eine Zurückhaltung hinweisen, die man wohl auch als Verschlagenheit oder Feigheit interpretieren soll. Die Elbe als »Kulturträger« des Deutschtums in Böhmen beschränkt sich für Hoffmann allerdings auf die deutschen Siedlungsgebiete in den Sudeten. Der breite Bogen, den die Elbe durch das Böhmische Becken beschreibt, interessiert ihn ebenso wenig wie die Moldau, über die er nur wenige Worte verliert. Hätte er sich geäußert, dann wohl ebenso spöttisch wie der österreichische Komponist Franz Grillparzer, der, ohnehin kein Freund der Tschechen, einmal bemerkte, dass die Tschechen wohl keine Mühe scheuten, die Moldau in Prag aufzustauen, damit sie wenigstens dort ein bisschen mächtiger erscheine als sonst.

Auch Mělník und die »geographische Sünde« streift Hoffmann nur am Rande. Zwar gibt er in seinem Elbbuch an, dass die Moldau bis zum Zusammenfluss mit der Elbe 455 Kilometer zurückgelegt hat, dass die Elbe es in Mělník erst auf 258 Kilometer bringt, erwähnt er nicht. So erübrigt sich weiteres Räsonieren darüber, warum gerade die Elbe nach dem Zusammenfluss ihren Namen behalten darf. Es sei »die besondere Liebe zu der Elbe als meinem Heimatfluss« gewesen, verrät Hoffmann im Vorwort, die ihn veranlasst habe, ein Elbbuch zu verfassen.

Hoffmann wurde 1891 in Putlitz in der Prignitz geboren, doch die meiste Zeit seines Lebens verbrachte er in Hamburg,

wo er seit 1929 das Altonaer Stadtarchiv leitete. An der Unterelbe schlug er Wurzeln; dort schrieb er unter anderem Bücher
über die Geschichte der Elbchaussee und das »neue Altona«. Es
ist auch diese Perspektive von der Elbmetropole stromaufwärts,
die ihn auf die Elbe als »deutschen Strom« blicken ließ. Je weiter
sich die Elbe aber von Hamburg entfernt, desto fremder werden
ihm Land und Leute. Die kulturell prägende Grenze war für
Hoffmann allerdings nicht die Sprachgrenze zwischen Deutschen und Tschechen, die beim »Anschluss« des Sudetenlandes
im Oktober 1938 Pate gestanden hatte, sondern die Grenze zwischen dem sächsischen und dem böhmischen Elblauf: »Im Vergleich zu den benachbarten beweglichen Sachsen erscheinen die
Sudetendeutschen dieses Gebiets körperlich und geistig derber.«
Und an anderer Stelle schreibt er: »Mit dem Eintritt in den Ge-
schichtsraum des ehemaligen Königreichs Sachsens wird die
Elbe zu der großen Stromscheide des deutschen Westens gegen
den deutschen Osten.« Franz Schuselka, der patriotische Böhme
aus Budweis, ist in den Augen des »Westdeutschen« Paul Theodor Hoffmann kulturell genauso rückständig wie die Bewohner
der traufständigen Häuser in Hohenelbe. Deutsch im kulturellen
Sinne ist die Elbe für Hoffmann erst ab Dresden.

ALLEGORIEN VON ELBE UND MOLDAU

Wie die Moldau ihren Lauf in den Armen der »zärtlichen
Schwester« vollendet, ist ein Schauspiel, das alljährlich Scharen
von Touristen anzieht. Zu Hunderten steigen sie in den Som-
mermonaten den Burgberg hinauf nach Mělník, die alte und
herrliche Stadt der böhmischen Königinnen, und blicken hinab
auf den Zusammenfluss der beiden Flüsse. Großes Kino bekommen sie da geboten vor den Toren des Mělníker Schlosses, leider
nur kein echtes. Was da unterhalb des Burgbergs in die Elbe

mündet, ist nicht die Moldau, sondern ein Schifffahrtskanal. Die eigentliche Mündung befindet sich hundert Meter elbaufwärts. Im Sommer liegt sie verborgen hinter Weinreben und Bäumen. Aber vielleicht ist das auch besser so. Die Trauer über das tragische Ende der Moldau will nämlich bis heute kein Ende nehmen. Fast trotzig nennen die Tschechen den Ort des Geschehens nicht *potok*, auf deutsch Mündung, sondern *soutok*, also Zusammenfluss. *Potok*, das wäre tatsächlich eine »geographische Sünde« wider den Nationalfluss der Tschechen. *Soutok* immerhin suggeriert eine Begegnung von Moldau und Elbe auf Augenhöhe. Wie die Sache ausgeht, darüber wird wie schon bei Smetana und Schuselka der Mantel des Schweigens gebreitet.

Welches Verhältnis aber hatten und haben die beiden großen Ströme Böhmens und später Tschechiens tatsächlich zueinander? Was hat es auf sich mit der »geographischen Sünde«, die Franz Schuselka beklagt? Warum behält die Moldau, die in Mělník tatsächlich länger und wasserreicher ist, nach dem Zusammenfluss mit der Elbe nicht ihren Namen? Und warum ist nicht die Elbe der nationale Fluss der Böhmen und Tschechen geworden? Weil sie, wie Schuselka mutmaßt, nach der Überschreitung der sächsischen Grenze dann kein böhmischer Fluss mehr gewesen wäre? Ist die Elbe den Tschechen zu deutsch?

Die vielleicht bedeutendste Allegorie der beiden Flüsse Böhmens ist auf dem Prager Wenzelsplatz zu sehen. Auf der Rampe zum mächtig über dem Platz thronenden tschechischen Nationalmuseum aus dem Jahr 1891 steht erhaben Antonín Pavel Wagners Skulptur der Bohemia, Böhmens Schutzgöttin, mit Krone, Wappenschild und Schwert. Ergänzt wird das Ensemble von zwei allegorischen Darstellungen der Landesteile Mähren und Schlesien. Auch Elbe und Moldau kommen zu ihrem Recht. Sie finden sich dargestellt zu Füßen der Bohemia und könnten unterschiedlicher nicht sein: Die Elbe wird von Wagner als alter Greis dargestellt, dem die Moldau, eine junge, schöne

Mutter, die Schau stiehlt. Eine Darstellung also, die hinsichtlich der böhmischen Flüssekonkurrenz keine Antwort schuldig bleibt: Wagners Moldau am Wenzelsplatz ist der Fluss, dem die Zukunft gehört, die Elbe ist ein Relikt der Vergangenheit.

Wie das Nationaltheater an der Moldau geht der Bau des Nationalmuseums auf die tschechische Nationalbewegung im 19. Jahrhundert zurück. Direktor des böhmischen Landesmuseums, des Vorgängermuseums mit Sitz im Sternberger Palais und später im Nostitz-Palais, war 1822 der junge Historiker František Palacký geworden, ein durch und durch patriotischer Tscheche, der 1836 seinen ersten Band zur Geschichte Böhmens vorlegte. Schon in diesem Band, meint der Geograph Adolf Karger, zeige Palacký, »dass er die böhmische Geschichte nicht im Sinne eines die beiden Völker verbindenden, allenfalls gegen den Wiener Zentralismus gerichteten Landespatriotismus verstand, sondern als die große Auseinandersetzung zwischen Deutschen und Tschechen im böhmischen Raum, als fundamentales Lehrstück und Agens für das tschechische Nationalbewusstsein«. Das, so Karger, habe dem Zeitgeist der kommenden Jahrzehnte in Böhmen entsprochen und Palacký den Ehrentitel eines »Vaters der Nation« eingebracht.

Für den Bau des Nationalmuseums am Wenzelsplatz wurde Palacký als Sekretär des Museums und als Redakteur für die zweisprachigen Publikationen eingestellt. Auch die Abfassung der dreibändigen Geschichte Böhmens erfolgte im Auftrag des Museums. Palacký rückte damit ins intellektuelle Zentrum der tschechischen Geschichtspolitik und damit – zumindest mittelbar – auch ihrer Fälschungen. Denn auf Palacký ging die Berufung von Václav Hanka als Kustos und Bibliothekar des Museums zurück. Hanka sollte traurige Berühmtheit durch den angeblichen Fund einer alttschechischen Handschrift in der Krypta der Kirche im Elbstädtchen Königinhof erlangen. Dass dieses vermeintliche Dokument tschechischer Sprachkultur eine Fälschung war, wies 1887 der Historiker Tomáš G. Masaryk nach, der spätere Präsident der unabhängigen Tschechoslowakischen Republik. Bis dahin galt die Handschrift, die Hanka zufolge aus dem 13. Jahrhundert stammte, als Beweis dafür, dass die tschechische nationale Vergangenheit der deutschen durchaus ebenbürtig war. Palacký legte sie seiner nationalen Geschichtsschreibung zugrunde. Selbst der der tschechischen nationalen Wiedergeburt zugeneigte Goethe ließ sich von der Königinhofer Handschrift zu einem Gedicht inspirieren. So verbinden sich also mit dem Nationalmuseum tschechische Geschichte *und* ihr Mythos.

Einen besseren Ort als das Nationalmuseum hätte Antonín Pavel Wagner nicht finden können, um die wichtigsten Flüsse Böhmens in den Dienst der tschechischen Geschichtspolitik zu stellen. Was aber bedeutet die allegorische Darstellung der Elbe als Greis und der Moldau als schöner, junger Mutter? Um diese Fragen beantworten zu können, meint Adolf Karger, müsse man zunächst wissen, dass sich im Böhmen des späten 19. Jahrhunderts längst die Lesart der Elbe als deutscher und der Moldau als tschechischer Fluss eingebürgert hatte. Erst diese ethnische Zuschreibung mache die »demografische Botschaft« deutlich, die in der Figurengruppe zu Füßen der Bohemia verkündet werde.

Worum ging es? Zwar bildeten die Deutschen in Prag um die Mitte des 19. Jahrhunderts wirtschaftlich und kulturell noch immer die Elite, demografisch aber waren sie ins Hintertreffen geraten. Nur noch in den Altprager Stadtteilen stellten sie 1848 die Hälfte der 142 600 Einwohner der Stadt. In den neuen Quartieren hingegen, in Žižkov und Smíchov, waren die Tschechen in der Mehrheit. Bis zum Ende des 19. Jahrhunderts wuchs die Bevölkerung vor allem in diesen neuen Arbeiterquartieren – die Deutschen wurden zur Minderheit. 1880, zwei Jahre vor der Uraufführung der *Moldau* im Nationaltheater, war der Anteil der

Deutschen in der Stadt auf lediglich zwanzig Prozent gesunken, 1910 waren es gar nur noch 8,8 Prozent.

Für Adolf Karger gibt es viele Gründe für diesen demografischen Wandel. Prag galt vielen Deutschen eher als eine österreichische Provinzstadt, der man leichten Herzens den Rücken kehrte. Für die Tschechen hingegen war die Stadt zum kulturellen Zentrum geworden. Also zogen deutsche Künstler nach Wien, während tschechische Kulturschaffende an die Moldau kamen. Darüber hinaus lockte die Industrialisierung immer mehr tschechische Arbeiter an. So vollzog sich in der zweiten Hälfte des 19. Jahrhunderts ein demografischer Wandel, der den tschechischen Nationalismus in Prag mehrheitsfähig machte.

Zur Symbolik der jungen und kinderreichen Moldau und des alten Greises Elbe gehört für Karger aber nicht nur der Wanderungssaldo beider Bevölkerungsgruppen, sondern ebenso die Geburtenentwicklung, und die war eindeutig: Während die Geburtenrate der Deutschen sank, stieg sie bei den Tschechen. Adolf Karger: »Die deutsche Interpretation kam nicht darum herum, darin (in Wagners Allegorie der Flüsse, U.R.) die furchterregende unterschiedliche Situation beider Völker zu sehen und ihr biologisches Bedrohungssyndrom auf provokative Weise bestätigt zu finden.«

Greise Elbe, junge, kinderreiche Moldau: Was für ein Gegenprogramm bildete dazu die Darstellung der beiden Flüsse in Wien. Auch in der Hauptstadt der Vielvölkermonarchie war Ende des 19. Jahrhunderts eine Flüsse-Allegorie geschaffen worden. Vor dem repräsentativen Neubau des Parlaments an der Ringstraße, der 1883 eingeweiht wurde, sollten die vier wichtigsten Flüsse Österreich-Ungarns – Donau, Inn, Elbe und Moldau – zu Füßen der Pallas Athene von der Größe der Donaumonarchie künden. Dabei wendet sich der Inn, dargestellt als muskulöse Gestalt, über die linke Schulter blickend der Donau zu, die ihrerseits mit ihrer rechten Hand den Flussgott berührt. Indem die Donau die Initiative der Begegnung übernimmt, mag sie damals vielleicht gültige Moralvorstellungen verletzt haben, aber sie machte auch deutlich, welcher Fluss im Reich die Nummer eins war.

Da Elbe und Moldau der Donau diesen Rang kaum streitig machen konnten, entfiel in der Allegorie vor dem Wiener Parlament die Prager Flüssekonkurrenz. Die böhmischen Flüsse wurden vom Architekten des Parlaments, Theophil Hansen, als junge Aphroditen dargestellt. »Weibliche Anmut und die gelassene, heitere Stimmung der Figuren«, heißt es bis heute im Internetauftritt des österreichischen Parlaments, »vermitteln den Eindruck einer kultivierten, friedlichen Gemeinschaft.«

So bildeten sich Ende des 19. Jahrhunderts von Elbe und Moldau in der Donaumonarchie ganz unterschiedliche Bilder heraus. Zwei Schwestern, die sich einander anmutig zuwenden, in Wien, ein Greis und eine schöne Mutter in Prag. Dennoch kommt die allegorische Darstellung Antonín Pavel Wagners der Realität – wohl unbeabsichtigt – näher als die von Theophil Hansen. Stellt man nämlich nicht die »demografische Botschaft« Wagners in den Vordergrund, sondern die Siedlungsgeschichte an Elbe und Moldau, ist es bald vorbei mit dem Alleinvertretungsanspruch der Moldau als nationalem Fluss der Böhmen. Nicht an der Moldau begann die Geschichte Böhmens, sondern an der Elbe.

MYTHOS MOLDAU

In seinem erhellenden Essay über *Prag und die nationale Identität* unterteilt Adolf Karger die böhmischen Siedlungsgebiete in ein »trocken-warmes Altsiedelland« im Norden Prags und das »höher gelegene, klimatisch rauere, von Natur aus dichter bewaldete

Südböhmen«. Der Fluss des Altsiedellandes ist die Elbe, der Fluss der jüngeren Siedlungsgeschichte die Moldau.

Tatsächlich war die obere Elbe bereits vor der Völkerwanderung und der Zuwanderung der slawischen Stämme besiedelt. Nach dem Ende der letzten Eiszeit, weiß Karel Sklenář, der als Archäologie im tschechischen Nationalmuseum arbeitet, »zogen die fruchtbaren Lößböden an den Elbufern künftige Siedler an, die Ackerbau und Viehzucht betreiben wollten«. Ihre Vorfahren waren laut Sklenář aus Nordmähren an die Elbe gekommen: »Zwischen der Böhmisch-Mährischen Senke und dem Hügelland sind die ersten Bauern in die Regionen von Königgrätz und Pardubitz eingedrungen und siedelten von dort elbabwärts.« Zu den ersten Stämmen, die die obere Elbe besiedelten, gehörten die keltischen Bojer, die dem späteren Böhmen den Namen gaben, sowie germanische Markomannen und Vandalen. Die greise Elbe: Unter diesem Gesichtspunkt ist sie ein Hinweis auf die »Erstgeborene« in Böhmen.

Und die Moldau? Die tschechischen Patrioten setzten den älteren Rechten der Elbe den Gründungsmythos von Prag entgegen – versinnbildlicht in der Libussa. Dem Mythos zufolge ist Libussa, auf tschechisch Libuše, die Stammmutter der tschechischen Dynastie der Přemysliden. Dass das Herrschergeschlecht nicht ihren Namen trug, hat mit einer geschlechterpolitischen Unkorrektheit zu tun. Ihr Volk wollte sich nämlich nicht von einer Frau regieren lassen, berichtet der böhmische Chronist Cosmas von Prag in seiner *Chronika Boemorum* aus dem 12. Jahrhundert. Also nahm Libuše einen Bauern namens Přemysl zum Mann und begründete das gleichnamige Geschlecht, das wechselweise auf dem Vyšehrad und auf der Prager Burg herrschte.

Auch von den Vorfahren der Libussa ist bei Cosmas die Rede. Sie sei eine Nachfahrin des legendären Urvaters Tschech, der mit seinen Jüngern aus dem Nordosten ins spätere Böhmen eingewandert sein soll. Dabei sollen Tschech und sein Gefolge zunächst die Oder und anschließend die Elbe und Moldau über-quert haben. Im Böhmische Becken erblickten sie dann den 456 Meter hoch aufragenden Berg Říp und bestiegen ihn. Dort oben habe Urvater Tschech, auf tschechisch *Praotec Čech*, folgende Ansprache an sein Volk gehalten: »Seht, das ist das Land, das wir gesucht haben. So oft habe ich euch versprochen, dass ich euch hierher führen werde. Hier ist das versprochene Land, voll Wild und Vögel, in dem süßer Honig und Milch im Überfluss sind. Hier werdet ihr ohne Mangel leben und eine gute Verteidigung gegen Feinde finden.«

Bis heute ist der Říp, dreißig Kilometer entfernt von Prag, ein Wallfahrtsort der Tschechen. Als Tschech seine Jünger fragte, wie man das Land nennen solle, das sich vor ihnen erstreckte, riefen sie der Sage nach: »Wie du.« So verschmelzen also die slawische Besiedlung Böhmens zwischen dem 6. und 8. Jahrhundert und die Gründung Prags zur Legende und verleihen der Moldau den nationalen Mehrwert, den sie in der Konkurrenz mit der Elbe offenbar dringend nötig hatte.

Zweifel am Mythos Moldau sind durchaus angebracht. In ihrer heutigen Form geht die Sage vom Urvater Tschech weniger auf die Chronik des Cosmas zurück als auf eine Nachdichtung von Alois Jirašek aus dem 19. Jahrhundert. Jirašek, ein tschechischer Volksschriftsteller, veröffentlichte die Geschichte in seinen *Alttschechischen Sagen*, die ebenfalls zu der Zeit erschienen, als in Prag das Nationaltheater und das Nationalmuseum eröffnet wurden. Wie sehr die Sage im Sinne der tschechischen Geschichtspolitik niedergeschrieben wurde, zeigt schon der Name des Helden. Von einem *Praotec Čech* ist bei Cosmas keine Rede, vielmehr nennt der Chronist Böhmens den Urvater beim lateinischen Namen *Bohem*. Ein tschechisches Wort für Böhmen gibt es bis heute nicht. Ist in Tschechien von Böhmen die Rede, wird es, wie bei Jirašek, mit Česko übersetzt. Dass dabei die anderen Landesteile des historischen Böhmens – Mähren und

Schlesien – unterschlagen werden, stört die Tschechen offenbar nicht.

Viel entscheidender für das Verhältnis zwischen Elbe und Moldau ist aber die Tatsache, dass der Berg Říp und das ihm zu Füßen liegende Land, »wo Milch und Honig fließen«, geologisch nicht dem Jungsiedelland an der Moldau, sondern dem Altsiedelland an der Elbe angehört, die nur fünfzehn Kilometer entfernt bei Roudnice nad Labem vorbeifließt. Selbst der Sage nach schlugen nicht nur Kelten und Germanen, sondern auch die slawischen Einwanderer Böhmens ihre Zelte zunächst an der oberen Elbe auf. Zur Hauptstadt wurde Prag und mit ihm der »nationale Fluss Moldau« erst später, nachdem sich die Přemysliden in einem slawischen Bruderkrieg gegen die an der Elbe siedelnden Slavnikiden durchgesetzt hatten. Ganz so, wie es in der allegorischen Darstellung von Antonín Pavel Wagner zu Füßen der Bohemia in Prag zu sehen ist: Die Elbe als Greis (mit den älteren Rechten) und die Moldau als junge Mutter (und ihre Nachfolgerin).

Wer heute in Prag durch die Buchhandlungen streift und Literatur über die Elbe sucht, wird enttäuscht sein. Eine tschechische Monografie über diesen Strom, der immerhin auf einer Strecke von 367 Kilometern durch das Land fließt, gibt es nicht, wohl aber Dutzende von Büchern über die Moldau und ihre Nebenflüsse Šárka, Berounka, Sázava. Man muss das wohl so deuten, dass die böhmische Flüssekonkurrenz, entstanden im 19. Jahrhundert mit der Zuschreibung der Moldau als tschechischem und der Elbe als deutschem Fluss, noch immer Bestand hat. Doch nicht immer haben die Tschechen die Elbe als »deutchen Fluss« missachtet. Bis zum 17. Jahrhundert war die Elbe ganz selbstverständlich der Hauptfluss Böhmens. Das verdeutlicht eine Karte aus dem 16. Jahrhundert mit dem Titel *Europa prima pars terrae in forma virginis* (Die Karte Europas in Form einer Jungfrau). Auf dieser damals weit verbreiteten Darstellung ist die »Jungfrau Europa« – wegen der bereits üblichen Nordung der Karten – in der Waagerechten zu sehen. Europa wird in dieser Allegorie begrenzt vom *Oceanus Germanicus*, der Nordsee, vom *Oceanus Sarmaticus*, der Ostsee, und dem *Mare Mediterraneum* genannten Mittelmeer.

Interessant ist vor allem das Zentrum des so umrissenen Kontinents. Das weit nach Westen reichende, gekrönte Haupt symbolisiert die Iberische Halbinsel. Das Herz des Kontinents dagegen schlägt in Böhmen. Und von den Kuppeln der Türme in Prag führt ein Fluss geradewegs zur Nordsee. Es ist der *Albis f.*, also die Elbe, die Verbindung Böhmens mit dem Meer. Bis heute liegt ein Original dieser »Europa-Virgo«-Karte aus dem Jahr 1592 in der Klosterbibliothek von Strahov in Prag. Sie entstammt Heinrich Büntings vielgelesenem Reiseführer *Itinerarium Sacrae Scripturae*.

Knapp dreißig Jahre nach dem Erscheinen des Reiseführers brach der Dreißigjährige Krieg über Böhmen herein. Der zweite Prager Fenstersturz, der Auslöser des Krieges, war der Versuch, die katholische Herrschaft im seit 1526 zu Habsburg gehörenden Böhmen abzuschütteln. Doch der Aufstand der protestantischen Stände Böhmens scheiterte. Mit der Niederlage in der Schlacht am Weißen Berg 1620 misslang auch der Versuch, sich von Österreich loszusagen und die Tradition einer eigenständigen böhmischen Krone wiederzubeleben. Das *temno*, das »Dunkel« in der tschechischen Geschichte, das der Niederlage folgte, war die Zeit der Gegenreformation. Nirgendwo in Europa fand die Rekatholisierung mit solcher Wucht statt wie in Böhmen. Österreichs König Ferdinand II., der die Gegenreformation an der oberen Elbe und an der Moldau energisch vorantrieb, wurde für seine Politik ausdrücklich belohnt: 1619 wurde er Kaiser des Heiligen Römischen Reiches deutscher Nation.

Die Elbe spielte im *temno* für die Unterlegenen eine wichtige Rolle. Aus Preußen wurden protestantische Schriften, die im rekatholisierten Böhmen verboten waren, ins Land geschmuggelt. Der Weg, den die Bücherschmuggler nahmen, führte über Schlesien und den Riesengebirgskamm zur Elbquelle und von dort stromabwärts über Königgrätz nach Prag. In die entgegengesetzte Richtung zog es die Flüchtlinge. Johann Amos Comenius, der Gründer der protestantischen Brüdergemeinde und Begründer der modernen Pädagogik, floh über die Elbe nach Schlesien und schließlich nach Preußen. Ihm folgten die böhmischen Glaubensflüchtlinge, die in Berlin aufgenommen wurden und in Rixdorf, heute Neukölln, das Böhmische Dorf gründeten. Es gibt also durchaus eine nationale Erzählung der Tschechen über die Elbe.

KAMELE AUF DEN ELBWIESEN

Am 19. September 1684 erlebte das Riesengebirge eine ganz und gar ungewöhnliche Prozession. Begleitet von einem Jesuitenpater, zwei Kaplänen und zwei Kamelen, machte sich Johann Franz Christoph von Talmberg, seines Zeichens Bischof von Königgrätz, von Spindlermühle auf den Weg zur Elbquelle. Der Pater und die Kapläne sollten den Beistand Gottes erbitten. Hilfe erhoffte man sich dabei von den beiden Kamelen, eine Beute aus dem österreichischen Sieg gegen die Türken vor Wien im Jahr zuvor. Die Tiere sollten das bischöfliche Mobiliar auf die 1384 Meter hoch gelegenen Elbwiesen schleppen: eine zerlegbare Kapelle, ein Zelt für die Rast und einen Tisch für die Zeremonie, die den Bischof zu dieser ungewöhnlichen Gebirgsreise trieb: die katholische Weihe der Elbquelle.

Wie mühsam der Aufstieg auf die Elbwiesen war, schilderte der Bischof in einem Brief an den Grafen Morzin in Hohenelbe vom 15. Oktober desselben Jahres: »Um unseren Weg zu beschleunigen, habe ich alldorten Leut gedingt, die meine Kapelle stückweis zertheilten und einen Tisch auf das Riesengebirge getragen. Und mein Zelt, das habe ich auf ein Kamel laden lassen, ich aber nebst einem Jesuviter und einem von meinen Kapelan und etlichen von meinen Leuten bin, obzwar in stetem Regen, jedoch glücklich ungefähr gegen ein Uhr nachmittags hinauf kommen, allwo uns der Rübezahl ein Stückel erwiesen. Denn obwohl wir alle Notwendigkeiten mit uns gehabt, so ist es doch nit möglich gewest, vor einer großen guten halben Stunde das Feuer anzumachen; inzwischen war aber eine solche Kält' und rauher Wind, als wie mitten im Winter.«

Oben angekommen, setzte sich das Unheil fort: »Es hat uns aber Rübezahl abermals einen Possen gemacht. Denn wie wir das Zelt von allen Seiten schon perfekt aufgerichtet und befestigt gehabt, hat sich ein solcher Sturm erweckt, daß er den Baum im Zelt in der Mitten ganz entzwei gebrochen und das Zelt niedergefallen ist, so daß ich schon zu zweifeln angefangen, ob ich werde die heilige Messe zelebrieren können.«

Der tapfere Bischof ließ sich von den Widrigkeiten des Wetters und den »Possen« des Berggeists Rübezahl aber nicht Bange machen: »Jedoch bin ich nit kleinmüthig worden, sondern habe das heilige Kreuz über den anderen (etwas tieferen) Baum gemacht und mit Hilfe der Leut das Zelt wiederum glücklich aufgerichtet, den Altar alldorten zubereitet. Zur heiligen Messe angelegt, habe ich, damit uns Gott weiter Glück gebe, das alldortige Volk weiter ermahnet. Nach Vollendung der heiligen Meß' bin ich zur Weihung des Brunnens bis zu dem wahren Ursprung der Elbe geschritten.«

Am Nachmittag war das Werk vollbracht. Schnell tranken die Teilnehmer der Prozession einen Schluck Wasser aus der nun geweihten Quelle und machten sich dann hastig an den Abstieg. Gegen halb neun am Abend, schloss der Bischof seinen Brief an den Landesherrn von Hohenelbe, sei er samt Gefolge bei einer Wirtin in Rochlitz an der Iser eingetroffen. Die Kamele waren unterwegs verendet. Wüstentiere, das musste der Bischof aus Königgrätz erfahren, eignen sich nur bedingt für Gebirgsmärsche im kalten Norden.

Die Quelle eines Flusses zu weihen, ist eine Tradition, die sich bis heute erhalten hat. So gibt es in Russland Jahr für Jahr eine Prozession zur Wolgaquelle, an der 1995 wieder ein Gotteshaus errichtet wurde. Bei der Prozession zur Elbquelle ging es aber nicht nur um die Weihe, sondern auch um einen Grenzkonflikt. Vier Jahre vor dem Aufstieg des Johann Franz Christoph von Talmberg auf die Elbwiesen hatte die Konkurrenz aus Schlesien eine ebenso symbolische Zeremonie vorgenommen. Um seinen Anspruch auf die Regionen südlich des Riesengebirgskamms zu demonstrieren, hatte Christoph Leopold Schaffgotsch eine Kapelle auf der Schneekoppe errichtet. Den vorangegangenen Streit um den mit 1602 Metern höchsten Gipfel des Riesengebirges hatte die Dynastie aus Schlesien, die auf dem Kynast und Schloss Warmbrunn residierte, bereits 1664 für sich entschieden. Nicht nur um die Konkurrenz zweier Adelsgeschlechter ging es dabei, sondern auch um wirtschaftliche Ressourcen. Der schlesische Teil des Riesengebirges war bereits besiedelt, im böhmischen Teil gab es dagegen noch reichlich Wälder, Bären, saftige Wiesen. Mit der Errichtung der Sankt Laurenti Kapelle auf der Schneekoppe griffen die Schaffgotsch 1681 nach der Macht über die obere Elbe.

Doch die böhmischen Adligen sahen dem nicht tatenlos zu. Die Weihe der Elbquelle war eine Reaktion auf den Griff nach der Schneekoppe, und sie war ein Signal, dass man den böhmischen Teil des Riesengebirges den Schlesiern nicht kampflos überlassen wollte. Die Harrach, das führende Adelsgeschlecht im nördlichen Böhmen, hatten schließlich Erfolg. Ihre Klage gegen die Schaffgotsch wegen Verletzung der Grenze ging bis zum Kaiser. Im Jahr 1710 wurde der alte Grenzverlauf auf dem Riesengebirgskamm wiederhergestellt. Er gilt bis heute.

Die Mission des Bischofs aus Königgätz war geglückt, und auch Kamil Rudolf Morzin, der Adressat des bischöflichen Briefes, konnte aufatmen. Sein Städtchen, das erste an der Elbe, das diese Bezeichnung verdient, entwickelte sich prächtig. Zwar war mit dem Ende des Dreißigjährigen Krieges, in dem Wallenstein, der Vorbesitzer, Hohenelbe zur Waffenschmiede gemacht hatte, das Waffengeschäft zurückgegangen. Doch der Bergbau blieb einträglich. So brachte das 17. Jahrhundert an der oberen Elbe beides: die Gegenreformation *und* den wirtschaftlichen Aufschwung, hier *temno*, dort Wohlstand. Die Attraktivität der Region sprach sich herum. Den ersten Siedlern aus Norditalien – deren Bauden bis heute charakteristisch sind für die Sudeten – und aus dem Harz folgten bald Siedler aus Schlesien und dem Rest des Reiches. Nach Hohenelbe entwickelte sich auch Spindlermühle, das Städtchen unterhalb der Quelle, in dem sich vor allem Waldarbeiter aus Schlesien niederließen. Je weiter die Besiedlung der oberen Elbe vorankam, desto mehr wurde aus der böhmischen Region eine deutsche. Denn auch das hatte das 19. Jahrhundert hervorgebracht: Nicht mehr die Zugehörigkeit zu Konfession und Landesherrschaft waren nun prägend, sondern die nationale Zugehörigkeit.

Zweihundert Jahre nach der Weihe der Elbquelle kam es 1884 deshalb zu einer zweiten, einer »deutschen Weihe«. Wiederum am 19. September stiegen 600 Menschen – diesmal aber ohne Kamele – von Spindlermühle, hinauf zu den Elbwiesen. An der Spitze der Prozession gingen der bischöfliche Konsistorialrat und Canonicus Wenzel Weber sowie die Pfarrer Vincenz Kröhn aus Groß Aupa und Franz Lang aus Spindlermühle,. Nach der Weihe tranken die Teilnehmer aus dem Brunnen, der bereits um 1840 gemauert und gefasst worden war.

Die Elbquelle war nun nicht mehr böhmisch, sondern deutsch, und sie hielt dank Theodor Körner Einzug ins deutsche Dichtgut:

»Sei freundlich mir gegrüsst, du stille Quelle,
Aus tiefster Felsenkluft so klar entsprungen;
Der Liebe süßes Lied sei dir gesungen,
Begeistert tön' es an der heil'gen Stelle!
Du bist so kühlend, bist so rein, so helle;
Noch ist dir nicht dein kühnster Sturz gelungen,
Doch hast du bald der Felsen Macht bezwungen:
Dann rauscht in breiten Strömen deine Welle.
Jetzt fülle hell mir die krystall'ne Schale!
In Träumen kommt die Knabenwelt gezogen,
Ihr bring' ich froh den ersten Labetrunk.
Denn ach! schon früh saß ich in deinem Thale,
Und lauschte oft dem Murmeln deiner Wogen,
Und still ergreift mich jetzt Erinnerung.«

Doch das reichte offenbar den Anhängern Hitlers im Sudetenland nicht. Die vorerst letzte Weihe der Quelle der Elbe datiert
aus dem Jahr 1934. Fünf Jahre später sollte der ganze Lauf der
Elbe nationalsozialistisch sein.

Dass die Elbe im kollektiven Gedächtnis der Tschechen zum
deutschen Fluss wurde, ist das Ergebnis der Nationalisierung im
19. und 20. Jahrhundert. Und das hält sich hartnäckig. Als in den
neunziger Jahren die große, zweisprachige Ausstellung *Elbe.
Labe. Ein Lebenslauf. Život řeki* gezeigt wurde, war der Andrang
im Deutschen Historischen Museum in Berlin und in Dresden
groß. Im Nationalmuseum in Prag hielt er sich in Grenzen. Der
Kulturwissenschaftler Michal Koleček von der Universität in Ústí
nad Labem weiß durchaus, dass mit Königgrätz und Pardubitz
zwei für die böhmische und tschechische Geschichte und Kultur
wichtige Städte an der Elbe liegen, und mit Georg von Podiebrad
1458 ein Mann von der Elbe zum böhmischen König gewählt
wurde. »Doch das ist kein Widerspruch zur Wahrnehmung der
Elbe als deutschem Fluss«, meint Koleček, der im ehemaligen

Aussig die Kunstfakultät leitet. »Es gab in Böhmen immer einen großen Zentralismus. Neben Prag konnte und durfte es keine Konkurrenz geben, und wenn es eine gab – wie das Beispiel Brünn zeigt –, dann nur deshalb, weil Brünn die Hauptstadt Mährens ist.« Im Zentrum also steht Prag, meint Koleček. »Und Prag wird von der Moldau durchflossen.«

Nicht nur deutsch ist die Elbe für die Tschechen, meint Koleček, sondern auch Peripherie. Wenn es eine tschechische Erzählung der Elbe gäbe, sei es deshalb keine nationale, sondern allenfalls eine regionale. Als Beispiele nennt er den Durchbruch der Elbe durch das Böhmische Mittelgebirge, das neben deutschen auch tschechische Maler fasziniert habe. »Will man etwas über die Bedeutung der Elbe in Tschechien erfahren, muss man also eher in diesen lokalen Verwurzelungen suchen.«

Eine dieser lokalen Mythengestalten hat der Bildhauer Antonín Pavel Wagner in seine allegorischen Darstellung von Elbe und Moldau aufgenommen. Hinter dem »Greis Elbe« versteckt sich eine Gestalt, die den Bewohnern der oberen Elbe wohl vertraut ist – der Rübezahl. Durchaus kein mürrischer Gesell, wie die Sagengestalt vermuten ließe, lugt da schelmisch der Elbe über die Schulter.

Man mag darin eine biografische Sentimentalität sehen, denn Wagner wurde am 3. Juli 1834 in Königinhof an der oberen Elbe geboren, dem Tor zum Riesengebirge. Aus Königinhof, auf Tschechisch Dvûr Králové nad Labem, stammte auch der Sandstein, aus dem Wagner seine beiden Flussallegorien geschaffen hat, die gerade noch rechtzeitig zur feierlichen Eröffnung des Museums am 19. November 1891 fertiggestellt wurden. Die Moldau, gemeißelt aus Elbsandstein – ein Schelm, der Böses dabei denkt.

Vielleicht verstand sich der tschechische Patriot Wagner aber auch als Europäer – so wie der Rübezahl. Die legendäre Sagengestalt des Riesengebirges ist nämlich, so sieht es die jüngste

Forschung, keine Erfindung der Deutschböhmen, sondern ein Migrant. Bergleute aus dem Harz hatten ihren Schutzpatron mitgebracht, als sie im 16. Jahrhundert in die Sudeten wanderten. Dort beschützt er, nachdem die Deutschen geflohen sind oder vertrieben wurden, als Karkonosz und Krakonoš die Polen und Tschechen.

Wagner hielt es, nachdem er das Standbild vor dem Nationalmuseum vollendet hatte, nicht in Prag. Er ging zurück nach Wien, wo er seit 1857 lebte. Dort hat er unter anderem die Statuen berühmter Künstler am Wiener Burgtheater sowie den Herkules mit den Höllenhunden am Tor der Wiener Hofburg geschaffen. Es ist zu vermuten, dass es sich bei der Darstellung von Elbe und Moldau am Wenzelsplatz um ein Auftragswerk handelte.

DIE EUROPÄISCHE STADT MĚLNÍK

Jedes Jahr im September findet in Mělník das große Weinfest statt. Beim Umzug durch die Stadt darf natürlich auch Karl IV., der große Kaiser Europas, nicht fehlen. Die Tschechen verehren den Luxemburger, der fließend deutsch und tschechisch sprach, weil er Prag in der zweiten Hälfte des 14. Jahrhunderts zum unumstrittenen Zentrum des Reiches und zur – nach Paris, Gent und Brügge – viertgrößten europäischen Stadt nördlich der Alpen gemacht hat.

Das Wirken Karls in Prag ist tatsächlich ohnegleichen. Bereits vor seiner Krönung zum römisch-deutschen König 1346 und zum König von Böhmen 1347 hatte Karl 1333 die abgebrannte Burg am Hradschin wieder aufbauen lassen. Nachdem Prag zum Erzbistum erhoben worden war, begann der Bau der Sankt-Veits-Kathedrale als Zeichen der neuen Unabhängigkeit vom Erzbistum in Mainz. Zu seinem Antritt als böhmischer König gründete

Karl 1348 die Alma Mater Carolina, die erste Universität Mitteleuropas. Seine wohl berühmteste Hinterlassenschaft ist aber die
nach ihm benannte Brücke. Zwei Jahre nach der Kaiserkrönung
1355 ließ er die prächtige, 500 Meter lange Karlsbrücke anstelle
einer alten, ebenfalls schon steinernen Brücke errichten. Es folgte
die Gründung der Neustadt. Bald zählte man rund 40 000 Einwohner. *Praga caput regni* – Prag, die Hauptstadt des Reiches –, so
lautet eine Inschrift am Altstädter Rathaus.

Karl IV., den der Historiker Ferdinand Seibt in seiner großen Biografie als einen Wegbereiter der Politik in die Neuzeit
bezeichnete, war ein Freund der Elbe – und von Mělník, wo
Moldau und Elbe zusammenfließen. Immer wieder hat er die im
9. Jahrhundert gegründete Stadt besucht, die 1274 vom böhmischen König Ottokar II. Přemysl zur Königstadt mit Magdeburger Stadtrecht aufgewertet worden war. Zudem ließ er am
Burgberg, den man schon von weitem sieht, wenn man mit der
Eisenbahn von Prag nach Dresden fährt, Weinreben pflanzen.
»Vinohrady Karla IV.« steht auf einer Hinweistafel am Weges-
rand. Es waren Burgunderreben, die Karl an dieser Stelle pflanzen ließ. Er begründete damit eine große Tradition, denn bis
heute ist Mělník das größte Weinanbaugebiet Böhmens.

Beim Blick hinab auf den Zusammenfluss von Elbe und
Moldau wäre Karl nie in den Sinn gekommen, von einem »tragischen Fatum« oder einer »geografischen Sünde« zu sprechen.
Für Karl war die Moldau der Strom Prags, die Elbe hingegen
war die Verbindung Böhmens zu Europa und zum Meer. Auch
deshalb hat er 1373 die Burg Tangermünde an der mittleren Elbe
zu seiner Nebenresidenz erkoren. Nach dem Aussterben der
Askanier war die Landesherrschaft über Brandenburg vakant
geworden, eine Gelegenheit, die sich der Kaiser des Heiligen
Römischen Reiches nicht entgehen ließ. Im kaiserlichen Lager
zu Fürstenwalde wurde Karl am 15. August 1373 mit der Mark
Brandenburg belehnt. Am 7. September ritt er mit seinem Ge-

folge in Tangermünde ein, wo die Bevölkerung ihm huldigte. Nachdem ihm Brandenburg zugefallen war, lag der gesamte obere und mittlere Lauf der Elbe im Einflussbereich seines Hauses. Doch Karl wollte den Einfluss Böhmens bis Hamburg ausdehnen. Also ordnete er an, in der Hafenstadt alljährlich einen Pfingstmarkt abzuhalten. Dort sollten Waren aus allen Elbanrainerstaaten feilgeboten werden. Die Elbe war also nicht erst in der Karte von Heinrich Bünting aus dem 16. Jahrhundert die Nabelschnur des Reiches, sondern bereits im 14. Jahrhundert.

Prag, Moldau und Elbe, das hätte eine böhmische und europäische Erfolgsgeschichte werden können. Doch in den Hussitenkriegen des 15. Jahrhunderts, nach dem Prager Fenstersturz und der Niederlage am Weißen Berg, nach der Gegenreformation und der Unterordnung der böhmischen Krone unter Wien, ging das historische Wissen über die Elbe in Böhmen und später in Tschechien verloren.

Verloren ging auch das Wissen um die Benennung der Flüsse. Bis heute streiten Hydrologen, Kulturwissenschaftler, Namensforscher und Historiker darüber, warum die Aare beim Zusammenfluss mit dem Rhein ihren Namen verliert. Wie die Moldau in Mělník hat auch sie mehr Kilometer auf dem Buckel und mehr Wasser im Gepäck. Gleiches gilt für die Warthe und die Oder oder die Havel und die Spree. Doch das hydrologische Argument, so die neueste Forschung, ist nicht das Entscheidende. Viel wichtiger ist die Siedlungsgeschichte und die Bedeutung eines Flusslaufs für Handel und Wirtschaft. Vor allem aber spielt eine Rolle, dass die bis heute gängigen Namen der Flüsse in der Antike von der Mündung stromaufwärts vergeben werden. So sollten sich die, die bis heute in Mělník das »tragische Fatum« beklagen, lieber zurückhalten, denn die »geographische Sünde« könnte schnell zur »geografischen Katastrophe« werden. Würden die Karten in Mělník nämlich neu gemischt, läge nicht Hamburg an der Moldau, sondern Prag an der Elbe.

KAPITEL SECHS

Der Fluch der Als-ob-Stadt
Theresienstadt sucht seine Zukunft

Das Kolumbarium in Theresienstadt: Im November 1944 wurde die Asche von 22 000 Toten des Ghettos und des Gestapo-Gefängnisses in die Eger unweit der Elbmündung geschüttet.

Im November 1944 verwandelte sich die Eger in einen Fluss des Todes. Vor dem Kolumbarium, dem Verlies, in dem die Asche der Toten in Papierurnen aufbewahrt wurde, fuhren Traktoren auf. Sämtliche Häftlinge, auch Frauen und Kinder, mussten Hand anlegen und die Urnen auf die Hänger laden. Dann ging es durch das Untere Wassertor hinab zur Eger. Einige hundert Meter marschierte die Kolonne neben den Traktoren. Dann war die Stelle erreicht, an der die Eger schmaler wird und Fahrt aufnimmt.

In der Dämmerung waren noch die Türme von Leitmeritz und die Basaltkegel des Böhmischen Mittelgebirges zu erkennen. Doch die unfreiwilligen Totengräber, die an diesem Novembertag ans Untere Wassertor abkommandiert waren, hatten keinen Blick für die Schönheit der Eger und der Landschaft an der Mündung in die Elbe. Sie hatten den Befehl, die Asche von 22 000 verstorbenen Bewohnern des Ghettos Theresienstadt und des Gestapo-Gefängnisses in der benachbarten Kleinen Festung in den Fluss zu schütten.

Susanne Stern war damals an der Eger dabei: »Wie wir später erfuhren, lautete der Befehl dahin, im Schutze der Dunkelheit die Asche in den Fluss zu werfen. Von Zeit zu Zeit öffnete sich eine der Büchsen, und die Asche verstreute sich. Kalt und feucht war es (...), und dazu kam noch der schreckliche Modergeruch. Viele Stunden arbeiteten wir so. Dann kam die Dunkelheit, und wir waren sehr müde. Petroleumlampen wurden angezündet. Jetzt wurde der Ort wirklich furchterregend. Die Asche der Toten in den Händen und die Schatten der Lebenden an den Mauern.«

Susanne Stern, geborene Fall, lebte vor dem Einmarsch der Deutschen in die »Rest-Tschechei« in Mährisch-Ostrau. 1943 wurde sie zusammen mit ihrer Mutter Else nach Theresienstadt deportiert. Als das Ghetto und das KZ befreit wurden, war sie 25 Jahre alt. Sie starb 2003. Ihre Zeugnisse aus Theresienstadt werden heute im Archiv des *Beth Theresienstadt* in Givat Chaim in Israel aufbewahrt.

In ihren Erinnerungen erzählt Susanne Stern nicht nur von den »Belohnungen«, die es für die Arbeit am Ufer der Eger gab: ein Stück Zucker, der sogleich »Aschezucker« genannt wurde. Sie stellt auch die Frage nach dem Warum an diesem und den folgenden drei Novembertagen: »Ist es möglich, dass die Deutschen glauben, auf diese Weise irgendwelche Spuren verwischen zu können?«

Im Erinnern an die Schoah nimmt Theresienstadt bis heute eine besondere Rolle ein. Schon die unmittelbare Nachbarschaft von Ghetto und Gestapo-Gefängnis war eine Besonderheit in der Vernichtungsarchitektur der Nazis. Aber auch der Standort war, meint Wolf Murmelstein, Sohn des letzten Ältesten im Theresienstädter Judenrat, ein »Sonderfall in der Geschichte der Schoah«. Theresienstadt lag südlich der Elbe und gehörte damit zum von Hitler-Deutschland besetzten »Protektorat Böhmen und Mähren«. Leitmeritz dagegen, am nördlichen Elbufer gelegen, war nach dem Münchner Abkommen vom 30. September 1938 »heim ins Reich« geholt worden. Weil die Einrichtung von Ghettos im Reich nicht vorgesehen war, erklärt Wolf Murmelstein, fiel die Wahl auf das nur drei Kilometer von der Reichsgrenze entfernte Theresienstadt. »Dort konnte eine alte Garnisonstadt als ›jüdisches Siedlungsgebiet‹ deklariert werden.«

Die ersten Juden, die am 24. November und am 4. Dezember 1941 in Theresienstadt eintrafen, gehörten dem so genannten Aufbaukommando AK1 an. Unter ihnen war Jakob Edelstein, der erste Vorsitzende des Judenrats. Edelstein war in Prag Mitglied der Jüdischen Kultusgemeinde gewesen, die auch im Protektorat zunächst hatte weiterarbeiten können. Doch dann hatte Hitler im Oktober 1941 verkündet: »Alle Juden müssen aus dem Protektorat entfernt werden, und zwar nicht erst ins Generalgouvernement, sondern weiter nach Osten. Mit den Protektoratsjuden sollen gleichzeitig alle Juden aus Berlin und Wien verschwinden.«

Da nach dem deutschen Überfall auf die Sowjetunion an umfangreiche Transporte in den Osten nicht zu denken war, musste eine Zwischenlösung gefunden werden. Daher lud Reinhard Heydrich, Leiter des Reichssicherheitshauptamtes und stellvertretender Reichsprotektor in Böhmen und Mähren, vier Tage nach der Ankündigung die wichtigsten Besatzungsbehörden auf die Prager Burg. Dort wurde beschlossen, ein Sammel- und Durchgangslager für die Protektoratsjuden einzurichten. Die Wahl fiel auf Theresienstadt, die schier uneinnehmbare ehemalige Festung der Österreicher am Zusammenfluss von Eger und Elbe.

Das »Familienlager«, das Jakob Edelstein und den Angehörigen des AK1 in Aussicht gestellt wurde, war also kein sicherer Ort, an dem die Juden aus dem Protektorat das Ende der Hitlerherrschaft herbeisehnen konnten. Es war ein Wartesaal des Todes oder, wie es der Marburger Kulturwissenschaftler Karl Braun formulierte, »ein schlau angelegtes, in die praktische Organisierung des Genozids verwobenes Täuschungsmanöver«. Allerdings machten die Nazis aus dieser Täuschung kaum ein Hehl, wie ein Ausspruch von Adolf Eichmann offenbart, der beim Reichssicherheitshauptamt verantwortlich war für die Judendeportationen. Nachdem Eichmann auf dem Weg zur Wannsee-Konferenz im Ghetto Halt gemacht hatte, sagte er, Theresienstadt sei dazu da, »nach außen das Gesicht zu wahren«.

Auf der Berliner Wannsee-Konferenz am 20. Januar 1942 wurde nicht nur die »Endlösung der Judenfrage« beschlossen, sondern auch der damit verbundene detaillierte Fahrplan zur Vernichtung der europäischen Juden. Dazu gehörte als erster Schritt die Einrichtung eines Ghettos für prominente Juden aus Deutschland und Österreich. Die Wahl fiel auf Theresienstadt, das im Februar 1942 als Stadtgemeinde aufgelöst wurde. Die Juden wurden nun nicht mehr nur in den Kasernen der Festung untergebracht, sondern auch in den Wohnhäusern, deren Eigentümer dürftige Entschädigungen erhielten.

Der erste Transport aus dem »Altreich« – fünfzig Juden aus Berlin – traf am 2. Juni 1942 ein. Von da an riss der Zustrom zumeist älterer Juden aus ganz Deutschland und Wien nicht mehr ab. Betrug das Durchschnittsalter im rund tausendköpfigen AK1 noch 31 Jahre, waren die Neuankömmlinge aus Berlin im Schnitt 69 Jahre, die aus Wien sogar 73 Jahre alt, darunter verdiente Soldaten des Ersten Weltkriegs, Politiker und Prominente. Weil diese, so Murmelstein, »nicht so einfach im Osten verschwinden durften«, deklarierten die Nazis Theresienstadt kurzerhand als »Prominentenghetto«. In einem der dortigen »Prominentenhäuser« war auch der Rabbiner Leo Baeck untergebracht. Der »bekannteste Vertreter des liberalen deutschen Judentums«, wie Arno Lustiger ihn posthum nannte, traf mit dem Transport 1/87 am 8. Januar 1943 ein. Er erhielt die Häftlingsnummer 187984. Im Jahr 1933 war er von den Nazis gezwungen worden, die »Reichsvertretung der deutschen Juden« zu übernehmen. Seine Deportation musste er selbst bezahlen: 15200 Reichsmark wurden ihm für einen »Heimeinkaufvertrag«, den er unterzeichnen musste, abgeknöpft. Baeck gelang es, den Vertrag zu verstecken und somit ein Zeugnis zu überliefern für die »Täuschungsmanöver«, für die Theresienstadt traurige Berühmtheit erlangen sollte.

Für weniger prominente Juden aus dem Reich wurde Theresienstadt zum »Altersghetto«. Mit dem Versprechen, für ihr Vermögen einen Platz in »Theresienbad« zu bekommen, wurden auch sie mit besagten »Heimeinkaufverträgen« an die Elbe-Eger-Mündung gelockt. So gelang es der Nazipropaganda, aus dem Sammellager in Böhmen, der Durchgangsstation für die Protektoratsjuden, das »Vorzeigelager« oder »Kulturlager« Theresienstadt zu machen.

Doch das Postkartenidyll, mit dem die Nazis lockten, war bald ein zynisches Versprechen. In Theresienstadt angekommen, mussten die Juden aus dem »Altreich« feststellen, dass ihnen nicht nur das Vermögen genommen wurde, sondern auch die Würde. Zwar blieben die »Reichsjuden« zunächst von den Deportationen verschont. Doch in »Theresienbad« erwarteten sie hoffnungslos überfüllte Dachböden und Kasematten. Allein im Juli 1942 kamen 25 111 Menschen in Theresienstadt an, wo vor dem Krieg nur 7000 Soldaten und Zivilisten gelebt hatten. Im September 1942 war mit 58 491 Ghettobewohnern der Höchststand erreicht. Hundert Häftlinge, auch das gehört zur traurigen Statistik, starben nun täglich, vor allem Alte und Kranke. Viele von ihnen landeten in einer der papiernen Urnen, die im November 1944 von Susanne Stern und ihren Mithäftlingen in die Eger geworfen wurden.

DIE ALS-OB-STADT

Es gibt da ein Gedicht von Leo Strauss, das die ganze Camouflage von Tarnung und Täuschungsmanöver mit bitterer Ironie beschreibt. Es trägt den Titel *Die Stadt als ob:*

Ich kenn ein kleines Städtchen
Ein Städtchen ganz tiptop,
Ich nenn es nicht beim Namen,
Ich nenns die Stadt Als-ob.

Nicht alle Leute dürfen
In diese Stadt hinein,
Es müssen Auserwählte
Der Als-ob-Rasse sein.

Die leben dort ihr Leben,
Als obs ein Leben wär,
Und freun sich mit Gerüchten,
Als obs die Wahrheit wär. (…)

Es gibt auch ein Kaffeehaus
Gleich dem Café de l'Europe,
Und bei Musikbegleitung,
Fühlt man sich dort als ob. (…)

Man trägt das schwere Schicksal,
Als ob es nicht so schwer,
Und spricht von schönrer Zukunft,
Als ob's schon morgen wär.

Leo Strauss, der Sohn eines Wiener Operettenkomponisten, wurde 47-jährig im Oktober 1944 mit seiner Frau nach Auschwitz deportiert, wo beide umkamen. Theresienstadt, die Als-ob-Stadt, das Vorzeigelager, das ist die Vorstellung, gegen die die nationale Gedenkstätte in Terezín bis heute ankämpfen muss.

Ihren Höhepunkt erreichten Tarnung und Täuschung, als eine Delegation des Komitees vom Internationalen Roten Kreuz im Juni 1944 das Lager besuchte. Schon Monate zuvor hatte die Lagerleitung damals eine »Verschönerungsaktion« angeordnet. Auf dem bis dahin für die Häftlinge gesperrten Hauptplatz der Festung wurde Rasen angesät, man legte Rabatten an, stellte Parkbänke auf. Auch ein Café wie das *Café de l'Europe* und ein Musikpavillon entstanden. Heerscharen von Häftlingen machten sich an die Renovierung der Fassaden. Um den Eindruck der Überbelegung zu vermeiden, wurden schließlich kurz vor dem Eintreffen der Delegation 15 000 Häftlinge ins so genannte Familienlager nach Auschwitz transportiert.

Am 23. Juni 1944 wurde die Delegation in Theresienstadt herumgeführt. Dabei wohnte sie auch einer Aufführung der Kinderoper *Brundibár* von Hans Krása bei. Zufrieden notierte der Schweizer Delegationsleiter Maurice Rossel unmittelbar nach dem Besuch: »Wir werden sagen, dass unser Erstaunen außerordentlich war, im Ghetto eine Stadt zu finden, die fast ein normales Leben lebt; wir haben es schlimmer erwartet.«

Wenig später begannen die Dreharbeiten für den Film *Theresienstadt. Ein Dokumentarfilm aus dem jüdischen Siedlungsgebiet*. In dem Streifen, der unter seinem zynischen Titel *Der Führer schenkt den Juden eine Stadt* bekannt ist, wird unter anderem ein Fußballspiel auf dem großen Hof der Dresdner Kaserne gezeigt. Eine »Albtraumfabrik« nennen Uta Fischer und Roland Wildberg die Filmkulisse in ihrem Buch *Theresienstadt. Eine Zeitreise*. Nach Abschluss der Filmaufnahmen wurden der Regisseur und die Schauspieler mit 18 000 weiteren Häftlingen nach Auschwitz deportiert, 11 000 blieben in Theresienstadt. Von den mehr als 140 000 Menschen, die als Gefangene in der Stadt eintrafen, wurden 33 456 ermordet und 88 202 in Vernichtungslager, vor allem nach Auschwitz, deportiert. 16 832 überlebten die Befreiung am 9. Mai 1945. Seitdem ist der Name Theresienstadt untrennbar mit Ghetto und KZ, mit Tarnung und Täuschung verbunden.

Doch die Geschichte der Festung ist älter – und die Elbe spielt in ihr eine Hauptrolle.

Als Karl Clemens Graf Pellegrini zum ersten Mal die Elbe-
Eger-Schleife besichtigte, war das Mündungsgebiet der beiden
Flüsse unzugängliches Sumpfland. In großen Bögen mäanderte
die Eger durch die Wildnis, an ihren Ufern standen Erlenbruch-
wälder, menschliche Laute waren hier nicht zu vernehmen, nur
das Summen unzähliger Mücken. Die einzigen Siedlungen in
der Nähe waren die beiden Dörfer Deutsch-Kopitz und Trab-
schitz am linken Egerufer sowie – am rechten Ufer der Elbe –
die alte Bischofsstadt Leitmeritz.

So würde es nicht bleiben, denn der am 2. November 1720 in
Verona geboren Feldmarschall Pellegrini, der im zarten Alter
von vierzehn Jahren in die österreichische Armee eingetreten
war, hatte einen Plan: An dieser unzugänglichen Stelle sollte
eine der mächtigsten Festungen Europas entstehen. Pellegrini
stand seit 1770 an der Spitze der österreichischen Festungs-
verwaltung, und die Habsburger setzten große Hoffnungen in
ihn. Nachdem Österreich mit seinem Kronland Böhmen in den
Schlesischen Kriegen gleich dreimal gegen die Preußen verloren
hatte, hatte Kaiser Joseph II. seiner Armee einen Modernisie-
rungskurs verordnet. Ausrüstung und Ausbildung sollten verbes-
sert und neue Verteidigungsanlagen gebaut werden. Nie wieder
sollte Österreich vor diesem Emporkömmling im Norden, diesem Preußenkönig Friedrich, den sie in Berlin und Potsdam
einen Großen nannten, kapitulieren.

Auch für Pellegrini waren die Niederlagen in den Schlesischen Kriegen eine Schmach gewesen. Von 1756 bis 1762 hatte er
das Infanterieregiment Nr. 59 befehligt. Er hatte an den meisten
Schlachten des Siebenjährigen Krieges, des längsten der drei
Kriege zwischen Österreich und Preußen um Schlesien, teilge-
nommen und dabei mit ansehen müssen, wie die Preußen – ähnlich wie schon im Zweiten Schlesischen Krieg – über die Elbe

nach Böhmen eingedrungen waren. Nur wenige Kilometer von der Elbe-Eger-Schleife entfernt, hatten die kaiserlichen Truppen in der Schlacht von Lobositz am 1. Oktober 1756 eine bittere Niederlage hinnehmen müssen. Die Preußen hatten damals Kanonen, Munition und Nachschub auf der Elbe verschifft.

Auch die anderen großen Schlachten des Siebenjährigen Krieges spielten sich an der Elbe ab, in einigen konnte Pellegrini allerdings die Oberhand gewinnen. So wurde ihm zum Dank dafür, dass er die Preußen am 3. Dezember 1759 am Elbübergang bei Kolin zurückgeschlagen hatte, das Commandeurkreuz verliehen. Pellegrini, der zudem am 3. November 1760 die österreichischen Truppen in der Schlacht von Torgau befehligt hatte, wusste genau, dass die Kontrolle über die Elbe über Sieg oder Niederlage entschied.

Nun, da Schlesien 1763 endgültig an Preußen gefallen war, hatten die Festungen Glatz, Neiße und Schweidnitz ihre Funktion verloren, und der Gebirgskamm der Sudeten stellte kein natürliches Hindernis mehr für die preußischen Truppen dar. Es musste also eine neue Verteidigungslinie her. Die Wahl fiel auf die Elbe. Als erstes ließ Pellegrini, der 1780 zum Generaldirektor des gesamten »Genie- und Fortifikationswesens« der Donaumonarchie ernannt wurde, die Festung in Königgrätz ausbauen. Es folgte die Festung Ples, die später zu Ehren des Kaisers in Josefstadt umbenannt wurde. Am 6. Oktober 1780 schließlich legten Joseph II. und Karl Clemens Graf Pellegrini den Grundstein für den Bau der Festung Theresienstadt, benannt nach der Mutter des Kaisers, die kurz darauf, am 29. November 1780, verstarb.

Wer sich Terezín mit seinen 1800 Einwohnern aus Richtung Leitmeritz/Litoměřice nähert, hat zunächst kein Ghetto und kein KZ vor Augen, sondern eine barocke Planstadt, die ihresgleichen in Europa sucht. Auf geometrischem Grundriss stehen rund um den zentralen Platz an neun Längs- und sechs Querstraßen Kasernen- und Wohngebäude. Noch immer ist die Stadt umgeben von mächtigen Wallanlagen und Bastionen. Nicht nur wegen Ghetto und KZ ist Terezín ein Erinnerungsort von europäischer Bedeutung, sondern auch wegen des Festungsbaus aus dem 18. Jahrhundert. Als Pellegrini, inzwischen siebzig Jahre alt, Theresienstadt nach einer Bauzeit von nur zehn Jahren am 16. Juni 1790 »für verteidigungsfähig« erklärte, war die Landschaft an der Elbe-Eger-Schleife nicht wiederzuerkennen. Der wilden Eger, die auch für die Wässerung der Gräben um die Festung sorgte, wurde ein neues Bett gegraben. Während die Neue Eger fortan die östliche Grenze der neuen Festung bildete, markierte die begradigte alte Eger die westliche Begrenzung des Forts, in dem 1940 das Gestapo-Gefängnis eingerichtet wurde. Der weite Raum dazwischen, das so genannte *Retranchement*, bot Platz für das weidende Vieh oder, im Kriegsfall, für die Unterbringung von 60 000 Soldaten.

Theresienstadt war tatsächlich ein Bauwerk der Superlative. Für Uta Fischer und Roland Wildberg, die in ihrem Buch erstmals bislang unbekannte Quellen über die Geschichte des Festungsbaus zugänglich gemacht haben, war es sogar die damals »größte Baustelle Europas«. Bei den Bauarbeiten waren zeitweilig bis zu 14 000 Arbeiter gleichzeitig beschäftigt. Das vier Kilometer lange neue Bett der Eger wurde von 3600 Soldaten mit Hacke und Schaufel ausgehoben. Dabei wurde die Mündung elbabwärts verlegt.

Beim Bau der Kasernen waren bereits 1781, ein Jahr nach Baubeginn, 577 Maurer beschäftigt. In den Ziegelbrennereien der Umgebung brannten etwa 1600 Kroaten bis zu zwanzig Millionen Ziegelsteine pro Jahr. Die Baukosten für die Festung und das Fort beliefen sich auf insgesamt zwölf Millionen Gulden. Legendär ist der Satz des Kaisers, der bei einer Besichtigung der Brücke über die Neue Eger am Mörtel gekratzt haben soll. Auf die Frage eines Offiziers nach seinem Tun antwortete der Monarch: »Ich dachte nur, dieser Mörtel sei aus Gold, ich finde aber, dass er wie jeder andere ist.«

Entscheidend bei diesem Festungsbau war letztlich nicht die Größe, sondern der Standort. Leitmeritz und die Elbe lagen nun in Reichweite einer Kanone. Mitten in der Elbe-Eger-Schleife angelegt, kontrollierte Theresienstadt die mittlere Elbe von Raudnitz bis zur Böhmischen Pforte. Die Botschaft war klar: Nie wieder sollten preußischen Truppen über die Elbe nach Böhmen eindringen können. Mit Theresienstadt sollte für Österreich eine neue Zeitrechnung beginnen.

SOLDATEN UND ZIVILISTEN

Vor der mächtigen Pfarrkirche in Terezín bin ich mit Václav Verner verabredet. Der 75-Jährige lebt hier seit 1966. Er kam als Soldat und blieb als Zivilist. Seitdem kümmert er sich um die Geschichte der Stadt. Im »Atypik«, einer gemütlichen Kneipe gegenüber dem Hauptplatz, erzählt Verner von der anderen Koexistenz, die Terezín bis 1996 prägte, also nicht die von Ghetto und Gestapo-Gefängnis, sondern die von Soldaten und Stadtbürgern. »Schon drei Jahre nach Baubeginn begann in Theresienstadt die Besiedlung«, weiß Verner. Der Koch Moritz Pilsack aus dem mährischen Znaim hat als erster Zivilist die Ansiedlungsgenehmigung des Kaisers erhalten. Er sollte für das leibliche Wohl der Arbeiter sorgen, die Theresienstadt aus der Elbe-Eger-Schleife stampften. Das Ansiedlungspatent aus Wien ist ein Beleg für die genaue Planung von oberster Stelle, bei der nichts dem Zufall überlassen wurde. Festgelegt war, woher die Neusiedler kommen durften – nicht aus Preußen! – und welche Privilegien ihnen gewährt wurden, etwa ein Steuererlass für die ersten fünfzehn Jahre sowie die Befreiung vom Militärdienst und der Zwangseinquartierung von Soldaten.

»Die große Hoffnung des Königs«, sagt Václav Verner, »war der Stadtbrand in Böhmisch Leipa. Für die Menschen dort war Theresienstadt plötzlich eine Alternative.« Doch der Erfolg der kaiserlichen Werber war mäßig. Im ersten Jahr gingen nur 66 Anträge bei den Behörden ein, in Theresienstadt siedeln zu dürfen, im zweiten Jahr waren es 92. Weil die Antragsteller darauf bestanden, in fertige Häuser zu ziehen, wurden all diese Anträge abgelehnt.

Theresienstadt war also von Anfang an keine normale Stadt, und sie war es auch nicht, als die Festung schließlich aufgegeben wurde. Nach dem Österreichisch-Preußischen Krieg von 1866, in dem die Habsburgermonarchie endgültig gegen Preußen den Kürzeren zog, und der Gründung des Deutschen Reiches waren Kriege mit Preußen nicht mehr zu befürchten, so dass Kaiser Franz Joseph 1882 den Erlass über die Aufhebung des Festungs-statuts unterzeichnete. Bald danach begannen die Umbauten zur zivilen Stadt. Straßen wurden durch die Wälle und Bastionen gebrochen, die rigiden Bauvorschriften aufgehoben. Endlich ka-men neue Bewohner in die Stadt.

Das zweite Kapitel im Nebeneinander von Soldaten und Stadtbürgern war bereits ein tschechisches. 1918, als die Tsche-choslowakei als unabhängiger Staat gegründet wurde, wurde aus Theresienstadt Terezín. Nun gaben nicht mehr die Deutschen und Österreicher den Ton an, sondern die Tschechen. »Die tsche-chische Minderheit hat sich nun bemüht, die deutsche Mehrheit herauszudrücken nach Leitmeritz«, weiß Václav Verner.

Auch baulich sollten das Ende der österreichischen Herr-schaft und die Gründung des neuen, tschechoslowakischen Staates Ausdruck finden, und so wurde zwischen 1928 und 1930 das Vereinshaus der Turnbewegung *Sokol* gebaut – ein Bauwerk der klassischen Moderne inmitten der barocken Festungsanla-gen. Auch ein Krankenhaus entstand; das neue Viertel in sei-nem Umkreis bekam den Namen Kreta.

Doch zur normalen Stadt wurde Terezín auch in der ČSR nicht. Ein Grund dafür war die Kleine Festung am östlichen Ufer der Alten Eger. Das Militärgefängnis, in dem während des Ersten Weltkriegs unter anderem Gavrilo Princip einsaß, der die tödlichen Schüsse auf Thronfolger Franz Ferdinand in Sarajevo abgegeben hatte, blieb nach der Gründung der Tschechoslowakischen Republik ein Gefängnis. So blieb in Theresienstadt das »Nebeneinander« von Garnison, Festungsstadt, ziviler Stadt und Knast erhalten.

Die Lage in der Stadt spitzte sich zu, als die Grenzregionen der Tschechoslowakischen Republik nach dem Münchner Abkommen als »Sudetengau« an das »Dritte Reich« fielen. Leitmeritz war wieder deutsch, Terezín blieb tschechisch. Über die Elbbrücke strömten nun die Flüchtlinge in die von den Nazis verspottete »Rest-Tschechei«. »Unter ihnen«, sagt Václav Verner, »waren auch viele Juden.«

Václav Verner bestellt Mineralwasser. Zu sich nach Hause habe er mich nicht einladen können, bedauert er. »Die ganze Küche ist belegt. Meine Frau kocht Kohl.« Aber auch das »Atypik« ist eine Art Wohnzimmer. Einheimische trifft man dort an, Mitarbeiter der Gedenkstätte und Touristen. Wer im »Atypik« auf einer der rustikalen Holzbänke sitzt oder an einem der Kaffeehaustische auf der Terrasse, kann den Eindruck gewinnen, in Terezín, der 1800-Einwohner-Stadt, sei alles ganz normal. Doch was ist schon normal in einer Stadt, die nach Meinung der Überlebenden Ruth Klüger in einem Atemzug mit Auschwitz genannt werden muss. Theresienstadt sei ohne Auschwitz nicht zu verstehen, schrieb Klüger in ihrer Autobiographie *Weiter leben*. Auschwitz sei der »Schlachthof« gewesen und Theresienstadt der »Stall«.

Diese Vergangenheit ist in den Straßen allgegenwärtig. Gegenüber dem »Atypik« prangt an einem Gartenzaun der Judenstern, das Hinweisschild fürs Ghettomuseum, das im ehemaligen jüdischen Knabenheim untergebracht ist. An anderen Häusern hängen Gedenktafeln in tschechischer, englischer und deutscher Sprache. Nur im Parkhotel in der Machová-Straße fehlt – wohl aus Rücksichtnahme auf die Hotelgäste – ein Hinweis darauf, dass in dem Gebäude einst das »Kameradschaftsheim« der SS untergebracht war und diese hier ihre berüchtigten Saufgelage abhielt. Darüber hinaus lebte der erste Lagerkommandant Siegfried Seidl hier mit Frau und zwei Kindern in einer geräumigen Dreizimmerwohnung. Seidl war stets begleitet von einem Schäferhund, hielt ein Reitpferd und fuhr einen Sportwagen. Ein Idyll war das Ghetto »Bad Theresienstadt« nur für die SS.

»Dass die Geschichte so sichtbar ist, war nicht immer so«, erinnert sich Václav Verner. »Als ich hierhergekommen bin, war Terezín eine ganz normale Stadt.« Von einem Stigma konnte damals keine Rede sein, meint Verner. »Niemand dachte an die NS-Zeit. Eher war die Reaktion der Besucher: Mann, die ganze Stadt gleicht ja einer Kaserne.« Terezín ohne Theresienstadt? Ließ sich das tatsächlich so denken? Ja, meint Verner und weist darauf hin, dass die Kleine Festung von der Großen getrennt wahrgenommen wurde. »Die große Festung war die Stadt«, erklärt er. »Die kleine, auf der anderen Seite der Eger, war die Gedenkstätte, wo die Rekruten immer am 8. Mai hinmussten. Da standen an den Gräbern immer Soldaten und Pioniere jeweils nebeneinander. Manchmal kippten die Pioniere in der Mittagshitze um, und die Soldaten mussten sie wegschaffen.«

Eine ganz normale Stadt. Aus dem Mund von Václav Verner klingt es beinahe etwas wehmütig. Dabei war auch das Terezín, in das er 1966 gekommen war, durchaus keine normale Stadt, sondern eine geschlossene barocke Anlage mit Bastionen, Gräben und Ravelins drumherum. Und Soldaten gehörten etwa in Litoměřice oder Roudnice nad Labem auch nicht zum Stadtbild. Doch Verners Terezín war Gegenwart und keine Geschichte, der böse Fluch von Theresienstadt war in die Kleine Festung verbannt. Damals hatte Terezín 3000 Einwohner, dazu kamen rund 2000 Soldaten in den Kasernen. »Die Soldaten lebten gerne in der Stadt, und die Stadt lebte von den Soldaten«, sagt Verner.

Den Abzug der tschechischen Armee 1996 empfand der 75-Jährige als Katastrophe. »Nun gibt es keine Arbeit mehr, die Jungen gehen weg. Terezín ist eine Stadt der Rentner – und der Touristen«. Nicht alle Terezíner begrüßen das. »Man sagt sich hier unter den Bewohnern immer: Die Politik tut mehr für die Toten als für die Lebenden.« Bis heute liegt er also über Theresienstadt/Terezín: Der Fluch der Als-ob-Stadt.

Als ob, das galt auch, als sich die Hitler-Herrschaft dem Ende zuneigte. Die SS hatte es nicht eilig mit dem Abzug. Nachdem Susanne Stern und die anderen Ghettobewohner die Asche der 22 000 Toten im November 1944 in die Eger geschüttet hatten, ließ die nächste Vertuschungsaktion bis zum Februar 1945 auf sich warten. Nun wurden die Akten im Archiv des Reichssicherheitshauptamtes sowie die des Archivs der Kommandantur und der jüdischen Selbstverwaltung in der Magdeburger Kaserne verbrannt.

Schließlich kam das Ende. Weil das Internationale Rote Kreuz Theresienstadt weiter unter Beobachtung hatte, konnten die schwedischen Juden im April 1945 heimreisen. Sie wurden in Bussen des Schwedischen Roten Kreuzes abtransportiert. Am 2. Mai traf dann eine Delegation des Dänischen Roten Kreuzes in Theresienstadt ein. Dessen Vertreter Paul Dunant stellte das Lager formell unter den Schutz des IRK. Doch erst am 5. Mai, drei Tage vor der Kapitulation, verließ die SS Theresienstadt. Am 8. Mai wurden die Soldaten der Roten Armee als Befreier gefeiert. Aufgrund einer Typhusepidemie, die unter den Überlebenden des Ghettos und des Gefängnisses noch einmal fast 1600 Tote forderte, wurde Theresienstadt unter Quarantäne gestellt. Auch Leo Baeck blieb damals, um zu helfen.

Uta Fischer ist ins »Atypik« gekommen. Die Stadtplanerin hat der Geschichte von Theresienstadt nicht nur ein Buch gewidmet. Sie arbeitet seit mehr als zehn Jahren auch mit an der Zukunft der Stadt. »Wichtig sind vor allem nachhaltige Nutzungen für die leerstehenden und vom Verfall bedrohten Kasernen«, sagt sie. »In Deutschland gab es nach der Wende millionenschwere Konversionsprogramme. Terezín war mit dieser Mammutaufgabe jedoch viele Jahre auf sich allein gestellt.«

Doch es tut sich etwas. Der *Kavalier II* am nördlichen Stadttor – hier befand sich einst die Festungsbäckerei – wird gerade renoviert. Hier soll 2014 ein Artilleriemuseum einziehen. Auf der anderen Seite der Stadt, in der ehemaligen Artilleriekaserne, wird das »Europäische Studien- und Begegnungszentrum Leo Baeck« seinen Platz finden. Ein Stiftungsfonds für das Zentrum mit tschechischen und deutschen Institutionen ist bereits 2008 gegründet worden. Wenn die Regierung in Prag grünes Licht gibt, soll die Kaserne 2014 renoviert sein und Schulklassen, aber auch Seminargruppen für Schulungen von Polizeibeamten, Verwaltungsangestellten und Justizmitarbeitern aus ganz Europa offenstehen. Bei der Gründung der Stiftung sagte Terezíns Bürgermeisterin Růžena Čechová: »Die Revitalisierung der Stadt nach dem Abzug der Garnison ist eine gewaltige Aufgabe, die uns gelingen muss, wenn die Stadt überleben soll.« Uta Fischer fügt dem hinzu: »Die Konversion und Rekonstruktion einer gesamten Festungsanlage hat es in der Geschichte der Stadterneuerung noch nicht gegeben. Darüber hinaus ist die Überlagerung von Flächendenkmal und Ort des Holocaust in dieser Dimension weltweit einmalig.«

Es war die Elbeflut vom Sommer 2002, die den Startschuss gab für diese Rekontruktion. Damals standen die Festung und ihre Bewohner vor einer Katastrophe. In der Nacht zum

12. August setzte ein Starkregen ein, der dreißig Stunden anhalten sollte. Nicht nur die Elbe, auch die Eger führte Hochwasser, so dass die Bewohner von Terezín am 14. August evakuiert werden mussten. In der Stadtverwaltung tat der Ingenieur Radek Vraný alles, um die Festung zu retten. Er versuchte die Fluten in die Festungsgräben zu lenken und ließ die Tore der Stadt mit Sandsäcken verbarrikadieren. Vorbild war ihm das »Hundertjährige Hochwasser« an der Elbe von 1845. Damals war Theresienstadt als einziger Ort in der Eger-Elbe-Schleife von den Fluten verschont geblieben.

Vranýs Kampf gegen die Fluten konnte das Schlimmste verhindern. Zwar standen die Straßen in Terezín unter Wasser, doch das Archiv der Kleinen Festung und die Bibliothek wurden gerettet.»So verheerend die Schäden auch waren, für Theresienstadt bedeutete das Hochwasser eine Chance für den Konversionsprozess und die Erhaltung der Gesamtanlage.»Als die Flut schließlich abgezogen war, blickte die Stadtverwaltung nach vorne«, sagt Uta Fischer. »Man beschloss nicht nur, die Schäden zu beseitigen, sondern die Festungsanlagen, zu denen auch 29 Kilometer unterirdische Gänge sowie ein komplexes Be- und Entwässerungssystem gehören, weitgehend wieder in den ursprünglichen Zustand zu versetzen. Begründet wurde dies nicht nur mit dem Denkmalschutz, sondern vor allem mit der Notwendigkeit, die Festung in ein Programm für den vorbeugenden Hochwasserschutz einzubinden.«

Inzwischen steht Terezín auf der offiziellen Vorschlagsliste für das UNESCO-Weltkulturerbe. »Doch unabhängig von diesem Status«, meint Uta Fischer, »gilt die Festung schon heute als herausragendes Beispiel für die Festungsbaukunst des ausgehenden 18. Jahrhunderts.«

Der Weg durchs Untere Wassertor, den Susanne Stern aus Mährisch Ostrau im November 1944 gehen musste, ist bis heute ein beklemmender Weg. Vom Parkhotel geht es über die Dresdener Kaserne hinab zum Festungstor. Das Untere Wassertor bietet neben dem Oberen Wassertor die einzige Möglichkeit, das ehemalige Ghetto in Richtung Kleine Festung zu verlassen. Wer von 1941 bis 1945 diesen Weg ins Gestapo-Gefängnis gehen musste, trug meist den Vermerk RU in den Papieren: »Rückkehr unerwünscht«.

Unterhalb des Wassertors führt der Weg auf einem Damm nach Norden, nach zweihundert Metern ist das Ufer der Neuen Eger erreicht. An der Stelle, an der Susanne Stern und ihre unfreiwilligen Mithelfer die Papierurnen aus dem Kolumbarium in den Fluss warfen, steht heute eine Stele mit einer betenden Frau. Sie hat das ursprüngliche Denkmal, einen aus Birkenstämmen geformten Davidstern, ersetzt.

Vom 26. bis zum 30. Juni 2009 fand in Prag und Terezín eine Konferenz von europäischer Bedeutung statt: die »Prager Konferenz über Holocaust-Vermögenswerte«. Prag war womöglich mit Bedacht gewählt worden, denn gerade in Ländern wie Tschechien, wo Juden nach dem Zweiten Weltkrieg weiterhin verfolgt wurden oder vergeblich auf eine Entschädigung warteten, sollte die Wiedergutmachung auf die Tagesordnung kommen. Das sieht die »Theresienstädter Erklärung« vor, die Vertreter von 46 Staaten, darunter Tschechien, Polen, die Ukraine, Ungarn, Rumänien und die baltischen Staaten, unterzeichneten. Theresienstadt, das soll nicht länger für Tarnung, Täuschung und Als-ob-Stadt stehen, sondern auch für Wiedergutmachung.

KAPITEL SIEBEN

Aussig in Ústí nad Labem
Die Elbe verbindet

Vielen Bewohnern von Ústí nad Labem fällt es noch immer schwer, die Geschichte von Aussig an der Elbe als eigene Geschichte zu akzeptieren. Der Tourismus und Landmarken wie die Ruine Schreckenstein könnten dabei helfen.

DAS MASSAKER VON AUSSIG

Der 31. Juli 1945 war ein Dienstag und damit ein ganz normaler Arbeitstag in Aussig an der Elbe. Wie immer strömten die Arbeiter in die Fabriken, die der Krieg und seine Bomben verschont hatten. Größter Arbeitgeber waren noch immer die Schicht-Werke am rechten, dem Schreckensteiner Ufer der Elbe. 1873 hatte Johann Schicht die Seifenfabrik aus der Nähe von Reichenberg nach Aussig mit seinen 12 000 Einwohnern verlegt – die Elbe versprach günstige Transportkosten. Als der Industrielle im Jahr 1907 starb, beschäftigte seine Schicht AG rund 1800 Arbeiter – eine Tellerwäscher-wird-Millionär-Geschichte aus Böhmen. Bald wurde Johann Schicht in einem Atemzug genannt mit dem Ingenieur Emil von Škoda aus Pilsen und dem Schuhfabrikanten Tomáš Baťa in Zlín. 1946 wurden die Schichtwerke verstaatlicht, von 1951 an firmierten sie unter dem neuen Namen Setuza.

60 000 Deutsche und 3000 Tschechen lebten zu Beginn des Jahres 1945 in Aussig. Zu Kampfhandlungen kam es nicht, als sich die Sowjetarmee näherte. Am 8. Mai übergab der Bürgermeister die Stadt an den tschechischen Nationalrat. Die Deutschen wurden aufgefordert, weiße Bettlaken aus den Fenstern zu hängen. Viele verübten daraufhin Selbstmord. Zwar hatten die Nazis an den beiden Elbbrücken Sprengladungen angebracht, die aber wurden von deutschen und tschechischen Kommunisten der »Widerstandsgruppe Leopold Pölzl« umgehend entfernt. »Diese Gruppe«, sagt der Leiter des Stadtmuseums, Václav Houfek, »hatte große Verdienste an der relativ ruhigen Übernahme der Macht in der Stadt aus den Händen der nazistischen Verwaltung.«

Am Nachmittag des 31. Juli 1945 war es mit dieser Ruhe vorbei. Um 15.30 Uhr erschütterte eine gewaltige Explosion die Stadt, die seit der Übergabe an die Tschechen wie vor 1938 Ústí nad Labem hieß. Dunkle Rauchwolken stiegen auf. Was war geschehen? Im Zentrum konnte man nichts sehen, denn der steil aufragende Marienberg am Elbufer versperrte die Sicht. Viele rannten deshalb zur Elbbrücke. Dort hatten sie einen besseren Blick auf den am Fluss gelegenen Stadtteil Schönpriesen, wo sich die Explosion in einer Zuckerfabrik ereignet hatte.

Zur gleichen Zeit endete in den Schichtwerken in Schreckenstein die Frühschicht der zumeist deutschen Arbeiter und Angestellten. Auch sie liefen zur Edvard-Beneš-Brücke, doch dort traten ihnen Tschechen in den Weg, und einige warfen die Deutschen von der Brücke in die Elbe. Da sie weiße Binden mit einem »N« für »Němci«, »Deutsche«, um den Oberarm trugen, waren die Deutschen leicht auszumachen. Zunächst wurden diejenigen verschont, die neben der weißen noch eine rote Binde trugen, denn das waren deutsche Sozialdemokraten und Hitler-Gegner. Doch schließlich traf es auch sie. Selbst Tschechen waren nicht mehr sicher. Als Leutnant Karel Bružek vom 28. Infanterieregiment mit einem Unterleutnant und zwei Gefreiten auf der Brücke erschien, den Deutschen die Armbinden abriss und sie in Richtung Eisenbahnbrücke schickte, ging der Mob auch auf ihn los. Erst als er seine Dienstpistole zog, ließen sie von ihm ab.

Die vielleicht brutalste Tat schilderte später ein ehemaliger Funktionär der tschechoslowakischen Verwaltungskommission in Aussig. Er berichtete, dass eine Mutter, die mit einem Kinderwagen die Brücke überqueren wollte, »mit Latten erschlagen, mit dem Kind über das Geländer in die Elbe geworfen (wurde), unter Begleitfeuer von Maschinenpistolen«. Alois Ullmann, ein anderer Augenzeuge, hat den Vorfall ebenfalls beobachtet: »Frauen mit Kinderwagen wurden in die Elbe geworfen und dann von Soldaten als Zielscheibe benutzt, bis diese nicht mehr aus den Fluten auftauchten.« Beide Berichte waren ungenau, wie man heute weiß. In die Elbe geworfen wurde eine Frau mit ihrem Kind, und die Kugeln haben sie nicht getroffen. Die Mutter hieß Anni Bostelmann und war damals 23 Jahre alt.

Die Deutschen, die damals unbehelligt über die Brücke ans linke Elbufer gelangten, waren keineswegs in Sicherheit. Als auf der Beneš-Brücke die ersten ins Wasser geworfen wurden, kam es auf dem Bahnhofsvorplatz ebenfalls zu Jagdszenen, und auch der Marktplatz wurde vielen Deutschen zum Verhängnis. Sie wurden in einen Löschteich in der Platzmitte gedrängt und gesteinigt. Auch hier gab es mutige Tschechen, die einzuschreiten versuchten. »Lasst das sein, wir sind das Volk Masaryks und werden uns nicht zu solchen Gestapomethoden erniedrigen«, rief der Vorsitzende des Nationalausschusses, Josef Vondra. Aber er konnte nicht verhindern, dass an diesem 31. Juli 1945 in Aussig ein Massaker an den Deutschen verübt wurde. Seitdem ist der Name der Stadt verbunden mit den ungelösten Konflikten zwischen Tschechen und Deutschen.

Über die Zahl der Opfer gab es lange Zeit unterschiedliche Angaben. Die sudetendeutsche Landsmannschaft sprach von bis zu 2000 ermordeten Deutschen. Doch das ist deutlich zu hoch gegriffen, meinen zwei tschechische und ein deutscher Historiker, die die Ereignisse am 31. Juli 1945 anlässlich des sechzigsten Jahrestages aufgearbeitet und erst nach 1989 zugängliche Akten ausgewertet haben. Einer der Autoren, der Leiter des Stadtarchivs von Ústí, Vladimír Kaiser, bilanziert: »Auf der Brücke kamen mindestens 18 Personen deutscher Nationalität, vor dem Bahnhof, auf dem Brückenplatz und auf dem Marktplatz mindestens 24 Personen um, deren Leichen am 1. August im Theresienstädter Krematorium eingeäschert wurden; in Schreckenstein wurde eine Person deutscher Nationalität erschossen. Die

Gesamtzahl der Opfer des Massakers an deutschen Bewohnern Aussigs ist nicht niedriger als 43, wird aber in Wirklichkeit auf 80 bis 100 Personen geschätzt.«

DIE BRÜCKE ÜBER DIE ELBE

Pünktlich um 12.09 Uhr hält der Eurocity *Vindobona* am Bahnhof Ústí nad Labem hlavní nádraží – unweit des Geschehens vom 31. Juli 1945. Wie erinnert man sich heute im EU-Land Tschechien an die Ereignisse? Wie ging und geht man mit den Tätern um? Wie steht es um das Bild der Deutschen? Und welches Verhältnis haben die Bewohner von Ústí zu Edvard Beneš, dem Namenspatron der Brücke?

Nach Kriegsende waren die Dekrete des tschechoslowakischen Präsidenten eine *carte blanche* für die wilde Vertreibung der Deutschen aus den Sudeten und dem Böhmerwald, aus Mährisch Schlesien oder Brünn. Auch heute noch gelten sie vielen Tschechen als »Schutzwall«, wie es der Publizist Karl-Peter Schwarz nennt. Ohne die Dekrete, heißt es, würden die Vertriebenen ihr Eigentum zurückfordern. Auch deshalb ist ein Teil der 143 Dekrete noch in Kraft – ein Dauerbrenner im schwierigen Verhältnis zwischen Berlin und Prag. Als das tschechische Parlament sich 2002 zu den Beneš-Dekreten bekannte und damit auch zu den unmittelbaren Folgen der Dekrete wie Entrechtung und Enteignung der Sudetendeutschen, sagte der damalige Bundeskanzler Gerhard Schröder einen Staatsbesuch in Prag ab. Doch was ist daran politisches Ritual, und was ist Alltag, namentlich in einer Stadt wie Ústí, weit weg vom politischen Zentrum in Prag.

Der Bahnhof hat zwei Ausgänge, der eine führt Richtung Brücke, der andere ins Stadtzentrum. Wie vor 1945 erstreckt sich Ústí zu beiden Seiten der Elbe. Am linken Ufer liegt das

Zentrum mit Bahnhof und Marktplatz, gegenüber der Stadtteil Střekov, Schreckenstein, benannt nach der Burgruine, die einst Ludwig Richter und Richard Wagner faszinierte. Und wie vor dem Krieg trägt die Brücke noch immer den Namen Most Edvarda Beneše, Edvard-Beneš-Brücke. So spannt die Brücke über die Elbe nicht nur einen Bogen vom Aussiger zum Schreckensteiner Ufer, sondern auch zwischen Vergangenheit und Gegenwart.

Feierlich eingeweiht wurde das Bauwerk am 9. August 1936, zwei Jahre bevor Hitler das Sudetenland seinem Dritten Reich einverleibte. Den Namen erhielt die Brücke auf Vorschlag eines Mannes, der wie kein anderer das »rudé Ústí«, das rote Aussig, repräsentierte: Leopold Pölzl.

Pölzl, 1879 in Niederösterreich geboren, kam 1913 nach Aussig; da gehörte die Elbstadt noch zur Donaumonarchie. Kurz nach Gründung der Tschechoslowakei wurde der Sozialist 1920 erstmals zum Oberbürgermeister gewählt. Bei den Wahlen drei Jahre später verlor er das Amt an einen deutschen Nationalisten, doch 1931 gingen Sozialdemokraten und Tschechen eine Listenverbindung ein und brachten Pölzl erneut ins Amt. Damals, zu Beginn der dreißiger Jahre, zählte Aussig 35 000 deutsche und 8700 tschechische Einwohner. Die schnell wachsende Industriestadt wurde zum Inbegriff der sozialen Erneuerung. Wie im »Roten Wien« ließ Pölzl in der Elbstadt kommunale Wohnungen bauen und erklärte Bildung zur Chefsache. Mitten in der Wirtschaftskrise sank im roten Aussig die Arbeitslosigkeit auf unter drei Prozent. Das verdankte die Stadt einem deutschen Sozialdemokraten, dem 1936 sogar Edvard Beneš seine Aufwartung machte.

Der Bau der Brücke war eine Investition in die Zukunft. Zugleich sollte sie der Versöhnung zwischen den beiden Volksgruppen im Multikultistaat dienen. Feierlich wurde sie am Sonntag, dem 9. August 1936, eröffnet und verband fortan das linke

Ufer der Elbe, wo die deutschsprachigen Tschechoslowaken in der Mehrheit waren, mit dem rechten Ufer, wo vorwiegend Tschechen lebten. Der Stadtarchivar Vladimír Kaiser schrieb über die Eröffnungsfeier: »Auf der Straße Předmosti wurde eine Tribüne für die Ehrengäste errichtet, der Platz war geschmückt mit den Aussiger und Schreckensteiner Fähnchen. Um 11.15 Uhr erklang die tschechoslowakische Nationalhymne. Es folgten die Ansprachen des Aussiger Bürgermeisters Leopold Pölzl und seines Schreckensteiner Kollegen Vincenc Řepka sowie des Regierungsvertreters Karel Žiszka vom Arbeitsministerium. In ihren Reden betonten sie, dass die neue Brücke die Bürger beider Städte verbinden solle. Deswegen sei sie auch ein Symbol zur gegenseitigen Verständigung von Deutschen und Tschechen.«

Im Archiv von Vladimír Kaiser am Friedensplatz, dem ehemaligen Marktplatz, gibt es ein Foto von den Feierlichkeiten. Es zeigt, wie Leopold Pölzl stolz ein weißes Band durchtrennt und die Brücke für den Verkehr freigibt. Es ist ein ungewöhnliches Bild, weil es die Vorstellung einer Tschechoslowakei konterkariert, in der die Sudetendeutschen auf Berlin und Hitler hofften und dem tschechoslowakischen Staat die Gefolgschaft aufkündigten. Als das Foto 2008 in der Ausstellung *Vergessene Helden* gezeigt wurde, löste es großes Erstaunen aus: Die Stadt hatte einmal einen Bürgermeister, der in der Ersten Republik nicht zur »fünften Kolonne gehörte«, sondern loyal zu allen Bürgern der Stadt stand; einer, der bei dem Maler Ernst Neuschul Porträts von Tomáš G. Masaryk und Edvard Beneš für das Aussiger Rathaus in Auftrag gab und Masaryk zum Ehrenbürger der angeblich so deutschen Stadt machte. Es gab sie also doch, die »anderen Sudetendeutschen«.

Wie viele Tschechen und Juden aus Aussig fiel auch Pölzl dem Naziterror zum Opfer. Er starb 1944 unter ungeklärten Umständen in NS-Haft. Seine Beerdigung wurde zu einer antifaschistischen Manifestation.

Es ist nicht leicht für einen Fußgänger, vom Bahnhof zur Beneš-Brücke zu gelangen. Mehr noch als das »rote Aussig« ist Ústí nad Labem eine autogerechte Stadt. Die Zufahrt über den Kreisverkehr an der Straße Předmosti ist Autos vorbehalten, doch es führt ein kleiner Fußgängertunnel unter dem Bahnviadukt auf den Bürgersteig der Brücke. Von hier hat man einen guten Blick auf den Industrievorort Schönpriesen, der heute Krásné Březno heißt. Auch der Schreckenstein auf der anderen Seite ist nicht weit. Auf dem diesseitigen Ufer ist eine Tafel angebracht. Die Sanierung der Brücke, heißt es da, sei 110 Jahre nach der Geburt von Beneš und am 76. Jahrestag der Gründung der Tschechoslowakischen Republik abgeschlossen worden. Von Leopold Pölzl, dem eigentlichen Vater der Brücke, steht dort nichts.

Allerdings ist die Beneš-Brücke, die von 1938 bis 1945 Hermann-Göring-Brücke hieß, längst nicht mehr das Zukunftssymbol von Ústí nad Labem. Nur wenige hundert Meter elbabwärts spannt sich inzwischen die schnittige Konstruktion der 1998 erbauten Marienbrücke über den Fluss. Sie steht für die neue, moderne Stadt, ein Ústí nad Labem, das dem Schatten von Aussig entronnen ist.

DIE SOZIALISTISCHE STADT

»Was haben die höchsten Wolkenkratzer der Welt, die Twin Towers in Kuala Lumpur, und die Marienbrücke in Aussig gemeinsam? Sie gehören beide zu den schönsten Bauwerken der 1990er Jahre.« Richtig stolz sind sie in Ústí auf ihre neue Elbbrücke, seitdem die Architekturzeitschrift *Structural Engineering International* die 70 Meter hohe und 170 Meter lange Stahlseilkonstruktion mit dem Superlativ eines »Bauwerks des Jahrzehnts« ausgezeichnet hat.

Mächtig stolz, allerdings mit einem Augenzwinkern, ist auch Martin Krsek. In einer Ausstellung und einem Buch präsentiert er die Sehenswürdigkeiten von Ústí. Das Buch trägt den Titel *Nej*, was man nur schwer übersetzen kann. »Nej«, das ist im Tschechischen ein Präfix, das alles, was ihm folgt, zum Maß der Dinge macht. Das ehemalige Aussig kann solche Alleinstellungsmerkmale brauchen. Wer hier nicht zu Hause ist, steigt am Bahnhof nicht aus dem Eurocity *Vindobona*. Touristen verirren sich nur selten nach Ústí nad Labem. Der Publizist und Historiker Martin Krsek will das ändern. So erfährt man in seinem Buch mit Erstaunen von dem »höchsten Gebäude in der Tschechoslowakei aus den Jahren 1930–1934«, vom »größten Wasserwerk aus der Zwischenkriegszeit«, man liest von der »ersten Tonfilmprojektion in der ČSR«, dem »leistungsstärksten Hafen in Österreich-Ungarn«, der »bekanntesten Seife« oder, dass es in Schönpriesen die »größten Zuckerfabriken in Österreich an der Wende vom 19. zum 20. Jahrhundert« gegeben hat.

Dass die siebzig Superlative, die Krsek zusammengetragen hat, zumeist aus der Zwischenkriegszeit stammen, ist nicht verwunderlich. Mit der Gründung der Tschechoslowakei 1918 begann auch der Boom von Aussig. Binnen kürzester Zeit stieg die Einwohnerzahl von 40 000 auf 71 000, die Schicht-Werke expandierten, aus der Hafen- wurde eine Industriestadt.

Aufbruch in die Moderne, das war auch das Stichwort für die Architekten. Ähnlich wie in Brünn entstanden in Aussig zahlreiche Geschäftshäuser im Stil des Neuen Bauens, darunter am Marktplatz die Kommerzbank von Karl Jaray und die Tschechoslowakische Handelsbank (beide 1925) sowie 1930 das zehnstöckige Verwaltungsgebäude der Chemiefabrik Spolchemie von Hans Max Kühne, das damals »höchste Gebäude der Tschechoslowakei«.

Auch zahlreiche Villen zeugen von der Zeit des Aufbruchs. 1930 ließ sich Leo Pick von Erwin Katona eine Villa im Bauhaus-Stil bauen, derselbe Architekt errichtete ein Jahr später die Villa Klimsch. Bis heute konzentrieren sich die Villenbauten der zwanziger und dreißiger Jahre im Stadtteil Kleische/Kliše. Geschäftsbauten aus dieser Zeit waren die Buchhandlung Beran von Ernst Rücker 1933 oder der funktionalistische Bau für die Schuhfabrik Baťa von Vladimír Karfik, Hausarchitekt des Konzerns aus Zlín bei Brünn, der Vorzeigestadt der Moderne. Für ein spektakuläres Bad sorgte Paul Brockhardt 1931 im Auftrag der Schicht-Werke.

»Zwei Fliegerangriffe haben die Innenstadt von Aussig am 17. und 19. April 1945 zerstört«, sagt Matej Paral, der in Erinnerung an die alte Stadt das Internetportal *usti-aussig.net* betreibt. Für die sozialistischen Stadtplaner sei das ein willkommener Anlass gewesen, nun auch den Rest wegzuräumen. »Es ging darum, die Erinnerung an das Vorkriegs-Aussig auszulöschen, dessen Architektur in entscheidendem Maße durch deutsche Architekten geprägt wurde«, sagt Paral. Man sollte nicht mehr merken, dass in Aussig einmal die Deutschen die Mehrheit gestellt hatten. Und so thront heute oberhalb des Friedensplatzes, dem einstigen Markt, das Ensemble der Bezirksverwaltung. Die vier maßstabslosen Betonkästen, die einmal spektakulär sein sollten, ignorieren den Grundriss der alten Stadt mit ihrer Hanglage. Das zur Elbe gelegene untere Niveau zeigt blinde Fenster und schäbige Läden, dazwischen Tiefgarageneinfahrten – eine Hinterhoflage. Die Schauseite befindet sich oberhalb, gegenüber dem Kulturpalast. Ústí hat sich nach dem Krieg von der Elbe abgewandt.

In zwei Wellen wurde Ústí nach dem Krieg umgestaltet: In den sechziger Jahren sollte es eine sozialistische Magistrale erhalten nach dem Vorbild der Prager Straße in Dresden. Die Kriegszerstörungen als Chance für den sozialistischen Wiederaufbau, darin waren sich die Planer in der DDR und in der ČSSR einig. Aber in Ústí fehlte das Geld, und so blieb das 1968 errichtete Interhotel *Bohemia* das erste und einzige Bauwerk der neuen Magistrale: ein zehnstöckiger Plattenbau, der quer zum Friedensplatz steht und dessen blaue Fassade inzwischen schäbig wirkt.

Der zweite Anlauf erfolgte in den achtziger Jahren. Nun sollte auch der Rest der Altstadt weg und einem neuen Zugang zum Hauptbahnhof weichen. Das scheiterte aber am mutigen Engagement einiger junger Architekten aus Prag. Ihnen ist es zu verdanken, dass der Friedensplatz sein Maß behielt. Auf der zur Elbe gelegenen Seite des langgezogenen, leicht abschüssigen Platzes erheben sich noch immer die Bürgerhäuser, die den Krieg und die Nachkriegszeit überstanden haben. Ansonsten fügen sich Zwischenkriegsarchitektur und Nachwendebauten in die Platzstruktur ein. Doch auf dem »mirové náměstí« findet man nichts, was an das Massaker vom 31. Juli 1945 erinnert. Kein Denkmal, kein Stolperstein, keine Tafel weist darauf hin, dass an diesem Platz und in seiner Umgebung 24 Menschen ermordet wurden. Nicht nur während des Kommunismus, scheint es, wurden die Spuren der Deutschen und ihrer Geschichte systematisch verwischt, sondern auch nach der Samtenen Revolution.

DAS VERSCHWUNDENE AUSSIG

Ein wenig stolz führt Michal Koleček den Besucher durch die Räume der Fakultät für Kunst und Design der Jan Evangelista Purkyně Universität. »2008 ist der Campus fertig geworden, gerade noch rechtzeitig vor der Finanzkrise«, scherzt er. In den hellen Räumen eines schnörkellosen Neubaus in Klíše, umgeben von den alten Villen der Vorkriegszeit, befindet sich Kolečeks Büro. Er ist der Dekan der Fakultät, doch der Elfenbeinturm ist seine Sache nicht. Als nach dreijähriger Recherche 2008 in Ústí die Ausstellung *Vergessene Helden* gezeigt und damit an deutsche Sozialdemokraten im Sudetenland erinnert wurde, hat er parallel dazu eine Kunstausstellung angeboten, in der auch Fotografien von seiner Frau Zdena Kolečková zu sehen waren.

Michal Koleček bringt einen Katalog, in dem ihre Arbeiten veröffentlicht sind. »Dieses Foto zum Beispiel zeigt ein Soldatendenkmal aus dem Ersten Weltkrieg«, sagt er und zeigt auf den Schriftzug *Stimmersdorf.* Stimmersdorf war eine kleine Siedlung bei Hřensko, gleich an der Grenze, nach dem Krieg und der Vertreibung wurde es nicht wieder besiedelt. Aber das reichte den Tschechen wohl nicht, die nun in die ehemals deutschen Gebiete kamen.« Außer dem Schriftzug ist auf dem Denkmal nichts mehr zu sehen. »Früher waren dort alle Namen der Opfer aus dem Ersten Weltkrieg eingraviert. Irgendjemand hat sie dann nach 1945 ausgekratzt. Was für eine Arbeit, nur um vergessen zu machen, dass hier einmal Deutsche gelebt haben.«

Die Fotoarbeiten von Zdena Kolečková sind ein Versuch, gegen dieses Vergessen anzukämpfen. In Kliše fotografierte sie die Namenszüge an den Fassaden der alten Villen sowie Gebrauchsgegenstände, die die Deutschen auf Dachböden oder in Kellern zurückgelassen haben. Für die 1968 in Ústí geborene Zdena Kolečková ist das Thema Erinnerung auch Teil der eigenen Familiengeschichte. »Als meine Mutter 1946 geboren wurde, erkrankte sie sofort nach der Geburt«, erzählt sie. »Ihre Mutter, meine deutsche Großmutter, ging mit ihr ins Krankenhaus. Dort wurde sie mit dem Hinweis zurückgewiesen, dass dies ein hoffnungsloser Fall sei. In diesem Moment kam eine andere deutsche Frau vorbei, die bereits für die Ausweisung bestimmt war. Zusammen mit anderen Deutschen sammelte sie Reis, kochte einen Brei mit Kräutern, wickelte meine Mutter in eine Decke und fütterte sie.«

Ohne die Hilfe der Deutschen, weiß Zdena Kolečková seitdem, hätte ihre Mutter nicht überlebt. Vielleicht ist das ein Grund, warum die Künstlerin in Ústí geblieben ist, dieser unwirtlichen Stadt an der Elbe mit ihren 100 000 Einwohnern, in der sich, wie überall in den ehemals deutschen Gebieten, die sozialen Probleme häufen.

Die Geschichte des Sudetenlandes übt auf viele junge Tschechen inzwischen eine geradezu magische Wirkung aus. So hat die Bürgerinitiative *Antikomplex* vor einiger Zeit einen Bildband mit dem Titel *Die verschwundenen Sudeten* vorgelegt. Auf jeweils einer Doppelseite werden Fotografien nebeneinander gestellt, die Dörfer in der Vorkriegszeit und nach dem Krieg zeigen. Viele dieser Dörfer sind, wie Stimmersdorf, einfach verschwunden, andere nicht wiederzuerkennen.

Kolečeks Ausstellung und die *Vergessenen Helden* haben die Menschen in Ústí wachgerüttelt und auch die Regierung in Prag. Kaum hatte die Arbeit an dem Forschungsprojekt begonnen, brachte sie 2005 in einer etwas ungelenken Erklärung ihre »tiefe Anerkennung gegenüber allen Personen aus den Reihen der ehemaligen tschechoslowakischen Bürger, insbesondere derer mit deutscher Nationalität« zum Ausdruck, »die vor dem Zweiten Weltkrieg auf dem Hoheitsgebiet der heutigen Tschechischen Republik lebten, die der Republik zur Zeit der Hitleraggression treu geblieben waren, sich aktiv am Kampf für ihre Befreiung beteiligten beziehungsweise durch das Naziregime verfolgt wurden«.

DRESDEN NÄHER ALS PRAG

Mit der Ausstellung *Vergessene Helden*, auf Tschechisch *Zapomenutí hrdinové*, stand Ústí plötzlich im Zentrum des deutschtschechischen Geschehens. Zur Eröffnung reiste der tschechische Außenminister Karel von Schwarzenberg aus Prag an. Seine Ansprache übersetzte der überzeugte Europäer österreichischer Herkunft in gewohnter Manier gleich selbst. Aber auch Sachsens Ministerpräsident Stanislaw Tillich bewies zum Erstaunen des Publikums hervorragende tschechische Sprach-kenntnisse. Helden wie Leopold Pölzl sind inzwischen nicht mehr vergessen, sondern Teil des tschechischen Erinnerns. Michal Koleček ist darüber froh. »Die Ausstellung Vergessene Helden wandert inzwischen durch Tschechien und Deutsch-land«, freut er sich.

Ústí nad Labem, die Chemiemetropole Tschechiens, hat sich nach dem Krieg nach Prag hin orientiert, Richtung Böhmi-sches Becken, das schon immer tschechisch war. Deshalb hat sich die Stadt von der Elbe abgewandt und sie zum Abflussrohr für den Dreck der Chemiefabriken degradiert. »Die Elbe war für die Tschechen immer der deutsche Fluss«, sagt Michal Koleček.

Ganz anders war die gefühlte Geografie in Aussig. »Vor dem Krieg war Dresden in Aussig immer näher als Prag«, meint Koleček, »damals war die Elbe das verbindende Band.« Achtzig Kilometer sind es bis zur sächsischen Hauptstadt, nur zehn Kilometer weiter als bis zur Kapitale Böhmens. Koleček verweist in diesem Zusammenhang auf Karl May. »Er war einmal sogar längere Zeit in Aussig, wohnte gleich hier in der Nähe in einem kleinen Hotel.« So ging Aussig, wenn auch ungenannt, ein in die Bestsellerlisten der Welt. »Die Schluchten der Porta Bohemica sind in vielen seiner Bücher beschrieben, auch wenn er vorgab, dass es sich um nordamerikanische Canyons handelte.« Karl May, der Schöpfer von Winnetou und Old Shatterhand, kam 1874 und dann noch einmal kurz vor der Jahrhundertwende von Radebeul elbaufwärts bis Aussig.

In die entgegengesetzte Richtung hatte es im 18. Jahrhun-dert einen jungen Mann gezogen, der als Maler reüssierte. An-ton Raphael Mengs wurde am 12. März 1728 in Aussig geboren und bereits mit siebzehn Jahren zum Kabinettsmaler in Dresden berufen. 1751 wurde er sächsischer Oberhofmaler und schließlich einer der bekanntesten Porträtmaler Europas. Von ihm stammen Porträts von Friedrich II., dem großen Gegenspieler Sachsens, von Russlands Zarin Katharina II. und natürlich von Sachsens König August III. Der Archäologe Johann Joachim Winckelmann urteilte in seiner *Geschichte der Kunst des Alterthums* 1764 über Mengs: »Der Inbegriff aller beschriebenen Schönheiten in den Figuren der Alten findet sich in den unsterblichen Werken Herrn Anton Raphael Mengs, ersten Hofmalers der Könige von Spanien und von Pohlen, des größten Künstlers seiner und vielleicht auch der folgenden Zeit. Er ist als ein Phoenix gleichsam aus der Asche des ersten Raphael erweckt worden, um der Welt in der Kunst die Schönheit zu lehren, und den höchsten Flug menschlicher Kräfte in derselben zu erreichen.«

Auch Raphael Mengs, der große Sohn der Stadt, der den Höhepunkt seiner Karriere in Rom erlebte, wurde vor einiger Zeit in Ústí nad Labem wiederentdeckt. Bedřich Rohan, 1920 in Aussig als Fritz Rothbaum geboren, hat eine Biographie über ihn verfasst, die 2001 in Ústí im Verlag Albis international erschienen ist. Der Lebensweg des Malers ist eng mit der Geschichte der Juden in Aussig verknüpft. Als er geboren wurde, war Juden der Aufenthalt in der königlichen Stadt Aussig verboten. Sein Vater Ismael war bereits vor der Geburt des Sohnes zum protestantischen Glauben konvertiert. Raphael, der in Rom Karriere machen sollte, wurde Katholik.

Seit 1848 durften Juden in Aussig siedeln, doch die jüdische Gemeinde sollte nie mehr als 1200 Mitglieder zählen. Eines von ihnen war der am 17. Mai 1895 in Aussig geborene Maler Ernst Neuschul, bei dem Leopold Pölzl 1936 ein Porträt von Edvard Beneš in Auftrag gab. Als der bekennende Kommunist 1937 eine Ausstellung mit Bildern aus der Sowjetunion organisierte, stürmten Nazis die Stadtbibliothek, zerstörten die Bilder mit Säure und ritzten Hakenkreuze in die Leinwand.

Ernst Neuschul verließ Aussig Anfang 1938, also noch vor dem »Anschluss« des Sudetenlandes an Nazideutschland. Nach dem Krieg wollte er in seine Geburtsstadt zurückkehren, doch deutsche Kommunisten waren in der Tschechoslowakei nicht mehr gelitten. Er wandte sich schließlich an Edvard Beneš und beteuerte dem Staatspräsidenten, immer loyal zum tschechoslowakischen Staat gestanden zu haben – umsonst. Neuschul emigrierte schließlich nach London und malte dort ein weiteres Bild von Beneš. Es zeigt den Nachkriegspräsidenten, den der Publizist Jiří Gruša posthum einen »Gartenzwerg der Geschichte« nannte, finster dreinblickend auf einem Trümmerhaufen, im Hintergrund links der Moskauer Kreml, rechts die Londoner Towerbridge.

Aussigs Geschichte und sein Fluss, dazu gehört natürlich auch Ludwig Richter, der Erfinder der romantischen Elbe. Mit seinem Gemälde *Überfahrt am Schreckenstein,* das heute in der Dresdner Nationalgalerie hängt, hat der gebürtige Dresdner 1837 ein Bild von dem Strom geschaffen, das bald zur Ikone der schwärmerischen Zeit wurde. Eine Handvoll Reisende setzt in Aussig über den Strom, darunter ein Wanderer mit Rucksack, der in aufgeregter Vorfreude die Burgruine auf der Klippe mustert. Ein anderer spielt versonnen die Harfe, ein Dritter scheint, mit dem Blick aufs Wasser, schwermütigen Gedanken nachzuhängen, während ein Pärchen, eng umschlungen, nur sich selbst genügt und die Natur keines Blickes würdigt. Und dennoch ist diese Natur in Richters Gemälde allgegenwärtig. Die mittelalterliche Burg, im Dreißigjährigen Krieg zerstört und seitdem beliebtes Reiseziel nicht nur für Richter, sondern auch für Caspar David Friedrich und Richard Wagner, der sich hier zu seinem *Tannhäuser* inspirieren ließ, thront majestätisch über der Elbe und stellt das Böhmische Mittelgebirge in eine Reihe mit dem Elbsandsteingebirge, aus dem bereits im 18. Jahrhundert die Sächsische Schweiz geworden war.

Vielleicht war Richters Bild aber auch ein Stück Trauerarbeit. Ein Jahr, bevor die *Überfahrt am Schreckenstein* entstand, hatte die königlich-sächsische Staatsregierung einem Konsortium aus Dresden ein auf fünf Jahre befristetes Privileg »zur Betreibung der Dampfschifffahrt auf der Elbe von einem inländischen Orte zum anderen« erteilt. Nicht nur Kähne sollten fortan die Elbe befahren, sondern auch dampfende Ungeheuer aus Stahl, diese Vorboten der Moderne, die Richter ein Graus sein mussten. Auch in Prag machte man damals Dampf, denn noch bevor die 1839 gegründete »Königlich privilegierte Sächsische Dampfschifffahrts-Gesellschaft« mit ihren drei Schiffen *Koenigin Maria, Prinz Albert* und *Dresden* den Linienverkehr aufnahm, kreuzte auf der Elbe die *Bohemia* auf. Die neue Technik war nicht aufzuhalten, und damit auch nicht die Dampfschifffahrt als Konkurrent der Eisenbahn. »Böhmisches Hamburg« wurde Aussig bald genannt, denn in den Spelunken der Stadt verkehrten auch Binnenschiffer von der Waterkant. »Die Kneipe im Kellergeschoss des Hotels Parnik«, schreibt Martin Krsek in seinen siebzig Superlativen von Ústí nad Labem, »galt als die am weitesten vom Meer entfernte echte Matrosenkneipe.«

Ludwig Richter, der Romantiker aus Dresden, hat mit seiner *Überfahrt am Schreckenstein* gegen die Zeit angemalt. Aufhalten konnte er sie nicht. 1903 wurden in Aussig 6753 Schiffe mit einer Ladung von 3,6 Millionen Tonnen umgeschlagen. In der österreichisch-ungarischen Donaumonarchie hatte der Elbhafen von Aussig den adriatischen Seehafen in Triest überholt.

DIE AUFARBEITUNG DES MASSAKERS

An der österreichisch-deutschen Geschichte von Aussig kommt auch Vladimír Kaiser nicht vorbei. Seit 1981 ist der Mann mit dem weißen Vollbart Stadtarchivar von Ústí nad Labem und wacht über die Akten und Dokumente der Stadt. Nicht nur vor dem Elbehochwasser 2002 hat er die Archivalien retten können, sondern auch vor dem ehemaligen Direktor des Stadtmuseums,

Jan Bouček. Um einen historischen Pflug für seine ethnografische Sammlung kaufen zu können, wollte Bouček ein wertvolles Porträt des österreichischen Kaisers Franz Joseph nach Wien verscherbeln, verrät Kaiser. Doch der Archivar war schneller. Kurzerhand versteckte der eine Kaiser den andern im Gästezimmer seiner Wohnung. »Zahlreiche Besucher haben damals unter dem Bildnis von Franz Joseph geschlafen«, sagt Kaiser und lächelt vielsagend.

Im Stadtarchiv hat der umtriebige Historiker auch jene Dokumente zusammengetragen, die ein neues Bild auf das Massaker von Aussig werfen. Darunter ist ein Schreiben des damaligen Ministers für Nationale Verteidigung, Ludvik Svoboda. Der informierte gegen 22.45 Uhr alle Wehrbereiche der Tschechoslowakei: »Am 31. Juli 1945 explodierte in einem Bodenbacher Hofplatz Sprengstoff, der in einem Zug platziert worden war. Am gleichen Tag kam es in einem Lager in der Aussig-Schönpriesener Zuckerfabrik ebenfalls zu einer Sprengstoffexplosion. Das Geschehen hat die Bevölkerung in Aufregung versetzt und war Anlass für einen Zwischenfall.«

Das Massaker wurde also bereits am Abend des 31. Juli 1945 in Svobodas Rundschreiben zu einem bloßen »Zwischenfall« heruntergespielt. Doch die Meldung des Regierungsvertreters offenbart noch ein anderes Detail: »Es hat den Anschein, dass die genannten Vorfälle miteinander in Zusammenhang stehen, und so ist es nicht auszuschließen, dass sich derartige Aktionen auf einen Teil oder das gesamte bisher von Deutschen bewohnte Gebiet ausdehnen. Die Bereichskommandeure ordnen daher unverzüglich die Bereitschaft sämtlicher Garnisonen auf dem Gebiet mit deutscher Bevölkerung an und sichern im Einvernehmen mit den Organen des Ministeriums des Inneren wichtige Industriebetriebe und andere wichtige Einrichtungen.«

Obwohl die Untersuchungen zur Unglücksursache in Schönpriesen noch liefen, hatte der als Scharfmacher bekannte Svoboda, dessen Einheiten als »Svobodovcen« bei den Deutschen gefürchtet waren, bereits die Schuldigen ausgemacht. Deutsche Werwolfgruppen, so die unmissverständliche Botschaft, wollten mit Sabotageakten die öffentliche Ordnung untergraben. Eine Behauptung, die am darauffolgenden Tag bei einer Pressekonferenz im Palace-Hotel in Ústí wiederholt wurde. Bedřich Pokorný, ein Vertrauter des Innenministers, sprach sogar von Selbstmordanschlägen: »Es besteht die begründete Vermutung, dass diese Leute mit derart raffiniert konstruierten Maschinen und Waffen arbeiten, dass diese bereits bei der Entsicherung explodieren, so dass ein mit einem Sabotageauftrag versehener Mensch selbst mit in die Luft geht; auf diese Weise verschwindet auch der einzige Zeuge des Verbrechens.«

Was aber ist tatsächlich am Nachmittag des 31. Juli 1945 in der Zuckerfabrik in Aussig-Schönpriesen geschehen? »Das wissen wir bis heute nicht«, sagt Vladimír Kaiser und legt die Dokumentation, die er zusammen mit Jan Havel und Otfrid Pustejovsky veröffentlicht hat, auf den Arbeitstisch seines Archivs. »Vielleicht werden wir es auch nicht mehr herausfinden.« Einige Indizien hat Kaiser immerhin zusammentragen können. Nicht nur die zeitliche Übereinstimmung der Angriffe auf die Deutschen auf der Brücke, am Bahnhof und am Marktplatz unmittelbar nach der Explosion zählt er dazu. Interessant sei auch der politische Zusammenhang. »Ende Juli begann in Potsdam die Schlussrunde der Potsdamer Konferenz«, erklärt er, »die Regierung in Prag musste damit rechnen, dass die wilden Vertreibungen der Deutschen, die es im Sudetenland gab, nicht mehr gebilligt würden. Also schuf man einen Anlass, um Stalin, Churchill und Truman zu zeigen, wie gefährlich die Deutschen seien.«

Dass diese These nicht von der Hand zu weisen ist, zeigt eine Stellungnahme des tschechoslowakischen Außenministers Jan Masaryk unmittelbar nach der Potsdamer Abschlusserklärung, in der tatsächlich das Ende der wilden Vertreibungen gefordert wurde. Masaryk quittierte das mit den Worten: »Es droht ein Anwachsen der Spannungen im Grenzgebiet, wenn es nicht möglich sein wird, definitiv unverlässliche oder Unruhe stiftende Elemente durch schnellen Abschub über die Grenzen loszuwerden. Daher wird es unser Bestreben sein, durch Aufzeigen terroristischer Taten Deutscher (Feuer in Aussig an der Elbe, Tätigkeit von Werwölfen u. ähnl.) die schnellstmögliche Ausarbeitung eines Abschubplanes und seine Billigung durch die Großmächte zu erwirken.«

Und noch etwas macht Kaiser stutzig. »Die einheimische Bevölkerung hat sich am Massaker nachweislich nicht beteiligt. Diejenigen, die die Deutschen in die Elbe geworfen oder ermordet haben, kamen nicht aus Aussig.« Damit widerlegt der Archivar die These, die unmittelbar nach dem »Zwischenfall«, wie Svoboda das Massaker nannte, gängige Lesart wurde: Deutsche und Tschechen seien unfähig, in einer Stadt oder einem Staat friedlich zusammenzuleben. Das Beispiel mutiger Tschechen, die dem Pogrom Einhalt gebieten wollten, ist für Kaiser ein Hinweis darauf, dass das Gegenteil der Fall war.

Und dann ist da noch dieser Bedřich Pokorný, der allen Ernstes vor möglichen Selbstmordattentätern gewarnt hatte. Der ehemalige Agent des Sicherheitsdienstes des Reichsführers-SS und spätere Leiter Abwehr des tschechoslowakischen Geheimdienstes STB war erst im April 1945 in die KP der Tschechoslowakei eingetreten. Kurz darauf sollte er sein »Gesellenstück« abliefern. Pokorný war der Organisator des »Brünner Todesmarsches«, der Vertreibung der Deutschen aus der mährischen Stadt im Mai 1945, bei der mehr als 5000 der 27000 Teilnehmer ums Leben kamen. Ihn bezeichnet Kaiser als den eigentlichen Verantwortlichen für das Aussiger Massaker. Pokorný selbst wurde Opfer der stalinistischen Säuberungen. 1968 wurde er erhängt in einem Wald bei Brünn aufgefunden.

Von einer juristischen Aufarbeitung der Massaker und einer Bestrafung der Täter kann bis heute keine Rede sein. Im Beneš-Dekret vom 8. Mai 1946 wurde den Schuldigen vielmehr Straffreiheit zugesichert – die Deutschen hingegen wurden für vogelfrei erklärt. In diesem Dekret mit Gesetzeskraft hieß es, dass »diejenigen Handlungen, zu welchen es im Zeitraum vom 30. September 1938 bis zum 28. Oktober 1945 gekommen ist und deren Zweck es war, im Kampf um die Wiedererringung der Freiheit der Tschechen und Slowaken einen Beitrag zu leisten oder die auf eine rechtmäßige Vergeltung für Taten von Okkupanten und deren Helfershelfer abzielten, selbst auch dann nicht unrechtmäßig sind, wenn sie ansonsten entsprechend den gültigen Vorschriften strafbar wären«.

EINE STADT SUCHT SICH SELBST

Wer heute als Tourist nach Ústí nad Labem kommt, steigt am Bahnhof aus einem Eurocity, der eine Strecke befährt, an der die Städte an Elbe und Moldau aufgereiht wie an einer Perlenkette liegen: Hamburg, Dresden, Bad Schandau, Prag, Kolín, Pardubice. Diese Städte sind Perlen der Kultur und Geschichte, deren Vergangenheit weit zurückreicht hinter die Zäsur von 1945. In Ústí nad Labem ist solche Normalität keine Selbstverständlichkeit. Auch deshalb wirbt die Stadt vor allem mit Sehenswürdigkeiten aus dem Umland: der Ruine Schreckenstein, der Porta Bohemica und dem Böhmischen Mittelgebirge, der Gemeinde Birnai, heute Brná, in der einst Winnetous Schöpfer Karl May logierte, dem Kurbad von Teplitz/Teplice, in dem es 1812 zur Begegnung von Beethoven und Goethe kam.

Wer so weit in die Ferne schweift, hat mit dem Naheliegenden ein Problem. Zwischen Bahnhof und Elbe, einem der drei Orte des Massakers vom 31. Juli 1945, erstreckt sich inzwischen eine Shopping-Mall, die den maßstabslosen Umbau der Stadt aus der Nachkriegszeit fortzusetzen scheint. Krásné Březno, wo sich die Explosion in der Zuckerfabrik ereignet hatte, geriet in den neunziger Jahren erneut in die Schlagzeilen: Nach Protesten wegen Lärm und Schmutz hatte die Stadt 1999 in der Matiční-Straße eine Mauer errichten lassen, die den Rest des Viertels von einer Roma-Siedlung trennte. Offenheit und europäischen Geist hatte damals Tschechiens Präsident Václav Havel eingefordert – und den Finger in die Wunde gelegt. Während Heimattouristen in Wrocław und Kaliningrad, früher Breslau und Königsberg, heute mit offenen Armen empfangen werden, bedeuten sie in Ústí nad Labem immer noch eine unangenehme Begegnung mit der Geschichte. Der Publizist Richard Szklorz, der in den sechziger Jahren nach Deutschland übersiedelte, spricht von Ústí als einer Stadt mit »verschütteter Geschichte«: »Verschüttet durch nationalistische Mythen, die die jahrhundertealte Präsenz einer deutschsprachigen Zivilisation in den böhmischen Ländern ignorierte, überdeckt von ideologischen und sozialen Verwüstungen des Stalinismus. Verschüttet auch in den Köpfen.« Hinzu kommen in Ústí nad Labem soziale Probleme. Setuza, die Nachfolgefirma der Schicht AG, hat 2012 Insolvenz angemeldet, die Arbeitslosigkeit steigt, ein Riss geht durch die Stadt, der immer tiefer wird. Es ist sowohl ein sozialer Riss als auch der Riss zwischen Zukunft und Vergangenheit. Wer in Ústí nad Labem hlavní nádraží aus dem Eurocity *Vindobona* steigt, sucht deutschsprachige Hinweisschilder vergeblich. Es scheint, als ob man sich dieser Stadt am besten auf leisen Sohlen nähert.

Still ist es, als ich mich über die Beneš-Brücke zum Schreckensteiner Ufer aufmache. Mein Ziel ist jene Gedenktafel, die am 31. Juli 2005, sechzig Jahre nach den schrecklichen Ereignissen, durch den damaligen Bürgermeister Petr Gandalovič enthüllt wurde und die auf Tschechisch und Deutsch die Inschrift trägt: »Zum Gedenken an die Opfer der Gewalt vom 31. Juli 1945.« In seiner Ansprache sagte Gandalovič damals: »Diese Tafel ist keine leere Geste. Wir sind das den Opfern schuldig. Hier sind Zivilisten umgebracht worden, und das, als schon Frieden herrschte.« Vladimír Kaiser war damals optimistisch. »Die Mehrheit der Bevölkerung war für diesen Schritt der Versöhnung.« Einstimmig fiel das Votum des Stadtrats aus: Zehn Vertreter stimmten für die Gedenktafel, keiner stimmte dagegen oder enthielt sich.

Der Bürgermeister Petr Gandalovič war ein Glücksfall für Ústí nad Labem. Der 1964 in Prag Geborene kam mit seinen Eltern in den siebziger Jahren in die Elbestadt, besuchte dort das Gymnasium und arbeitete nach dem Studium, das er in Prag absolvierte, als Lehrer in Ústí. Als Gründungsmitglied der ODS (Demokratische Bürgerpartei) ging er nach der Samtenen Revolution in die Politik, wurde Abgeordneter und schließlich Generalkonsul Tschechiens in New York. Es war diese Fähigkeit zum Blick von außen, die ihm, nachdem er 2002 Oberbürgermeister in Ústí nad Labem geworden war, bei der Amtsführung so von Nutzen war. Als das Hochwasser der Elbe im Sommer die Roma-Siedlung in Krásné Březno bedrohte, brachte er die Betroffenen in den Studentenheimen der Stadt in Sicherheit. Integration statt Ausgrenzung: Das war eine ganz andere Botschaft als der Bau der so genannten »Zigeunermauer«.

Auch ein anderes Gedenken hat Gandalovič ermöglicht. Im Oktober 2005 wurde im Stadtpark von Ústí ein Holocaust-Mahnmal errichtet, ein aus der Erde förmlich herauswachsender Davidstern aus Granit. Bei der feierlichen Einweihung erinnerte Gandalovič daran, dass es vor allem jüdische Unternehmer waren, die den Aufschwung in Aussig ermöglicht hatten. Er plädierte darüber hinaus für eine Wiedergutmachung in Tschechien: Neben dem Besitz der Deutschen wurde im Rahmen der Beneš-Dekrete auch jüdisches Eigentum konfisziert. Juden galten nach 1945 in der Tschechoslowakei als Deutsche. »Es ist absurd, dass Verwandte der Holocaust-Opfer, die im Zählungsbogen im Jahr 1930 ihre deutsche Nationalität angaben, nicht einmal heute die Chance haben, ihr Eigentum zurückzubekommen«, bedauerte er – und ging mit gutem Beispiel voran. Die Gemälde im Stadtmuseum, die aus jüdischem Besitz stammten, wurden ihren rechtmäßigen Eigentümern zurückgegeben.

Für sein Engagement als Versöhner zwischen gestern und heute erhielt Petr Gandalovič 2006 die deutsch-tschechische Auszeichnung »Goldenes Herz für Europa«, zu deren Preisträgern auch die Bürgerinitiative *Antikomplex* und die deutschsprachige tschechische Schriftstellerin Lenka Reinerová gehören.

Als es um die Anbringung einer Gedenktafel an der Beneš-Brücke ging, musste der damalige Bürgermeister, der heute die Tschechische Republik als Botschafter in Washington vertritt, allerdings Kompromisse eingehen: Während die Debatte um das Erinnern an die Ereignisse des 31. Juli 1945 in vollem Gange war, wurde ein Veteranendenkmal zu Ehren der Befreier Aussigs vom Faschismus renoviert und in Prag das erste Denkmal für den Nachkriegspräsidenten Edvard Beneš eingeweiht. Es steht auf dem Lorettoplatz vor dem tschechischen Außenministerium.

So bekam am 31. Juli 2005 also jeder etwas: Die nach Europa und Verständigung blickenden Bewohner wie auch die Vertriebenen freuten sich über die Gedenktafel; die Gegner der Versöhnung, zu denen vor allem die Älteren gehören, hielten sich an ihr Gegendenkmal – oder die Huldigung von Beneš in Prag.

Für die Erinnerungspolitik in Ústí war das eine Art Schlussstrich, sagt Michal Koleček und berichtet von einer Begegnung, die er so schnell nicht vergessen wird. »Ich hatte vor einiger Zeit ein Gespräch mit dem Nachfolger von Petr Gandalovič. Er hatte mich eingeladen, um ein wenig mehr Kunst in den öffentlichen

Raum zu bringen. Als ich ihm vorschlug, auf der Schreckensteiner Seite der Beneš-Brücke eine Skulptur zu errichten, die an das Massaker erinnert, aber auch in die Zukunft weist, war das Gespräch sofort beendet.«

»UNSERE DEUTSCHEN«

»Unsere Deutschen«, das sagte einst Tomáš G. Masaryk zu den 2,5 Millionen Deutschböhmen, die nach dem Ersten Weltkrieg in der neu gegründeten Tschechoslowakei lebten. Ein solcher Satz, kommentierte Stadtarchivar Vladimír Kaiser 2005 die Enthüllung der Tafel auf der Beneš-Brücke, würde den Bewohnern von Ústí nad Labem nicht so leicht über die Lippen kommen, selbst wenn die Deutschen nicht mehr unter ihnen lebten, sondern 25 Kilometer elbabwärts hinter der Grenze. »Aber in ein paar Jahren könnte das wieder ein stehender Begriff sein.«

Was damals noch nach Zukunftsmusik klang, ist inzwischen Realität. Das Museum der Stadt, ein Schulgebäude aus der k.u.k. Monarchie, ist mittlerweile saniert. Auch das Schulgebäude des Wiener Architekten Alexander Graf aus den Jahren 1908/09 war einst ein Superlativ: Es war das erste Gebäude mit Fernwärme in den böhmischen Kronlanden Österreich-Ungarns.

Eine zweistellige Millionensumme aus Brüssel hat die Renovierung des Gebäudes möglich gemacht. Die Idee zu dem Museum hatte Kaisers Frau Kristina: Sie wollte den Deutschen in Böhmen ein eigenes Museum widmen, eines, das nicht die Konflikte in den Vordergrund stellt, sondern das Zusammenleben von Tschechen und Deutschen. Nicht mit deutschen Geldern sollte es betrieben werden, kein sudetendeutsches Museum also, sondern eines, in dem die Tschechen »ihre Deutschen« würdigen.

Ein bisschen kann es Kristina Kaiserová noch immer nicht fassen. Bei grünem Tee sitzt sie im Café des Museums und lässt noch einmal die Hürden Revue passieren, die »ihr Kind«, wie sie es nennt, nehmen musste. »Kommt das Geld von der EU wirklich? Wird das Museum von Prag als nationale Einrichtung anerkannt, oder findet der Präsident noch einen Grund, es zu stoppen? Wie steht die Politik der Stadt zu diesem Projekt?« Doch das Collegium Bohemicum, wie Kaiserovás »Kind« offiziell heißt, hat die Feuertaufe bestanden mit seiner ersten und vielbeachteten Ausstellung *Vergessene Helden*. Seit Herbst 2012 wird nun eine Dauerausstellung über die Geschichte der Deutschen in Böhmen aufgebaut. »Das ist kein lokales Projekt, sondern ein europäisches«, betont Kaiserová stolz.

Einige Exponate hat das Collegium Bohemicum, das sich das renovierte Gebäude am Stadtpark mit dem Heimatmuseum künftig teilen muss, schon bekommen. Es sind zumeist Geschenke ehemaliger Aussiger, die etwas vom Leben in der Stadt vor 1945 erzählen: Fotografien, Gemälde, Bücher. »Ein ethnografisches Museum soll das Collegium Bohemicum aber nicht werden«, betont Kaiserová, und auch kein Versöhnungsprojekt, in dem die Konflikte einfach unter den Teppich gekehrt werden.

Dafür ist die Geschichte von Aussig und Ústí ohnehin zu reich an Konflikten. Ein Massaker an den Deutschen hat es schon zu Zeiten der Hussitenkriege gegeben. Als Aussig 1426 von den Glaubensrevolutionären belagert wurde, gehörte die Stadt den Markgrafen von Meißen. Nach ihrer Erstürmung am 16. Juni 1426 wurden die meisten Deutschen ermordet, die Häuser verwüstet. Auf der anderen Seite forderten die »Landesvertrauensmänner« der Deutschen Nationalsozialistische Arbeiterpartei (DNSAP) in Aussig bereits 1918 die Gründung einer »Nationalversammlung für Deutschböhmen« – ein Akt der Feindseligkeit gegen die erste Tschechoslowakische Republik.

Und am 9. November 1938 brannte auch in Aussig die Synagoge. Von den 1200 Juden der damals 40 000 Einwohner zählenden Stadt überlebte nur jeder Fünfte.

Und nun stehen wieder »unsere Deutschen« auf dem Programm. Jene Deutschen, die, obwohl sie antifaschistische Helden waren, das Land 1945 auf so genannten Antifatransporten – und auf Anordnung von Beneš – verlassen mussten, nachdem sie 1938 vor Hitler dorthin geflüchtet waren.

Oder jene Deutschen wie Johann Schicht. Als sich 2007 zum hundertsten Mal sein Todestag jährte, bat die Tageszeitung *Ústecký denik* ihre Leser, den »Aussiger des Jahrhunderts« zu küren. Das Ergebnis: Johann Schicht, der die Seife von Aussig in die Welt brachte, siegte mit großem Abstand. »Wir sind uns bewusst«, heißt es im Ausstellungskonzept des Collegium Bohemicum, »dass das Kulturerbe der böhmischen Länder auch von denjenigen geformt worden ist, die hier für Jahrhunderte lebten und Deutsch sprachen.«

Und noch jemand hätte es verdient, zu »unseren Deutschen« in Ústí nad Labem gezählt zu werden. Nach der Enthüllung der Gedenktafel an der Elbbrücke kehrte Anni Bostelmann in ihre Geburtsstadt zurück. Die Frau, die am 31. Juli 1945 in die Elbe geworfen wurde, hat dies ebenso wie ihre Tochter überlebt. Ein niederländischer Frachter fischte die beiden damals aus dem Wasser und brachte sie hinter der Grenze in Pirna wieder an Land.

Werden die Leute in Ústí »ihre Deutschen« und das Collegium Bohemicum annehmen? Kristina Kaiserová hofft es, auch wenn die Gegner des »Museums der Deutschen in den böhmischen Ländern«, wie es offiziell heißt, immer neue Argumente vorbringen. »Sie sagen nun, dass in der Ausstellung eine zu deutsche Sicht auf die Geschichte der Deutschen in Böhmen propagiert werde.« Für Kaiserová ist das ein vorgeschobenes Argument. Ein Zurück, wissen auch die Gegner, wird es nicht geben.

Kristina Kaiserová wünscht sich manchmal aber ein bisschen mehr Tempo. »Schön wäre es, wenn die Stadt das Collegium Bohemicum als Chance für den Tourismus begreifen würde.« Dann, so hofft sie, würden vielleicht mehr Reisende aus Dresden oder Hamburg, Prag oder Wien mit dem Eurocity *Vindobona* nach Ústí nad Labem hlavní nádraží kommen und sich die Stadt ansehen.

KAPITEL ACHT

Der Kampf ums Wasser

Hamburg und die Unterelbe

In Hamburg, heißt es manchmal, komme die Elbe vom Meer, weil sie von dort Ebbe und Flut bringt. Die Geschichte des Hamburger Hafens und seiner Konkurrenten ist aber auch mit dem Fluss und seinem Hinterland verbunden.

Hamburgs Chronisten schrieben den 23. Februar 1620. An jenem Tag, einem Sonntag, setzten 600 bewaffnete Reiter bei Artlenburg über die zugefrorene Elbe. Ihr Nachtquartier bezogen sie im Sachsenwald, dort bereiteten sie sich auf die entscheidende Schlacht am nächsten Tag vor. Ihr Ziel: die zu Hamburg und Lübeck gehörenden Vierlande am Unterlauf der Elbe.

Zur gleichen Zeit überquerte elbabwärts ein bewaffnetes Kommando den Strom und errichtete am Zollenspieker einen Brückenkopf zu den Vierlanden. Hier setzten die Fußtruppen über, unter ihnen 2000 Musketiere und 1500 bewaffnete Bauern. Einen Tag später begann das, was der Lübecker Bürgermeister Henrich Brokes später »ein barbarisch und unerhört Werk« nennen sollte: der Angriff der Truppen des Herzogs von Braunschweig-Lüneburg auf den Gammerdeich in den Vierlanden.

Bevor der Deich ins Visier genommen wurde, kam es zu zahlreichen Plünderungen, wie Günter Harringer beim Studium zeitgenössischer Quellen herausgefunden hat: »Dann ergoss sich die Hauptmacht in die Orte der Vierlande, Altengamme, Neuengamme, Kurslack und Kirchwerder. Hier plünderten die Soldaten Haus bei Haus, was im Ganzen dreimal geschah, setzten den Einwohnern die Pistolen auf die Brust und zwangen sie, ihre Barschaft herauszugeben. Alles, was in den Häusern war, wurde entzweigeschlagen oder weggenommen. Das ist in dem wohlhabenden Lande damals nicht wenig gewesen.«

Nach den Häusern der reichen Bauern war der Gammerdeich an der Reihe. An vier Stellen wurde das Befestigungswerk geschlitzt, damit das Wasser der Elbe in sein ursprüngliches Bett zurückkehren konnte. Doch es war nur wenig Elbwasser unter den dicken Eisschollen. Der Deich hielt stand. Verärgert machten sich die Streitkräfte, die in Hamburgs Vierlande eingefallen waren, auf den Rückzug, nicht ohne vorher die Grenzmarke an der Elbe, den Zollenspieker, dem Erdboden gleichzumachen.

Was war da los an der unteren Elbe? Worum ging es im Jahr 1620, als im Reich schon zwei Jahre lang ein Krieg tobte, den man später den Dreißigjährigen nannte? Was hatte die Schlacht um den Gammerdeich mit jener am Weißen Berg zu tun, nach der Böhmen bald ins Dunkel seiner Geschichte, das *temno*, fallen sollte? Hatten sich nicht die Freie Reichsstadt Hamburg und das Herzogtum Braunschweig-Lüneburg früh schon für den protestantischen Glauben entschieden?

Um Glaubensfragen stritt man sich nicht an der unteren Elbe, wohl aber um den besseren Zugang zur Nordsee. Den hatte sich Hamburg in den Vierlanden knapp 150 Jahre vor den Ereignissen im Februar 1620 gesichert. Damals waren durch die Niederungslandschaft oberhalb Hamburgs noch zahlreiche Elbarme geflossen. Einer von ihnen war die Gamme, die zwischen Altengamme und Neuengamme das Elbwasser Richtung Hamburg trug. Der zweite wichtige Abfluss war die Lange Grobe, die heute den Lauf der Elbe bildet. Schließlich gab es noch die Gose-Elbe. Ihr Lauf war bereits im Jahr 1344 vom Elbwasser abgeschnitten worden. Gose-Elbe bedeutet soviel wie Goess-Elve, also trockene Elbe.

Mit der Eindeichung der Gamme 1471 hatte Hamburg seine Konkurrenz wieder einmal übervorteilt. Die Vierlande, die Hamburg und Lübeck 1420 dem Herzog von Sachsen-Lauenburg abgetrotzt hatten, waren nun fruchtbar geworden. Die Hochwassergefahr wurde auf die Landstriche südlich der Langen Grobe gelenkt, die zu Braunschweig-Lüneburg gehörten. Fortan hieß die Gamme Dove-Elbe, also taube Elbe. Sechzig Jahre lang bewegten sich die Herzöge von Braunschweig-Lüneburg auf dem Weg des friedlichen Protests. Sie reichten beim

Reichsgericht in Speyer Klage ein – und bekamen 1619 Recht. Den Hamburger Rat kümmerte das wenig. Also blieb der Hamburger Konkurrenz nur der Griff zu den Waffen. Der Kampf ums Elbwasser, der in diesen Februartagen 1620 einen ersten Höhepunkt erreichte, dauert bis in die Gegenwart an.

HAMBURGS AUFSTIEG ZUR HANDELSMACHT

Hamburgs Aufstieg zur Handelsmacht begann Ende des 12. Jahrhunderts. Die Elbe spielte dabei die entscheidende Rolle. Am 7. Mai 1189 beschloss der Rat der Stadt, den Hafen von der Alster an die Elbe zu verlegen. Die Hanse, der Hamburg bereits angehörte, versprach sich vom neuen Hafen nicht nur eine Zunahme des Handels, sondern auch mehr Sicherheit, denn noch trieben Piraten ihr Unwesen auf der unteren Elbe. Mit dem Bau des Elbhafens und der Gründung der Neustadt als Kaufmannssiedlung sollte der Handelsweg zwischen Hamburg und der Nordsee gegen »Strand- und Seeraub« geschützt werden. Den 7. Mai feiert Hamburg noch heute als seinen Hafengeburtstag.

Auch der Kaiser hatte am Aufstieg von Hamburg Interesse. In einem Schreiben hatte der Hamburger Rat einmal darauf hingewiesen, dass die Stadt die Grenzfeste des Reiches im Norden sei und die Elbe die »einzige Luftröhre« des Heiligen Römischen Reiches. Man könnte auch sagen, die Elbe war ein Trichter, über den die Waren des gesamten Reichsgebiets, darunter auch Holz und Getreide aus Böhmen, in die Nordsee gelangten. An Hamburg, am Endes des Reiches gelegen, kamen auch die Kaiser nicht vorbei.

Im selben Jahr, in dem an der Elbe der neue Hafen gegründet wurde, soll der Staufer Friedrich I. Barbarossa den Hamburgern ein wichtiges Privileg verschafft haben. In einem Freibrief, hieß es lange, sei der Stadt zugesichert worden, für den Transport von Waren bis zur Nordsee keine Zölle mehr zahlen zu müssen. Dass der Freibrief eine Fälschung war, stellte sich erst später heraus. Der hamburgischen Politik war es egal. Mit der Fälschung gelang es ihr, die Kaufleute in Stade davon zu überzeugen, dass Hamburg die älteren Rechte an der Unterelbe hatte. Wieder war eine Konkurrenz ausgeschaltet.

Hamburg nutzte den Freibrief für den Ausbau seines Stapelrechts. Dieses kaiserliche Recht sah vor, dass alle Schiffe, die die Elbe befuhren, ihre Waren auf dem Hamburger Markt zum Verkauf anbieten mussten. Ein solches Privileg hatte Hamburg nicht nur vom Kaiser bekommen, sondern zunächst auch von der dänischen Krone, die über Holstein und damit über das rechte Ufer der Unterelbe herrschte.

Wie der Stauferkaiser Barbarossa, so schien auch rund zweihundert Jahre später der in Prag Hof haltende Kaiser Karl IV. Hamburg wohlgesinnt. Er erteilte der Stadt das Privileg, einmal im Jahr einen Jahrmarkt abzuhalten, »der sich alle jare heben sol an dem sunntage virtzen tag vor phingsten und sol wern acht tage nach phingsten«. Dieser »ewige Jahrmarkt« sollte nach dem Willen Karls eine Leistungsschau der Elbregion und des ganzen Reiches werden. Kaufleute aus Böhmen, Österreich, Ungarn, Bayern sowie aller Fürstentümer an der Elbe waren eingeladen, in Hamburg, der Handelsstadt an der Unterelbe, zusammenzukommen. Allerdings stieß die Initiative aus Prag in Hamburg nicht unbedingt auf Gegeninteresse. Hans Nirrnheim schreibt über die Gründe Karls IV. für die Erteilung des Privilegs: »Er hatte dabei, wie es scheint, hauptsächlich das Interesse seiner mit Hamburg durch die Elbe verbundenen böhmischen Lande und seines weiteren Hausbesitzes im Auge.«

In ihrer Untersuchung über die Geschichte der Hamburger Märkte kommt die Autorin Meike Möller zu dem Ergebnis, dass Karl IV. versucht habe, mit dem Pfingstmarkt »Böhmen und Prag innerhalb des europäischen Wirtschafts- und Handelsgefüges eine zentrale Stellung zu geben«. Dazu gehörte der Plan, eine Konkurrenzroute zur Handelsachse Oberitalien–Oberdeutschland–Frankfurt–Niederlande einzurichten. »Diese angedachte Route sollte Venedig und Prag sowie die Moldau und die Elbe mit Hamburg verbinden.« Doch Karl machte die Rechnung ohne die Hamburger. Schon kurz nach seinem Tod verzichtete der Rat der Stadt 1383 auf die Abhaltung des »ewigen Pfingstmarktes«.

Viel wichtiger war den Hamburgern ein anderes Privileg. Am 14. Juli 1482 verfügte Kaiser Friedrich III., dass kein Korn, weder Roggen, Weizen, Gerste noch anderes Getreide, dazu Wein und Bier elbabwärts an Hamburg vorbeigeführt werden dürfe, »sondern dass alles in derselben Stadt Hamburg, wie von alters herkommen ist, abgelegt, verkauft und verhandelt werden sollte«. Trotz des erbitterten Widerstands seitens der Herzöge von Braunschweig-Lüneburg wurde dieses Privileg immer wieder erneuert. Es bildete den Grundstein für die spätere Karriere Hamburgs als Freie Reichsstadt.

Schon ein Jahr bevor Friedrich Barbarossa Hamburg angeblich den ersten Freibrief ausgestellt hatte, war die Stadt dem Lübischen Recht beigetreten. Es folgten verschiedene Verträge mit anderen Städten sowie die Erlangung von Handelsprivilegien, unter anderem in Flandern, England, Schweden, Norwegen und Frankreich. Hamburg und Lübeck vereinbarten 1294 sogar eine gemeinsame Währung und machten die Hanse zu einer Art »Europäischen Union des Mittelalters«. Doch die Hanse war auch ein Verteidigungsbündnis. Um den Schutz des Warenverkehrs vor »Strand- und Seeraub« sicherzustellen, errichtete Hamburg im Jahr 1300 vor der Elbmündung in die Nordsee ein Leuchtfeuer, das »Neue Werk«, das später der Insel Neuwerk den Namen gab. Das Leuchtfeuer sollte vor allem die Elbmündung gegen Eindringlinge aus der Nordsee sichern, während man den Piraten auf der Unterelbe zunächst mit Verhandlungen begegnete. 1323 wurde ein Vertrag mit den Dithmarschern abgeschlossen, der die regelmäßigen Plünderungen beendete. Karl IV. erlaubte den Hamburgern 1359, See- und Landräuber gefangen zu nehmen und abzuurteilen. Gegen die Likedeeler gingen Hamburg und Lübeck gewaltsam vor. 1401 wurde das Schiff von Klaus Störtebeker aufgebracht. Der legendäre Pirat wurde auf dem Grasbrook hingerichtet, wo heute Hamburgs Hafencity steht. Die Freibeuterei auf der Elbe lebt allerdings fort – in der Totenkopfflagge des Fußballclubs FC Sankt Pauli.

Das Piratenproblem war 1525 gelöst, als mit Klaus Kniphof der letzte Pirat der Nordsee gefasst wurde. Und mit der Inbesitznahme der Vierlande und der Trockenlegung des Marschlandes vor den Toren der Stadt hatte Hamburg seine Vormachtstellung flussaufwärts gesichert. Ein Problem aber blieb: Dem Hamburger Stapelrecht, das der Stadt den Aufschwung gebracht hatte, konnten die Schiffe ohne Weiteres ausweichen, indem sie Hamburg umfuhren. Das Handelsmonopol auf der Unterelbe erforderte deshalb die Kontrolle über den Moorwerder. An dieser Flussinsel beginnt die Stromspaltung der Elbe und damit ein Binnendelta, das seinesgleichen sucht in Europa.

DER KAMPF UM DIE SÜDERELBE

Vor Moorwerder, an Flusskilometer 609 (die deutsche Kilometrierung beginnt erst an der tschechischen Grenze) spaltet sich der Elbstrom in zwei Flussläufe: die Norderelbe und die Süderelbe. Siebzehn Kilometer bleibt der Elblauf getrennt, bevor Norderelbe und der Köhlbrand, wie die Süderelbe im weiteren Verlauf heißt, bei Altenwerder wieder zusammentreffen. Diese Wiedervereinigung lässt sich vom »Altonaer Balkon«, einer Aussichtsplattform auf dem rechten Elbufer, trefflich beobachten.

Die Landschaft, die im Binnendelta zwischen Norder- und Süderelbe liegt, hat sich erst im 14. Jahrhundert in ihrer heutigen Form herausgebildet. Damals zerriss eine biblisch anmutende Sturmflut die Gorieswerder genannte Elbinsel, die von Kaltehofe bis Finkenwerder reichte. Es bildete sich ein von zahlreichen Wasserläufen durchzogenes Marschland, das bis ins 19. Jahrhundert nur dünn besiedelt war. Die städtischen Siedlungen an der Elbe entstanden jenseits der Elbinsel: Hamburg am nördlichen Ufer der Norderelbe und Harburg am südlichen Ufer der Süderelbe. Die Internationale Bauausstellung, die in Hamburg 2013 den »Sprung über die Elbe« wagen will, nennt diese Teilung den »gelernten Graben«.

Doch der »Graben«, den die Natur zwischen Hamburg und der Elbinsel, auf der im 19. Jahrhundert Wilhelmsburg entstand, bildete, war auch eine politische Grenze. Gehörte die Norderelbe zu Hamburg, war das südliche Ufer der Süderelbe mit Harburg Teil des Herzogtums Braunschweig-Lüneburg, aus dem später das mit Großbritannien verbundene Königreich Hannover hervorging. Zwar hatte das prosperierende Hamburg die deutschen Kaiser auf seiner Seite, doch die Natur der Elbe war eher dem konkurrierenden Harburg gewogen, da die Süderelbe seit jeher mehr Wasser führte als ihre Schwester im Norden. Wer also unter Umgehung Hamburgs und somit des Freibriefs von Kaiser Friedrich III. Getreide, Bier und Wein von der oberen Elbe in die Nordsee bringen wollte, brauchte bloß den Weg über die Süderelbe und Harburg zu nehmen. Deshalb war für Hamburg die Kontrolle über Moorwerder so wichtig, jenen Ort, an dem die Stromspaltung der Elbe beginnt.

Die Stationen dieser Inbesitznahme hat der Hamburger Historiker Ernst Baasch 1905 in seiner Schrift *Der Kampf des Hauses Braunschweig-Lüneburg mit Hamburg um die Elbe* zusammengetragen: »Schon im 14. und 15. Jahrhundert hat die Stadt Hamburg dazu gestrebt, über das südlich und südwestlich gelegene Stromgebiet der Elbe, die hier durch zahlreiche Wasserläufe viele Inseln bildet, Herrschaft und Einfluss zu gewinnen. Dieses Streben blieb nicht ohne Erfolg. Der Erwerb des Glindesmoors (Moorburg) im Jahre 1375, durch den Hamburg an der Süderelbe festen Fuß fasste, der Bau der Moorburg 1390, der Erwerb des Ochsen- und Moorwärders (1395), durch den Hamburg die Herrschaft über die Einfahrt in die Norder-Elbe erlangte, dann der Vierlande gemeinsam mit Lübeck (1420), endlich die Eindämmung der Gammer-Elbe (1482) und der Dove-Elbe (1488−1492) sind als die wichtigsten Erfolge nach dieser Richtung zu bezeichnen.« Mit der Kontrolle über den Moorwerder hat Hamburg die natürlichen Verhältnisse im Stromspaltungsgebiet der Elbe umgekehrt. Durch den Bau zahlreicher Deiche floss fortan mehr Wasser die Norderelbe hinab. Die Umgehung des Hamburger Stapels wurde immer schwieriger, weite Teile der Süderelbe verlandeten und schließlich auch der Harburger Hafen. Der Kampf um den Gammerdeich war also der verzweifelte Versuch der Hamburger Konkurrenz, verlorenen Boden wiedergutzumachen.

Die älteste Karte des Unterlaufs der Elbe befindet sich heute im Hamburger Staatsarchiv. Angefertigt hat sie der Maler Melchior Lorich im Jahr 1568. Auf der zwölf Meter langen und ein Meter hohen Flusskarte, die jeden zweiten Mittwoch zu besichtigen ist, lassen sich nicht nur die alten Elbläufe der Dove-Elbe und der Gose-Elbe ablesen. Zu sehen ist auch das Stromspaltungsgebiet der Elbe mit den Elbinseln in seiner Mitte.

Melchior Lorichs Elbkarte ist aber nicht nur kartografisch von Bedeutung. Sie ist auch ein Dokument über den Streit der Herzöge von Braunschweig-Lüneburg mit Hamburg um den Zugang zur Nordsee. Schon vor dem Kampf um den Gammerdeich 1620 wehrten sich die Welfen in Braunschweig-Lüneburg gegen die wachsende Dominanz Hamburgs an der Unterelbe. Ein erster Versuch, den Gammerdeich zu zerstören, erfolgte im

Jahr 1496. Allerdings gelang es den Hamburgern, den Deich sofort wieder zu schließen. Zwei Jahre später schickte Herzog Heinrich I. zu Braunschweig-Lüneburg slawische Bauern mit Schaufeln und Sparten in die Vierlande – und stieß auf erbitterte Gegenwehr. Die Reaktion Heinrichs ließ nicht lange auf sich warten. Elbaufwärts der Vierlande ließ er in Bleckede und Hitzacker Zollstationen errichten – und holte sich so seinen Anteil am Handel auf der Elbe zurück.

Der Kampf um den Gammerdeich war also ein erbitterter Streit um die Vorherrschaft an der Unterelbe und zugleich ein Stück deutsche Rechtsgeschichte. Dabei spielte Melchior Lorichs Karte eine wichtige Rolle. Nach der Errichtung der Zollstationen in Bleckede und Hitzacker hatte Hamburg 1544 ein kaiserliches Mandat erwirkt, das die Behinderung der Schifffahrt oberhalb der Reichsstadt untersagte. Daraufhin zog Heinrichs Nachfolger Franz Otto 1556 vor das Reichskammergericht. Dieses verfügte schließlich die Beweisaufnahme durch eine kaiserliche Kommission. Sie sollte im Jahre 1568 ihre Arbeit aufnehmen – in jenem Jahr also, in dem der Maler Melchior Lorich im Auftrag der Reichsstadt Hamburg seine zwölf Meter lange Elbkarte vorlegte.

Lorich, ein gebürtiger Flensburger, der in Lübeck Goldschmied gelernt hatte, war ein Jahr zuvor nach Hamburg gekommen. Seine Karte der Unterelbe war ein Auftragswerk. Ablehnen konnte er kaum, immerhin betrug der Lohn für die achtmonatige Arbeit 302 Thaler – viel Geld, wenn man bedenkt, dass ein einfacher Handwerker zu dieser Zeit 42 Thaler im Jahr verdiente. Die Investition zahlte sich für Hamburg allerdings nicht aus. Auch wenn Lorich in seiner Karte suggerierte, die Abtrennung der Gammer-Elbe und der Dove-Elbe sei bereits vor der Übernahme der Vierlande durch Hamburg erfolgt, entschied das Gericht für die Gegenseite. 1619 wurde Hamburg verpflichtet, den Deich abzutragen.

Da sich die Hamburger Anwälte immer neue Strategien ausdachten, um den Prozess in die Länge zu ziehen, kam es am 23. Februar 1620 schließlich zur militärischen Eskalation. Der Vertrag von Boizenburg brachte schließlich einen Waffenstillstand, aber keine Einigung. Noch im Mai 1620 musste Kaiser Ferdinand persönlich eingreifen. Er befahl dem Herzog von Braunschweig-Lüneburg die Herausgabe einiger Schiffe, »welche von Hamburg an der Elb ab- und zufahren wollen« und die Lüneburgischen »mit gewalt aufhalten und in Arrest nemen lassen«.

DER WASSERKRIEG UM GLÜCKSTADT

Zehn Jahre nach dem Angriff auf den Gammerdeich waren es die Hamburger, die zur Gewalt griffen. In der Nacht vom 27. auf den 28. April 1630 erreichten Kriegsschiffe aus der Reichsstadt das rechte Ufer der Unterelbe. Der Gegner war arglos, die Hamburger hatten leichtes Spiel. Sie kaperten die im Hafen von Glückstadt auf Reede liegenden Schiffe und schleppten sie als Beute kurzerhand nach Hamburg – samt der dazugehörenden dänischen Kriegsflagge. Der dänische König Christian IV., notierten die Chronisten, war »höchlichst« empört.

Allerdings hatte Christian, als Herzog zugleich Landesherr von Holstein, Hamburg auch herausgefordert. Zwei Jahre zuvor hatte der Däne in Glückstadt einen Elbzoll errichtet und damit ein Privileg ignoriert, das sich Hamburg am 3. Juni 1628 von Kaiser Ferdinand II. hatte ausstellen lassen. Es sicherte der Stadt die Hoheitsrechte auf der Unterelbe. Fortan durfte niemand mehr Elbzoll erheben oder Kriegsschiffe auf der Unterelbe stationieren. Nicht einmal der Bau von Befestigungen entlang dem hundert Kilometer langen Elblauf von Hamburg bis in die Nordsee war erlaubt. Eine Provokation für die Dänen und ihr Herzogtum. Schließlich gehörte das gesamte rechte Ufer der Unterelbe zu Holstein. Und wären da nicht die zahlreichen Freibriefe gewesen, hätte Christian IV. als Lehnsherr auch in Hamburg das Sagen gehabt. Den Status einer Freien Reichsstadt jedenfalls erkannte der dänische König und Herzog von Holstein nicht an.

Im Grunde war nicht erst der Glückstädter Elbzoll eine Provokation, sondern schon der Bau der Stadt selbst. Bereits 1617 hatte Christian IV. zwischen Hamburg und der Elbmündung am rechten Ufer des Stroms eine neue Stadt gegründet. Warum sie Glückstadt heißt, begründete der Dänenkönig so: »Dat schall glücken und dat mutt glücken, und denn schall se ok Glückstadt heten.«

Bis heute ist der Charakter Glückstadts als Planstadt erkennbar. »Der älteste erhaltene Stadtplan, kurz nach 1621 angefertigt«, schreibt Karl Asmussen in seiner Baugeschichte Glückstadts, »zeigt die ursprüngliche Bauidee und erste Gestalt der Stadt. Ihr östlicher Teil bildet ein halbes regelmäßiges Sechseck. Vom großen Marktplatz laufen die Straßen radial zu den Wällen. Sie sind durch eine Ring- und eine Wallstraße miteinander verbunden. Wie die Stacheln eines Igels ragen die Bastionen in die Gräben und die gefährdete Landseite hinaus.«

Christian IV. wurde 1577 auf Schloss Frederiksborg geboren und war, wie sein Vater Friedrich II., König von Dänemark und Norwegen sowie Herzog von Schleswig und Holstein. Als Reisekönig und Kunstliebhaber umrundete er das Nordkap und ließ prachtvolle Renaissanceschlösser bauen. Als Außenpolitiker versuchte er den Einfluss Dänemarks in Europa zu vergrößern. Das führte nicht nur zu Konflikten mit Hamburg und dem Deutschen Reich, sondern auch mit Schweden, das sich anschickte, in den Kreis der europäischen Großmächte aufzusteigen. Zunächst hatte Christian Erfolg. Bündnisse mit dem Herzogtum Braunschweig-Lüneburg sicherten ihm den Einfluss an der mittleren

Elbe, mit Glückstadt wuchs seine Macht auch am Unterlauf des Stroms.

Doch dann brach ein Jahr nach der Gründung von Glückstadt der Dreißigjährige Krieg aus, der die Machtverhältnisse nicht nur in Österreich und Böhmen an der oberen Elbe umkrempelte, sondern auch am Unterlauf des Stroms. Mit den militärischen Erfolgen Gustav Adolfs gegen die Heere der Katholiken wuchs die Machtsphäre des Schwedenkönigs – und Dänemark geriet in die Defensive. Der Glückstädter Elbzoll war der Versuch, verlorenen Boden auf Kosten Hamburgs gutzumachen.

Kaum waren die Hamburger Kriegsschiffe mit ihrer Beute abgezogen, eilte Christian nach Kopenhagen. Er sann auf Rache und wollte Dänemark in einen Krieg gegen Hamburg zwingen. Der Reichsrat in Kopenhagen zögerte aber und verweigerte die finanziellen Mittel. Doch Christian gab nicht nach. Kurzerhand beschlagnahmte er sämtliche Besitztümer Hamburgs im Königreich und rüstete in Kopenhagen eine Kriegsflotte mit 38 Schiffen in vier Geschwadern aus. Am 6. August 1630 legten die Geschwader in Kopenhagen ab mit dem König an Bord. Die Elbe erreichte die Kriegsflotte am 3. September.

Auch Hamburg hatte sich gerüstet. Die Flotte der Reichsstadt, die von Bürgermeister Albrecht von Eitzen kommandiert wurde, zählte 49 Schiffe. Kriegsschiffe waren es allerdings nicht, die Hamburg in den Kampf gegen die Dänen schickte, sondern umgebaute Handelsschiffe. Gegen die Flotte Christians hatten sie keine Chance. Vier Tage, nachdem die Seeschlacht um die Unterelbe bei Scharhörn begonnen hatte, musste Hamburg seine Niederlage eingestehen. Der Elbzoll blieb. Am 13. Juli 1633 bestätigte auch der Kaiser das Recht Christians, in Glückstadt Zoll zu erheben. Wie im Siegesrausch ließ der Dänenkönig kurz darauf den Hamburger Freibrief von 1628 mit einem Feuerwerk symbolisch verbrennen.

Doch das Glück blieb Glückstadt und seinem Gründer nicht treu. Der Schwedisch-Dänische Krieg endete 1645 mit einer Niederlage für den Dänenkönig, und seine Planstadt an der Unterelbe stellte bald keine Konkurrenz mehr für Hamburg dar. Wie schon im Falle Harburgs spielte dabei das Elbwasser eine Rolle. Eine Sandbank, die der Mündung des Schwarzwassers in die Elbe vorgelagert ist, sorgte dafür, dass der Glückstädter Hafen bedeutungslos wurde. Zwar gelang es Christian, seiner Stadt als Verwaltungszentrum und Garnisonsstandort neues Leben einzuhauchen, doch den Wettstreit mit Hamburg hatte sie verloren.

DER PORTO FRANCO

Für die Gerichte des Reiches war die freie Schifffahrt auf den Strömen, die zum Heiligen Römischen Reich deutscher Nation gehörten, ein hohes Gut. Schließlich sorgte der Handel nicht nur für Gewinne bei Kaufleuten und für prall gefüllte Märkte in den Städten, die ein Stapelrecht besaßen. Er war auch Ausdruck einer Wirtschaftsidee, in der das Gemeinsame über den Partikularinteressen der Städte stand. Immer wieder ist diese frühe Form des Freihandels von den politischen Eliten des Reiches verbrieft worden. Auch Karls Pfingstmarkt steht in dieser Tradition. Für die Elbe, die »Schlagader des Reiches«, war die freie Schifffahrt unerlässlich.

Auf der anderen Seite standen die Interessen der Städte, an diesem Handel zu partizipieren. Dabei kam es nicht selten vor, dass die Interessen in Gegensatz gerieten. An der unteren Elbe war dies vor allem bei Hamburg und Lüneburg der Fall. Dieser Jahrzehnte während Streit war 1620 zugunsten Hamburgs entschieden, auch wenn die Gerichte den Lüneburgern das Recht zugesprochen hatten. Doch schon wenig später erwuchs Hamburg die nächste Konkurrenz, diesmal auf der eigenen Elbseite.

Die Sächsische Schweiz wurde erst im 18. Jahrhundert entdeckt

![Photo of the volcanic cones of the Bohemian Central Uplands]

Die Vulkankegel des Böhmischen Mittelgebirges haben viele Maler fasziniert

Die Nazis machten aus der Kleinen Festung in Theresienstadt ein Gestapo-Gefängnis

Die Garnisonskirche dominiert den Marktplatz von Theresienstadt

Auf 94 Kilometern bildete ein Streckmetallzaun die innerdeutsche Grenze an der Elbe

Scheuer Blick von oben: Der Marktplatz von Leitmeritz/Litoměřice

Kuks: Barocke Pracht aus dem 18. Jahrhundert will wachgeküsst werden

Barocke Inszenierung als Programm: Auf dem Marktplatz von Königgrätz/Hradec Králové

Nüchternheit und Monumentalität an der mittleren Elbe: Der Dom von Havelberg

Hanseatisches Understatement: Hafencity in Hamburg

Mit dem Kornhaus ist das Dessauer Bauhaus an die Elbe gerückt

An der Unterelbe begibt sich der Fluss in die Arme des Meeres

Altona, das Fischerdorf, das 1535 gegründet und bereits auf der Elbkarte von Melchior Lorich 1568 eingezeichnet worden war, wurde 1640 dänisch und blühte seither auf.

Es waren also wieder einmal territoriale Interessen im Spiel. Nachdem er mit Glückstadt nicht den gewünschten Erfolg hatte, wollte Dänemarks König Christian IV. Altona zum Bollwerk gegen die Konkurrenz aus Hamburg ausbauen. Also ließ er als Erstes einen Hafen bauen. Kaum war dieser fertiggestellt, veranlasste der Dänenkönig 1643 eine Blockade des Hamburger Hafens. So etwas hatten die Ratsherren in Hamburg noch nicht erlebt. Die Lage war ernst, wie ein Ratsprotokoll von 1643 zu erkennen gibt. Und wieder wird der Elbe, wie schon in der Metapher der Schlagader, eine biologische Funktion bescheinigt: »Wenn man der guten Stadt Hamburg die Elbe sperrt, so ist dies, wie wenn man jemand den Weg zum Magen verschließt, er also Hungers elendiglich umkommen muss. Daraus dann notwendig folgt: Abwanderung der Kaufleute, Armut der Bürger, Aufruhr der müßigen, arbeitslosen Handwerker und Arbeitsleute, in Summa der Verfall der Stadt.«

Altonas Aufstieg kam nicht von ungefähr. Schon vor der Übernahme durch die dänische Krone hatte sich der Elbort als Alternative zum angrenzenden Hamburg angeboten. Vor allem Glaubensflüchtlinge wurden durch die dort herrschende Religionsfreiheit angezogen. Zuerst kamen die Niederländer, die als Calvinisten in ihrer Heimat verfolgt wurden. Dann kamen die Juden, denen der Hamburger Rat die Ansiedlung verwehrte. Altona wurde zur weltoffenen Alternative zu Hamburg mit seinem Kaufmannsdünkel und dem Hang zur Abschottung. Noch heute zeugen die »Kleine« und die »Große Freiheit« von der Zunftfreiheit in Altona, zu dem der westliche Teil des Hamburger Stadtteils Sankt Pauli damals gehörte.

Zwischen 1600 und 1620 stieg die Einwohnerzahl Altonas von 250 auf 1500. Das war zwar noch keine Konkurrenz zu Hamburg mit seinen 30 000 Einwohnern, doch der Hamburger Rat wurde nervös und plante 1610 sogar eine »feindliche Übernahme«. Altona sollte einfach aufgekauft werden. Als das misslang, sollte eine Studienkommission prüfen, »wie dem Altona zu wehren sei«, dass es »nicht mehr wachsen und aufsteigen« möge. Da kam den Altonaern die Hilfe des dänischen Königs gerade recht. 1664 erhob Christian IV. Altona offiziell zur Stadt. »Das neue Wappen«, schreibt Ruth Pinnau in ihrer eindrucksvollen Stadtgeschichte Altonas, »brachte den toleranten Charakter der multireligiös zusammengesetzten Bevölkerung Altonas auf den Punkt. Während Hamburgs Fahne geschlossene Tore zeigt, stehen die Tore der neuen Stadt offen.«

Zwar war Altona im Dreißigjährigen Krieg von den Schweden besetzt und teilweise zerstört worden, doch seinen Aufstieg zum Hauptkonkurrenten Hamburgs hielt das nicht auf. Nach dem Krieg zogen sich die Schweden aus der Stadt zurück, und Altona punktete mit Zollfreiheit und Freihandel. Das zunftfreie Gebiet um die Kleine und Große Freiheit dehnte der dänische König Friedrich III. auf ganz Altona aus. Der Altonaer Hafen wurde zum Freihafen, das heißt, Waren durften hier zollfrei verladen und gelöscht werden. So stieg Altona bald zur zweitgrößten Stadt des dänischen Herrschaftsgebietes auf. 1710 hatte es bereits 12 000 Einwohner.

In Hamburg dagegen spielten Zölle, sehr zum Ärger des Reiches, noch immer eine große Rolle. Vor allem der Rat der Stadt pochte auf die Abgaben, während die Kaufleute für eine Ausweitung des Freihandels plädierten. Zur Begründung verwiesen sie auf einer Zusammenkunft der so genannten Kommerzdeputation am 21. November 1692 auf die Konkurrenz in der Nachbarstadt: »(Es wird berichtet), dass viele Waren um die Stadt geführet werden, worunter der Zollen litte, wie denn auch eine große Menge Güter in Altona abgeladen würden, weil sie da zollfrei wären.« Der Vorschlag der Kaufleute war eindeutig. Sie forderten einen *Porto franco*, einen Freihafen wie in Altona.

Welche Last die Zölle für den Handel in Hamburg bedeuteten, hat Walter Emmerich in seinem Buch über den Hamburger Freihafen am Beispiel einer Beschwerde von Holzhändlern aus dem Jahre 1694 geschildert: »Die Schiffer verlangen, so wird darin gesagt, ›des Laufens und Rennens in Hamburg überhoben zu werden‹. Sie müssten zuerst nach dem Schwedischen Kontrolleur, dann nach dem Gildeknecht, dann zum Zoll, von diesem wiederum zum Visiteur am Meßberg. Hätten sie endlich den Zollzettel, müssten sie erneut zum Visiteur. Wenn der nicht zu Hause sei, könnten sie den Niederbaum nicht passieren, und sei er zu Hause, dann verzögere er häufig die Unterschrift, ›in der Hoffnung, dass sie noch eine kleine Zeche von seinem Weine machen möchten‹.«

Doch das war noch nicht alles, was den Holzhändlern an Schikanen in Hamburg widerfuhr: »Des weiteren beschwerten sich die Händler darüber, dass ihre Wracker (beeidigte Holzprüfer) ›guten Theils sich dem Trunke ergeben und auf den Mittag erst an die Arbeit gehen und nach ihrem Gefallen arbeiten‹.«

So standen sich an der Norderelbe also zwei Philosophien des Handels gegenüber, die bis in unsere Tage die wirtschaftspolitische Debatte prägen: Hamburg sorgte mit seinen Zöllen für eine protektionistische Wirtschaftspolitik, die vor allem den Steuereinnahmen und den eigenen Kaufleuten nutzte. Altona hat mit seinem Freihafen dem Freihandel Tür und Tor geöffnet, in der Hoffnung, dass auch die Stadt und ihre Bürger vom wachsenden Handelsaufkommen profitieren.

Je profitabler der Freihafen in Altona wurde, desto mehr bewegte sich die Hamburger Politik. Den Anstoß gab eine kaiserliche Kommission, die am 21. November 1710 ihre Arbeit abgeschlossen hatte. In einem Dekret empfahlen die Kommissionäre aus Wien den Hamburgern »wohlmeinentlich« die Gründung

eines Porto franco, also eines Freihafens nach dem Vorbild Altonas. Die Begründung sprach vielen Kaufleuten der Hansestadt
aus dem Herzen: Die »Stiftung eines Porto franco oder Erlau-
bung einer unbeschwerten Durchfuhr frembder Kauffwaren«
solle »der Umbfahrt derer Fuhrleute von Breßlau, Leipzig und
anderen Orten« Einhalt gebieten, damit die Zölle der Stadt
durch das Umfahren zu Wasser nicht weiter zu kurz kommen.
    Hamburg suchte also den Kompromiss. So viel Freiheit
wie nötig, damit die Konkurrenz in Altona nicht noch größer
wird, und so viel Protektionismus wie möglich, um dem Stadt-
säckel weiter die Einnahmen zu sichern. Dem Hamburger
Stapel jedenfalls, da waren sich der Hamburger Rats- und Kaufleute einig, dürfe der Porto franco keinen Abbruch tun. Doch
der Kompromiss führte nicht zum erhofften Aufschwung. Die
»Transito-Ordnungen«, die der Hamburger Rat 1713 und 1727
erließ, erleichterten zwar den Handel mit »Durchfuhrwaren«,
eine völlige Zollfreiheit, wie sie die Hafenwirtschaft gefordert
hatte, war damit aber nicht verbunden. Vielmehr erschwerten
zahlreiche Auflagen den Freihandel im Hamburger Hafen so
sehr, dass die Zahl der Nutznießer der »Transito-Ordnung«
von 1713 auf 300 Personen beschränkt blieb. Darüber hinaus
mussten die Schiffe plombiert werden, die Waren durften nicht
länger als sechs Monate im Hafen gelagert werden. Während
dieser Zeit konnte der Eigentümer über seine Waren nicht ver-
fügen, schreibt Walter Emmerich 1960 in *Der Freihafen,* es sei
denn, er entschloss sich zur Wiederausfuhr.
    Bei ihrer zögerlichen Haltung hinsichtlich der Liberalisie-
rung des Handels sahen die Hamburger Ratsleute aus gutem
Grund auf die Steuereinnahmen, und dieser Grund war außen-
politischer Natur. Hamburg war eine mächtige Handelsstadt, und
als solche musste sie ihre Konflikte möglichst mit Geld und mit
Waffengewalt lösen. Und Konflikte gab es weiterhin, vor allem
mit Dänemark. Zwar hatte das Reichskammergericht Hamburg

1618 die Reichsunmittelbarkeit bestätigt und damit den Status der Freien Reichsstadt, doch Dänemark, noch immer Territorialmacht im benachbarten Holstein, hatte das Privileg nicht anerkannt. Nach wie vor verlangten die Könige in Kopenhagen von den Hamburgern, ihnen zu huldigen oder sich von der Huldigung freizukaufen. Dazu Walter Emmerich: »Unter den verschiedensten Vorwänden – so weil der Hamburger Rat keine Notiz genommen hatte von der Erhebung Altonas zur Stadt – wurden Geldzahlungen erpresst. 1712 waren es 246 000 Reichstaler, 1736 mussten 500 000 Mark gezahlt werden. Mit Hilfe sogenannter Leih- und Freundschaftsvergleiche erzwang die dänische Krone 1759 einen Kredit von 400 000 und drei Jahre darauf sogar einen solchen von einer Million Reichstalern.«

Mit dem so genannten Gottorper Vergleich von 1768 konnte dieser Konflikt endlich beendet werden: Hamburg zahlte vier Millionen Reichstaler, und Kopenhagen verzichtete dafür auf sein Hamburger Lehen und erkannte die Handelsmacht an der Unterelbe als Freie Reichsstadt an. Darüber hinaus erhielt Hamburg sämtliche Elbinseln von Billwerder bis Finkenwerder. Da es nun auch über das südliche Ufer der Norderelbe verfügte, konnte Hamburg endlich seinen Hafen ausbauen.

DIE HAMBURGER ZOLLFREIHEIT

Die »Franzosenzeit«, also die napoleonische Besatzung zwischen 1806 und 1814, hatte Hamburg soeben überstanden, da drohte neues Ungemach aus Wien. In der Donaumetropole kamen von September 1814 bis Juni 1815 Hunderte von Diplomaten zusammen, um Europa neu zu ordnen. Die Wiener Schlussakte vom 9. Juni 1815 hatte für Hamburg, seinen Binnen- und seinen Seehandel weitreichende Folgen, weil darin auch der Handel auf den Flüssen neu geregelt wurde. In Artikel 109 hieß es unter der

Überschrift »Freie Schifffahrt«: »Die Schifffahrt im ganzen Laufe der im vorigen Artikel bezeichneten Flüsse, von dem Puncte an, wo ein jeder von ihnen schiffbar wird, bis zu deren Mündung, soll gänzlich frey sein und kann Niemand in Absicht des Handels untersagt werden.«

Das war ein Angriff auf den Hamburger Stapel. Die napoleonische Besatzung hatte schon das Ende des Heiligen Römischen Reiches deutscher Nation bewirkt und damit auch das Ende Hamburgs als Freier Reichsstadt. Es zog eine neue Zeit herauf, und da schien es den Hamburgern geraten, möglichst flexibel zu reagieren. Als der Nationalökonom Friedrich List, der Vordenker des Deutschen Zollvereins, auf den Verhandlungen in Wien einen freien Binnenhandel und gleichzeitig Schutzzölle gegen Importe aus dem Ausland forderte, stellte sich die Delegation aus Hamburg mit Erfolg quer. Als Preußen drei Jahre später einen Zollverein gründete, wurde das in Hamburg dagegen als wichtiger Schritt zur Vereinfachung des Handels begrüßt. Schließlich wurden nicht nur die Binnenzölle in Preußen abgeschafft, auch die Zölle auf Importe waren maßvoll, von »Kampfzöllen« war keine Rede mehr. Hamburg, die Stadt des Stapelrechts und der Pfeffersäcke, trat im Deutschen Bund, den es 1815 in Wien mitbegründet hatte, nun plötzlich als Verfechter einer liberalen Wirtschaftspolitik auf.

In Wien hatten die Unterhändler für die wichtigsten Flüsse in Europa die Gründung internationaler Kommissionen ins Spiel gebracht. Es dauerte allerdings noch vier Jahre, bis die Elbschifffahrtskommission am 3. Juni 1819 in Dresden ihre Arbeit aufnahm. Vor allem Hamburg drängte auf einen schnellen Abschluss. Am Rhein war der freie Handel bereits vertraglich festgelegt, wovon sämtliche Anrainer von der Flussschifffahrt in Basel und Köln bis zum Seehandel in Antwerpen profitierten.

Am 23. Juni 1821 wurde endlich in Dresden die Elbschifffahrtsakte unterzeichnet. Sie sah die völlige Handelsfreiheit auf der Elbe vor und die Abschaffung aller verbliebenen Stapelrechte. Die Sonderrechte der Schiffergilden und Handwerkerinnungen wurden abgeschafft und stattdessen eine allgemeine Schifffahrtsabgabe erhoben. Damit erkannten die Anrainer eine gemeinsame Verantwortung für den Erhalt der Schiffbarkeit des Stroms an. Die Uferstaaten verpflichteten sich, das Flussbett und die Treidlerpfade instand zu halten und jedes Hindernis für die Schifffahrt sofort aus dem Weg zu räumen.

Eine Übereinkunft bezüglich der Elbzölle konnte aber auch auf der Konferenz in Dresden nicht gefunden werden. Hamburg, Preußen und Österreich waren für eine Abschaffung sämtlicher Zölle, während die kleineren Anlieger wie Hannover und Mecklenburg dagegen waren. Endgültig wurden die Elbzölle erst vom Norddeutschen Bund 1870 abgeschafft, als nach dem preußisch-österreichischen Sieg über Dänemark 1864 und dem Sieg Preußens über Österreich bei Königgrätz 1866 die Elbe nicht mehr durch verschiedene Territorialstaaten floss, sondern durch einen weitgehend einheitlichen politischen Raum.

Hamburg profitierte mehr als andere Städte vom wachsenden deutschen Binnenmarkt. Dem Deutschen Zollverein, zu dem der preußische Zollverein 1833 erweitert wurde, trat die Handelsmetropole an der Elbmündung dennoch nicht bei. Das hatte einen einfachen Grund: Hamburg handelte nicht nur mit Städten wie Magdeburg, Berlin und Prag, sondern unterhielt als Welthandelsplatz Kontore in Großbritannien, Portugal und Spanien. Auch wenn es vorerst keine »Kampfzölle« gegen Importe nach und Exporte aus Deutschland gab, hätte ein Beitritt zum Zollverein das Aus für den Status Hamburgs als Freihafenstadt bedeutet. So ungeliebt die »Transito-Ordnungen« und der Porto franco beim Hamburger Rat im 18. Jahrhundert gewesen waren, nun, mit der beginnenden Industrialisierung, war der zollfreie Güterverkehr und Umschlag in Hamburg Gold wert.

Wer heute den Gang durch den 1911 eröffneten und inzwischen
sanierten Alten Elbtunnel nahe den St. Pauli Landungsbrücken
auf die andere Elbseite nach Steinwerder wagt, dem bietet sich
nicht nur ein unvergleichliches Panorama der Hamburger Wasser-
kante. Er staunt auch über ein Denkmal, das in Sachen Pathos
und Monumentalität alles im ansonsten so hanseatisch nüchter-
nen Hamburg überragt. Das 1906 von dem Berliner Bildhauer
Hugo Lederer errichtete Bismarck-Denkmal ist mit einer Ge-
samthöhe von 34,3 Metern das größte Standbild des Reichskanzlers, das jemals gebaut wurde.

Erstaunlich ist aber nicht nur die Monumentalität, sondern
auch die Blickrichtung. Nicht in Richtung Osten und damit nach
Berlin blickt der Eiserne Kanzler, der mit Feuer und Schwert der
deutschen Teilstaaterei ein Ende gesetzt und das Deutsche Reich
geschmiedet hat. Der in Schönhausen an der Elbe geborene Bismarck schaut in Richtung Westen – zur Elbmündung also. Die
Botschaft ist deutlich: Bismarck, das ist in Hamburg nicht nur
der Politiker der deutschen Einigung, sondern auch einer geein-
ten Elbe – so mögen es jedenfalls die Verantwortlichen gesehen
haben, die den Wettbewerb für das Denkmal 1899 auslobten.

Bismarck, der nach seiner Entlassung als Reichskanzler 1890
seinen Lebensabend im Sachsenwald bei Hamburg verbrachte,
starb 1892 als Ehrenbürger der Stadt Hamburg. Dabei war das
Verhältnis des ehemaligen Reichskanzlers zur Freien und Hansestadt äußerst widersprüchlich. Am 20. Mai 1879 hatte er nämlich in einer Note an den Senat von Hamburg die heikle Frage
gestellt, ob die Regierung in Berlin in absehbarer Zeit damit
rechnen könne, dass die Freie und Hansestadt endlich dem
Deutschen Zollverein beitrete. Im Hamburger Rathaus wusste
man sofort: Der Waffenstillstand zwischen der Elbestadt und
der Hauptstadt war aufgekündigt. Nun würde Bismarck mit aller

Macht darauf drängen, was ihm bei der Gründung des Norddeutschen Bundes und der Verabschiedung der Reichsverfassung 1871 noch verwehrt geblieben war.

Bis dahin hatte sich Hamburg um den Zollverein herumdrücken können. Als Preußen seinen Konkurrenten Österreich 1866 bei Königgrätz an der Elbe besiegt hatte, war die deutsche Frage entschieden. Statt einer großdeutschen Lösung gab es fortan die kleindeutsche, mit Preußen – und Bismarck – an der Spitze. 1867 wurde der Norddeutsche Bund gegründet, der den 1815 auf dem Wiener Kongress ins Leben gerufenen Deutschen Bund ablöste. Für Hamburg war die Verfassung des Norddeutschen Bundes von Vorteil, rüttelte sie doch nicht am Status der Stadt als Freihafenstadt. So hieß es in Artikel 30: »Der Bund bildet ein Zoll- und Handelsgebiet, umgeben von gemeinschaftlicher Zollgrenze. Ausgeschlossen bleiben die wegen ihrer Lage zur Einschließung in die Zollgrenze nicht geeigneten Gebietsteile.« Was darunter zu verstehen war, stand im darauf folgenden Artikel 32: »Die Hansestädte Lübeck, Bremen und Hamburg mit einem dem Zweck entsprechenden Bezirke ihres oder des umliegenden Gebietes bleiben als Freihäfen außerhalb der gemeinschaftlichen Zollgrenze, bis sie ihren Einschluss in dieselbe beantragen.«

Das Freihandelsprivileg bestand fort, als 1871 das Deutsche Reich gegründet wurde. Doch während Bismarck den Hamburger Freihafen als Übergangsregelung betrachtete, dachte der Hamburger Rat überhaupt nicht daran, den »Einschluss« ins Zollgebiet des Deutschen Reiches zu beantragen. Ganz im Gegenteil. Seit dem Ausbau des Hafens in den 1860er Jahren war die Stadt ganz gut gefahren mit ihrem Status als »Zollausland«.

Schon bevor er am 20. Mai 1879 die Note an den Hamburger Rat absandte, war Bismarck in die Offensive gegangen. Im Jahr 1878 hatte der Reichskanzler die Zollfrage zur Chefsache erklärt. Als Hamburg dann wie erwartet die Note zurückwies,

startete er seinen eigentlichen Angriff auf die Hamburger Zollfreiheit: Am 19. April 1880 beantragte er im Bundesrat die Aufnahme des seit 1866 preußischen Altona in das deutsche Zollgebiet und damit die zollrechtliche Vereinigung Altonas mit dem
zu Hamburg gehörenden Stadtteil St. Pauli.

Die Sache war ernst. Nicht mehr mit kleinen Gegnern wie
Harburg, Glückstadt oder Altona musste sich Hamburg plötzlich herumschlagen, sondern mit Preußen und seinem mächtigsten Politiker. Sollte sich Bismarck durchsetzen, würde aus Hamburg eine ganz normale Hafenstadt werden wie Bremen oder
Lübeck. Für die Hamburger Politik und die Wirtschaft in der
Stadt ging es also ums Überleben, zumal Bismarck offen damit
drohte, die deutsche Zollgrenze über Hamburg hinaus bis
Glückstadt auszudehnen und die Stadt damit vom Handel auf
der Nordsee abzuschneiden. Zunächst spielte der Hamburger
Rat auf Zeit und veranlasste eine rechtliche Prüfung. Gleichzeitig nahm man aber Geheimverhandlungen mit Berlin auf. Das
Ziel: ein Kompromiss, der Hamburg seinen Wettbewerbsvorteil
gegenüber anderen Häfen in Deutschland und Europa ließ.

DER AUSBAU DES HAMBURGER HAFENS

Bis in die sechziger Jahre des 19. Jahrhunderts konnte von einem
Hafen im modernen Sinne in Hamburg eigentlich keine Rede
sein. Die eingehenden Schiffe ankerten in der Elbe, die Ladung
wurde mit Schuten an Land gebracht. Dabei war schon nach
dem Ende der napoleonischen Besatzung deutlich geworden,
dass der Hafen unbedingt ausgebaut werden musste, nur wie? In
London, das wussten die Wasserbauingenieure an der Elbe,
hatte man sich für den Bau von Hafendocks entschieden, die
unabhängig waren vom Tidestand der Themse. Das hatte den
Vorteil, dass in den Docks immer der gleiche Wasserstand

herrschte. Außerdem wurde der vom Meer angespülte Schlick durch die Schleusen von den Hafenbecken abgehalten. Der Nachteil: Die Zufahrt zu den Londoner Docklands erforderte ein ausgeklügeltes System von Schleusen – und diese zu passieren kostete entsprechend viel Zeit.

Hamburg suchte daher nach einer anderen Lösung, zumal der Tidestand an der Elbe nur zwei Meter betrug, während es in London sechs Meter waren. Es dauerte freilich bis zum Jahre 1858, bis sich Senat und Bürgerschaft auf den kostspieligen Hafenausbau einigten. 1862 wurde er auf der Grasbrook-Insel in Auftrag gegeben, 1866 wurde der Sandtorkai im neuen Sandtorhafen eingeweiht.

Wasserbaudirektor Johannes Dalmann war zu Recht stolz: Am acht Meter hohen Kai des ersten künstlichen Hafenbeckens konnten Seeschiffe ohne Zeitverlust anlegen. Durch die Brooktorschleuse war der Sandtorhafen mit dem Brooktorhafen verbunden, in dem die Flussschiffe lagen. Die Hamburger Hafenkennerin Anne-Marie Thede-Ottowell schrieb dazu in ihrem Buch *Vom Alsterhafen zur Welthafenstadt*: »Zum ersten Male wurde der Schifffahrt Gelegenheit gegeben, unmittelbar an dem durch ein hölzernes Bollwerk befestigtes Ufer die Ladung mit fahrbaren Kränen zu löschen und dort den Anschluss an Eisenbahn, Fuhrwerk oder Elbkahn zu finden oder auch in geräumigeren Schuppen zu lagern. Damit befreite sich Hamburg von althergebrachten Vorstellungen und tat den ersten Schritt zum modernen Welthafen.« Den Hamburger Welthafen gibt es heute noch. Die Docklands in London wurden dagegen in den achtziger Jahren des 20. Jahrhunderts aufgegeben.

Als der Hamburger Senat 1880 die Geheimverhandlungen mit Bismarck zur Aufnahme ins Zollgebiet des Deutschen Reichs führte, war der Hamburger Hafen bereits deutlich gewachsen. Einen wichtigen Schub hatte neben dem Bau des Tidehafens der Bau der Werft Blohm & Voß auf Steinwerder am gegenüberliegenden Ufer der Norderelbe gebracht. Nicht nur Welthafenstadt war Hamburg nun, sondern auch ein boomender Standort der Industrie. Wie aber sollte der Hamburger Standortvorteil – freier Handel für alle Waren, die in Hamburg umgeschlagen wurden – den Beitritt zum deutschen Zollgebiet überdauern?

Die Geheimverhandlungen hatten dazu einen Kompromissvorschlag gebracht, dem Hamburg bald zustimmte. Er sah vor, dass die Stadt ihren Status als »Freihafenstadt« verliert und aus dem »Zollausland« nunmehr »Zollinland« wird. Im Gegenzug gestand Bismarck der Hansestadt zu, das Hafengebiet zum »Freihafen« auszubauen. Die Privilegien blieben also, nur galten sie nicht mehr für die gesamte Stadt. Am 15. Juni 1881 stimmte die Hamburger Bürgerschaft dem Vertrag mit Berlin zu.

Der Streit zwischen Bismarck und Hamburg war beigelegt. Für den eben erst ausgebauten Hamburger Hafen hatte der Vertrag freilich weitreichende Folgen. Um den Hamburger Handel auf das Freihafengebiet zu konzentrieren, war der Bau gigantischer Lagerflächen nötig. Dem Bau der neuen Speicherstadt, die heute zu den Sehenswürdigkeiten Hamburgs gehört, mussten in den achtziger Jahren des 19. Jahrhunderts 20 000 Menschen in den Stadtvierteln Kehrwieder und Wandrahm weichen. 1888 wurde der Zollanschlussvertrag schließlich vollzogen. Hamburg erlebte nun einen Boom sondergleichen. Zwischen 1885 und 1890, also in nur fünf Jahren, wuchs die Bevölkerung von 518 620 auf 622 530 Einwohner an. Viele dieser Menschen kamen aus den Regionen der oberen Elbe in die Hafenstadt, denn auch die Binnenschifffahrt boomte in Hamburg – und zum Zeichen der Verbundenheit benannte der Hamburger Senat die Hafenbecken des Binnenhafens nach Flüssen und Städten im Einzugsgebiet der Elbe. Bis heute gibt es neben dem Moldauhafen mit seinem Prager und Mělníker Ufer den Magdeburger Hafen, den Saalehafen und den Spreehafen.

Bismarck hat den Hamburger Freihafen im Übrigen erst nach seiner Entlassung gesehen. Auf Einladung des Hamburger Senats ließ er sich die inzwischen gewaltigen Anlagen zeigen. Vielleicht ist bei dieser Begegnung auch der Gedanke entstanden, dem einst so verhassten Architekten des Deutschen Reiches hoch überm Elbufer ein gigantisches Denkmal zu setzen.

DER JADE-WESER-PORT

Als die von Hugo Lederer entworfene Bismarck-Statue am Elbepark 1906 aufgestellt war, galt England mit dem Londoner Hafen als der große Konkurrent Deutschlands im Überseehandel. Inzwischen sind es die Häfen in Belgien und den Niederlanden, die Hamburg Konkurrenz machen. 2010 wurden an der Elbe 7,9 Millionen Container umgeschlagen, in Antwerpen waren es 8,5 Millionen und in Rotterdam sogar 11,1 Millionen. Deutschlands größter Hafen ist also nur die Nummer drei in Europa. Noch gigantischer sind die Umsätze in Asien. In Shanghai, dem derzeit größten Containerhafen der Welt, wurden 2010 mit 29,1 Millionen TEU mehr umgeschlagen als in den drei größten europäischen Häfen zusammen. TEU steht für »Twenty-feet-Equivalent-Uni«, den zwanzig Fuß langen Standardcontainer.

Hamburgs Problem als Umschlagplatz für den Überseehandel ist nicht die Elbe, sondern die Nordsee, auf deren Trichter in Cuxhaven der 34 Meter hohe Bismarck schaut. Zweimal am Tag bringt die Flut nicht nur riesige Wassermengen in den Hamburger Hafen, sondern auch jede Menge Schlick. Damit die Fahrrinne von Cuxhaven bis zu den Containerterminals Tollerort-Terminal oder Burchardkai frei bleibt, muss sie jedes Jahr für eine dreistellige Millionensumme ausgebaggert werden.

Für die ganz großen Containerschiffe ist in Hamburg ohnehin kein Durchkommen. Der derzeit größte Ozeanriese, die

Emma Mærsk der dänischen Reederei Maersk, misst 397 Meter Länge, 60 Meter Breite und hat Platz für rund 12 000 Container. Unter voller Ladung liegt der Kiel der *Emma Mærsk* 16,5 Meter unter Wasser. Zum Vergleich: Wenn in Hamburg die umstrittene weitere Vertiefung der Elbe abgeschlossen sein wird, können Schiffe mit einem Tiefgang von 13,5 Metern die Containerterminals anlaufen. Bei Flut, also zweimal zwei Stunden am Tag, ist es ein Meter mehr. Entsprechend verhält es sich beim anderen deutschen Überseehafen Bremerhaven an der Außenweser.

Der Überseehandel droht also an den deutschen Häfen vorbeizuziehen, zumal die Containerschiffe angesichts der rasant wachsenden Wirtschaft in Asien immer größer werden. Bereits jetzt sind weltweit neun Schiffe der Emma-Mærsk-Klasse unterwegs, 150 sind im Bau oder bestellt. Um konkurrenzfähig zu bleiben, beschlossen die Länder Bremen, Niedersachsen und Hamburg bereits in den neunziger Jahren, in der Nordsee einen Tiefseehafen zu bauen. Unabhängig von Ebbe und Flut sollten auch in Cuxhaven oder Wilhelmshaven die Giganten der Reedereien Mærsk, MSC oder CMA CGM einlaufen können – bei einer garantierten Abladetiefe von 16,5 Metern. Allerdings entschieden sich die Bundesländer nach langem Hin und Her nicht für die Elbmündung, auf die Bismarck schaut, sondern für die ehemals kaiserliche Marinestadt Wilhelmshaven am Jadebusen. 2002 stieg Hamburg deshalb aus den Plänen aus, weil es erneut Konkurrenz für seinen Hafen witterte. Der Name des neuen Konkurrenten: Jade-Weser-Port.

Wilhelmshaven war weder Hansestadt noch Freie Reichsstadt, und die Stadt blickt auch nicht auf eine so lange und reiche Geschichte zurück wie Lüneburg, Harburg, Altona, Stade oder Glückstadt, die bisherigen Konkurrenten Hamburgs um die Vorherrschaft an der Elbmündung. Wilhelmshaven ist eine Kunststadt, eine Stadt von Kaisers Gnaden, einzig dazu erbaut, dem Hobby von Wilhelm II. zu dienen, der Kriegsmarine.

Schon vor der Gründung des Reiches hatte Preußen die Jademündung von Oldenburg erworben – als bis dahin einzigen Zugang der Großmacht zur Nordsee. Der Ausbau des Hafens begann, als Hamburg sich für den Tidehafen entschied. Verantwortlich für den Hafenbau war Gotthilf Heinrich Ludwig Hagen, ein Wasserbauingenieur, der 1855 den Vorsitz der preußischen Hafenbau-Gesellschaft übernahm. Der Entwurf, den Hagen ein Jahr später vorlegte, war ebenso wie der des Hamburger Wasserbaudirektors Dalmann von großer Weitsicht, ermöglichte er doch peu à peu den Ausbau des Hafens.

Von einer Stadt am Jadebusen war anfänglich gar keine Rede. Der Vertrag, den Preußen 1863 mit Oldenburg schloss, sah ausdrücklich vor, dass sich nur Personen an der Jademündung niederlassen durften, die unmittelbar mit dem Hafenbau zu tun hatten. So glich Wilhelmshaven in seinen Anfängen also eher einer amerikanischen Wildwest-Stadt zur Zeit des Eisenbahnbaus als einer europäischen Hafenstadt. Ein Vergleich mit Hamburg verbot sich ohnehin.

Ursprünglich sollte Preußens neuer Ostseehafen Zollern am Meer heißen. Kurz vor der Gründung des Kaiserreichs erhielt er dann seinen späteren Namen Wilhelmshaven, in Berlin freilich noch mit »f« statt wie niederdeutsch mit »v« geschrieben. Nach der Reichsgründung 1871 wurde Wilhelmshaven ebenso wie Kiel an der Ostsee ein so genannter Reichskriegshafen. Erst mit Beginn der Regentschaft Wilhelms II. ging es mit der Stadt bergauf. Deutschland sah sich nun als Kolonialmacht, und Wilhelmshaven wurde der Kolonialhafen, von dem die Expeditionen nach Afrika und Fernost starteten. Zu diesem Zweck wurde der Hafen ausgebaut und das Wattgebiet des Jadebusens entsprechend verkleinert. Der britische Historiker David Blackbourn bezeichnet den Ausbau Wilhelmshavens für die deutsche Kriegsmarine als eines von drei großen Projekten zur »Eroberung der Natur«. Die beiden anderen sind die Trockenlegung des Oderbruchs unter

Friedrich II. sowie die Bändigung des Oberrheins durch den badischen Wasserbauingenieur Johann Gottfried Tulla.

In dieser Tradition steht auch der 2008 begonnene Bau des Jade-Weser-Ports. Um den einzigen deutschen Tiefseehafen für die Containerriesen schiffbar zu machen, sollen dort neue Kais, in Niederdeutschland nennt man sie Kajen, auf einer Länge von 1725 Metern entstehen. Im künftigen Jade-Weser-Port können dann vier Schiffe der Emma-Mærsk-Klasse gleichzeitig anlegen. Für das 950 Millionen Euro teure Projekt musste allerdings ein weiteres Stück des sensiblen Watts im Jadebusen geopfert werden. 45 Millionen Kubikmeter Sand hat man seit 2008 aufgespült, um der Nordsee die Erweiterung des Tiefseehafens abzuringen. Das rief viel Kritik bei den Umweltschützern hervor, die um das Watt fürchten.

Auch in Wilhelmshaven war nicht jedermann begeistert. Die Stadt, die ihren Ursprung der Trockenlegung der Jademündung verdankt, musste bereits 2004 den Campingplatz am Jadebusen mit seinen 760 Stellplätzen schließen, wenig später wurde auch der einzige Strand der Stadt, der Geniusstrand, dichtgemacht.

Ob sich der Aufwand – diesmal nicht für die Marine, sondern als Konkurrent zu Hamburg, Antwerpen und Rotterdam – lohnt, darf bezweifelt werden. Wenn die ersten tausend Meter Kajen in Betrieb gehen, wird der prognostizierte Umschlag des Jade-Weser-Ports bei 3,1 Millionen Containern liegen. Hinzu kommt, dass die Anbindung des Hafens ans Hinterland weitaus schwieriger ist als in Hamburg oder Bremerhaven. Anders als die Unterelbe oder die Außenweser ist die Jade nicht schiffbar. Da der Bau eines Jade-Weser-Kanals oder eines Ems-Jade-Kanals als zu teuer abgelehnt wurde, muss der Großteil der Container, die in Wilhelmshaven gelöscht werden, auf kleinere »Feeder-Schiffe« umgeladen werden, die dann in Richtung Rostock, Gdynia, Riga oder Sankt Petersburg fahren. Wegen der engen Fahrwasser in die Ostsee und dem erheblichen Mehraufwand an Zeit lohnen sich Großcontainerschiffe in die Ostsee nämlich nicht. Als reiner Transithafen erfüllt Wilhelmshaven aber nicht die Erwartungen, die die Landesregierung vor allem in Hannover mit dem Bau des Tiefseehafens verbunden hat. Das Loco-Aufkommen, also die lokale Wertschöpfung des Güterumschlags, wird in Wilhelmshaven nur etwa fünf Prozent betragen. Im Hamburger Hafen dagegen liegt der regionale Umsatz bei einem Drittel.

Knapp vierhundert Jahre nach dem Überfall auf den Gammerdeich scheint es, als würde Hamburg, die Metropole zwischen Elbe und Meer, auch den Konkurrenten Wilhelmshaven abschütteln können. Zwar werden die Gigaliner der Emma-Mærsk-Klasse nicht unter voller Ladung am neuen Burchardkai oder am Tollerortkai anlegen können. Wer auf dem Altonaer Balkon steht, wird trotzdem Containerriesen vorbeiziehen sehen. Hamburg hat noch allen das Wasser abgegraben.

KAPITEL NEUN

Böser Ort, guter Ort

Eine kleine Umweltgeschichte der Elbe

Die innerdeutsche Grenze war eine Grenze des Schreckens. Aber sie hat die Elbe wie hier in Hitzacker als naturnahen Fluss überleben lassen. Heute erstreckt sich das länderübergreifende Biosphärenreservat Flusslandschaft Elbe auf einer Länge von 400 Kilometern.

Poetischer kann Umweltschutz nicht sein. Mitten in der Hochwassersaison im August reiste 2010 die brandenburgische Umweltministerin nach Lenzen an der Elbe und weihte einen Aussichtsturm auf den Namen »Auenblick« ein. »Hier am Auenblick«, betonte die Ministerin, »haben wir eindrucksvoll vor Augen, dass es geht und wie es geht. Hier haben wir dem Fluss mehr Raum gegeben.«

Tatsächlich bietet der zwanzig Meter hohe Turm nicht nur einen Panoramablick über die Elbtalaue und die schmucke Altstadt von Lenzen. Er zeigt auch, wie der »Böse Ort« an der Elbe endlich gezähmt wurde. Gleich unterhalb des Auenblicks erhebt sich ein neuer, sechs Kilometer langer Deich. Nicht direkt am Flussufer verläuft er, wie sonst an der Elbe üblich, sondern parallel dazu 1,3 Kilometer landeinwärts. »Die Deichrückverlegung in Lenzen«, verkündete die Ministerin stolz, »ist das größte Rückdeichungsprojekt in ganz Deutschland.« 420 Hektar an zusätzlicher Überflutungsfläche hat die Elbe am »Bösen Ort« bei Lenzen bekommen. Und eine neue Flussaue gleich dazu. Weil der Altdeich an sechs Stellen auf einer Länge von insgesamt zwei Kilometern »geschlitzt« wurde, steht das Elbwasser nun nicht erst bei Hochwasserkatastrophen in der neuen Aue, sondern bereits bei 3,55 Metern, gemessen am Pegel in Wittenberge. »Im neuen Überflutungsgebiet entstehen nun wieder neue Auwälder, Auengewässer, Qualmwasserbereiche, Stromtalwiesen und eine halboffene Weidelandschaft«, freute sich die Ministerin.

Nicht nur poetisch ist der Umweltschutz, den man vom Auenblick ins Visier nehmen kann, sondern auch nützlich.

Künftige Hochwasser werden auf den »Bösen Ort« mit einem vierzig Zentimeter niedrigeren Wasserscheitel treffen als vor der Rückverlegung des Elbdeiches.

Als im August 2002 nach der Oder auch die Elbe über die Ufer trat, war die Republik in Alarmbereitschaft versetzt. Der Bundeskanzler in Gummistiefeln inspizierte die Deiche. In Dresden stand das Wasser im Hauptbahnhof und im Zwinger, die Weißeritz hatte eine Spur der Zerstörung durch die Innenstadt geschlagen. Einen Pegelstand von 8,77 Meter hatte es in der Elbstadt noch nie gegeben. Schnell war die Rede von der Jahrtausendflut. Zwanzig Menschen fielen dem Hochwasser zum Opfer. Die materiellen Schäden beliefen sich auf mehr als fünfzehn Milliarden Euro. Alleine in der Dresdner Semperoper entstand ein Schaden von zwanzig Millionen Euro.

Doch Zahlen sind nur abstrakte Größen, viel eindringlicher waren die Bilder: Satellitenaufnahmen, auf denen sich blaue Flächen mit braunen vermengten; Einfamilienhäuser, die von Nebenflüssen mitgerissen wurden und an Brücken zerschellten; Elefanten, die mit Tragegurten aus dem Dresdner Zoo evakuiert wurden; der Zwergseebär Gaston aus dem Prager Zoo, der mit dem Hochwasser bis Wittenberg schwamm – und beim Rücktransport an Erschöpfung starb.

In Lenzen wurde der Altdeich mit Sandsäcken verteidigt, so wie man es immer macht an diesem Elbknie, das seit Menschengedenken ein schwieriger Ort auf der Prignitzer Seite der Elbe ist. In Wustrow, zehn Kilometer östlich von Lenzen, vollzieht die Elbe an dieser Stelle eine 90-Grad-Kurve nach links, was zur Folge hat, dass die Wassermassen bei Hochwasser mit voller Wucht auf den Deich treffen. Obendrein verengt sich der Fluss nach der Kurve, so dass die Elbschiffer schon um 1900 vom »Bösen Ort« sprachen.

Auch die Elbe hat ihre Loreley, es fehlen nur die schöne Jungfrau und der Felsen.

Auch in Lenzen brachte das Hochwasser Bilder hervor, aber außergewöhnlich waren sie nicht. Dennoch haben die Ereignisse vom August 2002 hier Folgen gehabt: Noch während die Flut sich langsam elbabwärts schob, überreichte der Bundesumweltminister dem Land Brandenburg den Förderbescheid für die geplante Deichrückverlegung.

DIE DEUTSCHEN UND DIE DEICHE

Im fünften Akt von *Faust II* lässt Johann Wolfgang Goethe seinen Protagonisten im Bunde mit Mephistopheles den Kampf gegen die Natur des Wassers aufnehmen. Sprichwörtlich geworden sind die Verse, mit denen die Betroffenen des großen Deichbau- und Landgewinnungsprojekts das Jahrhundertvorhaben kommentieren:

>»Kluger Herren kühne Knechte
>Gruben Gräben, dämmten ein,
>Schmälerten des Meeres Rechte,
>Herrn an seiner Statt zu sein.«

So sprach Philemon zu Baucis, bevor beide von Mephistopheles ermordet wurden. Faust selbst erfreute sich in Goethes letztem Drama bis zum Schluss am menschlichen Kampf gegen die drohenden Fluten:

>»Wie das Geklirr der Spaten mich ergetzt!
>Es ist die Menge, die mir frönet,
>Die Erde mit sich selbst versöhnet,
>Den Wellen ihre Grenze setzt,
>Das Meer mit strengem Band umzieht.«

Dass Goethe seinen Faust in der Tragödie zweiter Teil nicht in einen göttlichen, sondern in einen scheinbar profanen Konflikt schickt, ist ihm oft als »unverständliche Niveausenkung« angelastet worden, schreibt Hartmut Böhme in seiner opulenten *Kulturgeschichte des Wassers*. Für Böhme freilich ist Fausts Dammbauprojekt ein durchaus symbolisches Thema, dem Goethe zudem die philosophischen Weihen verlieh. Zuvor allerdings hatte der Dichter gründlich recherchiert – oder recherchieren lassen. Im Februar 1825 hatte eine Sturmflut biblischen Ausmaßes die Nordseeküste heimgesucht, 800 Menschen waren ums Leben gekommen. Betroffen waren nicht nur Belgien, die Niederlande und die deutsche Küste, sondern auch die untere Elbe. Dort hatte bereits eine Sturmflut am 15. November 1824 die Deiche aufgeweicht. Untersuchungen der Schäden ergaben, dass der technische Hochwasserschutz von Cuxhaven bis Hamburg nicht mehr dem Stand der Zeit entsprach. Doch noch bevor ein neues Deichbauprogramm aufgelegt werden konnte, kam die Februarflut.

Über die Schäden alleine in Hamburg berichtete der Historiker Otto Höch in einem Beitrag 1927: »Infolge des überaus hohen Wasserstandes der Nacht wurden die niedrigen Stadtteile von Hamburg mit fast einem Dritteil seiner damaligen Bewohner sämtlich überschwemmt; nicht weniger als 125 Straßen mit 2057 Wohnhäusern standen unter Wasser, ungerechnet die Speicher in der Stadt und die auf dem Grasbrook stehenden Häuser, die ohne Ausnahme der Überschwemmung ausgesetzt waren.«

Noch nie war die Elbe so weit über ihre Ufer getreten. Erst bei der Sturmflut von 1962, der 317 Menschen zum Opfer fielen, wurde der Pegel der Februarflut von 1825 wieder erreicht – und um zwei Meter übertroffen. Was also die Jahrtausendflut 2002 in Dresden war, waren an der Unterelbe die Fluten, die Goethe erlebte und – knapp 150 Jahre später – der Hamburger Innensenator, Krisenmanager und spätere Bundeskanzler Helmut Schmidt.

Ähnlich wie 2002 und 1963 folgte der Welle des Flusses 1825 eine Welle der Hilfsbereitschaft. In einem Aufsatz zum hundertsten Jahrestag der Flut hieß es: »Es war vor 100 Jahren in Deutschland eine traurige Zeit. Im politischen Leben herrschte, nachdem der Aufschwung der Befreiungskriege für das Volk ergebnislos geblieben war, Enttäuschung, Erschlaffung und Gleichgültigkeit. (…) Da kam die Botschaft, daß in wenigen Stunden einer furchtbaren Nacht die wilde See die ihr gesetzten Schranken durchbrochen und die jahrhundertelange Arbeit fleißiger Menschen vernichtet habe. (…) Und diese Trauerbotschaft einigte das zerrissene Volk. Man empfand das Unglück als ein nationales, das jeden einzelnen und alle gemeinsam betroffen hatte.«

Nicht irgendein Hochwasserereignis hatte Deutschlands Dichterfürst sich also für seinen *Faust II* ausgesucht, sondern das bis dato größte Zerstörungswerk des Wassers zu seinen Lebzeiten. Umgehend sandte er seinen Sekretär Johann Peter Eckermann aus, damit er sich mit eigenen Augen ein Bild von der Lage mache. Eckermann, nicht weit von der Unterelbe in Winsen an der Luhe geboren, reiste nach Stade und beobachtete, wie die von der Flut zerstörten Deiche höher als zuvor wieder aufgebaut wurden. Christian Bertram, ein Wasserbauingenieur, der später sein Schwager wurde, lieferte ihm Informationen aus erster Hand. Eckermann notierte: »Man baut wieder auf, legt die in einen See verwandelte Marsch trocken und gewinnt neues Land.« Zurück in Weimar konnte er Goethe Fundiertes berichten.

Noch mehr als ein Jahr später trieb das Thema den Dichter um. In seinem Tagebuch notierte er am 14. Juli 1826: »Abends kam Dr. Eckermann. Erzählte von Hamburg, Stade und den dortigen Anschwemmungen, Einrichtungen und Ansiedlungen.« Dennoch stimmte Goethe nicht ein in den Ruf nach immer höheren und breiteren Deichen. Der Skepsis eine Stimme zu geben, ist in *Faust II* der Job des Mephistopheles, der beim

Deichbau- und Landgewinnungsprogramm den Aufseher gibt. Auch er hat dabei Zitierenswertes hinterlassen:

>>Du bist doch nur für uns bemüht
Mit deinen Dämmen, deinen Buhnen;
Denn du bereitest schon Neptunen,
Dem Wasserteufel, großen Schmaus.
In jeder Art seid ihr verloren;
Die Elemente sind mit uns verschworen,
Und auf Vernichtung läuft's hinaus.<<

Faust als Meerkolonisator, urteilt Hartmut Böhme in seiner *Kulturgeschichte des Wassers*, trägt der >>Zwiegesichtigkeit der Natur<< keine Rechnung – und ist zum Scheitern verdammt. Umso erstaunlicher ist, dass Baucis' Hilferuf nicht fehlen darf, wenn in Deutschland ein Deich eingeweiht wird. So wird der Deichbau, gegen Goethes Willen, bis heute zum faustischen Pakt, dem Mephistopheles' Orakel der Zerstörung freilich alsbald folgt.

DEICHBAU AN DER ELBE

Wer am Höhbeck, mit 76 Metern eine der höchsten Erhebungen am linken Elbufer, auf den Aussichtsturm hinaufsteigt, hat nicht nur einen atemberaubenden Blick auf die Elbe. Er sieht auch den Turm der Burg Lenzen, in der der Bund für Umwelt und Naturschutz Deutschland BUND ein Besucherzentrum des Biosphärenreservats Flusslandschaft Elbe betreibt – einschließlich eines Modells, mit dem Kinder das Wassermanagement der Elbe nach der Deichrückverlegung nachvollziehen können. Vor der Eindeichung des Stroms war der Höhbeck kein Berg, sondern eine Insel, umspült von zahlreichen Armen der Elbe.

Von Haupt- und Nebenarmen konnte noch keine Rede sein, als Karl der Große Lenzen als einen wichtigen Handelsort an der Elbe pries. Immer neue Wege suchte sich das Wasser, schuf Inseln, kürzte ab, vertiefte sich, blieb stecken. Ein Gewimmel von Wasserläufen bildete das bis zu zehn Kilometer breite Elbtal bei Lenzen. Bis heute ist der Verlauf der Arme auf dem Aussichtsturm am Höhbeck zu erkennen. Der Restorfer und der Laascher See bei Gartow waren einmal Teil der Elbe, ebenso die Löcknitz bei Lenzen.

Die Slawen am rechten Ufer der Elbe siedelten in Lunkini, wie Lenzen damals hieß, nicht gegen, sondern mit dem Wasser. Die drei Burgwälle, die bislang ausgegraben wurden, sind auf einem künstlich aufgeschütteten Burgberg errichtet worden. Andere Siedlungen, wie etwa die heute nicht mehr existierende Burg in Lenzen-Neuhaus, befanden sich sogar zwischen den Wasserläufen – zur Kontrolle der Furten. Als Grund für die Nähe der slawischen Siedlungen zur Elbe vermuten Archäologen den Schutz vor Feinden. Sümpfe und Wasser waren also nicht nur Bedrohung, sie gaben auch Schutz. Und sie boten gute Voraussetzungen für Ackerbau und Viehzucht. Nicht nur bei den Obodriten und Linonen in Lenzen war das »Leben mit dem Wasser« Alltag, sondern auch bei den anderen Stämmen der »Polaben«, den »an der Elbe lebenden« Elbslawen.

Dieses Leben und Wirtschaften mit dem Fluss und am Fluss ging im 10. Jahrhundert zu Ende. Auf die Schlacht von Lenzen, in der Heinrich I. im Jahr 929 die Linonen und Obodriten besiegte, folgte 983 der große Slawenaufstand. Nicht mehr Handelsort war Lenzen nun, sondern Kriegsgebiet. Mehr als 160 Jahre dauerte der Kampf um die Vorherrschaft an der mittleren Elbe. Er endete erst mit dem Wendenkreuzzug Heinrichs des Löwen 1147. Der Askanier Albrecht der Bär eroberte 1157 schließlich die Brandenburg von den Slawen zurück – und gründete die gleichnamige Mark.

Zur gleichen Zeit vollzog sich in Mitteleuropa ein gewaltiger wirtschaftlicher und sozialer Umbruch. Seit dem 11. Jahrhundert war es wärmer geworden, der Ertrag der Ernten stieg, und die Bevölkerung wuchs. Neue Siedlungen mussten gebaut werden, da kam die Eroberung der Slawengebiete gerade recht.

Auch Albrecht der Bär holte nach der Eroberung der Brandenburg Siedler in seine Mark, berichtet der zeitgenössische Chronist Helmold von Bosau: »Zu jener Zeit herrschte Markgraf Albrecht mit dem Beinamen ›Der Bär‹ über das östliche Slawenland (...). Er unterwarf das ganze Land der Brisanen, der Stoderanen und der vielen an Havel und Elbe siedelnden Stämme und zügelte die Rebellen unter ihnen. Als die Slawen dann weniger wurden, sandte er nach Utrecht und in die Lande am Rhein, obendrein zu denen, die am Ozean lebten und unter den Meeresgewalten litten, nämlich zu den Holländern, Seeländern sowie Flamen.« So wurde das 12. Jahrhundert auch an der mittleren Elbe zum Auftakt der Binnenkolonisation sowie – mit der Gründung der Neumark östlich der Oder – zum Beginn der Ostsiedlung. Bald bezeichnete Albrecht die heutigen Elbstädte Tangermünde, Arneburg, Werben und Havelberg als »Burgen seiner Mark«.

Mit der Neubesiedlung wurde der Kampf gegen das Wasser aufgenommen. 1015 und 1118, also noch zu Zeiten der Slawenkriege, hatten Hochwasser an der Elbe schwere Schäden angerichtet. Doch nun kam mit den Siedlern aus den Niederlanden die Deichbaukunst an die Elbe. Rund um Lenzen wurden Ringdeiche um Burgen und Siedlungen angelegt. Gleichzeitig begann man mit der Verkürzung des Flusslaufes mittels Durchstichen. Den Geist der Zeit brachte schon damals die Wendung hervor: »Wer nicht will deichen, muss weichen.«

Der faustische Pakt gegen die Natur des Wassers geht also zurück bis ins 12. Jahrhundert, und im Laufe der Jahrhunderte hat sich daran wenig geändert, weder nach dem Dreißigjährigen

Krieg, nach dem die Deiche in Lenzen größer und höher gebaut wurden als je zuvor, noch im 19. Jahrhundert. Zwar blieben die mittlere und obere Elbe von der Sturmflut 1825, die Goethe so beeindruckt hatte, verschont. Doch schon zwanzig Jahre später, da war Goethe bereits tot, rollte im Winter 1845 von Böhmen die »sächsische Sintflut« die Elbe hinab. Dieses Jahrhunderthochwasser hat Dresden, Meißen und Torgau zerstört.

Die faustische Reaktion der Behörden hätte Goethe, den Meister der Dialektik, nicht erstaunt. Der Zerstörung durch das Wasser folgte eine neue Etappe im Kampf gegen die Elbe. Von 1861 an verschwanden in Sachsen die meisten der »Heeger« genannten Elbinseln, und der Querschnitt des Stroms wurde durch den Bau weiterer Buhnen und die Begradigung der Ufer verengt, so dass das Wasser nun schneller und tiefer talwärts rauschte. Nur den »Bösen Ort« bei Lenzen, den gab es noch immer.

DIE ELBE ALS WASSERSTRASSE

»Ich habe mich ganz verloren,
Wie ist hier Alles stumm!
Es drängen die schwarzen Bäume
Sich tückisch um mich herum.

Sie wollen mich nicht mehr lassen,
Mich aber treibt es fort,
Man spricht von bösen Orten,
Dieß ist ein böser Ort!

Hier ist schon Böses geschehen,
Und hier muß mehr gescheh'n,
Wird's nicht an ihm begangen,
So muß es der Mensch begeh'n.«

Mit diesen Versen beginnt Friedrich Hebbels Gedicht »Böser Ort«. Auch wenn es ein fiktiver Ort ist, den der Dramatiker und Lyriker beschreibt, muss er den realen Ort doch gekannt haben. Hebbel, 1813 in Wesselburen in Norderdithmarschen geboren, war mit der Elbe vertraut. Den Zwanzigjährigen holte Amalie Schoppe, die Herausgeberin der *Pariser Modeblätter,* nach Hamburg und unterstützte ihn dort finanziell. In Hamburg begegnete Hebbel Elise Lensing, geboren in Lenzen an der Elbe. Mit der acht Jahre älteren Lehrerin hatte Hebbel zwei Kinder.

Als Hebbels Gedicht 1848 in dem Bändchen *Neue Gedichte* und dort unter dem Abschnitt »Waldbilder« erschien, war in Deutschland soeben die politische Revolution ausgebrochen und die Industrielle Revolution in vollem Gange. Auch der Ausbau der Elbe zur Wasserstraße hatte Fahrt aufgenommen. Schon auf dem Wiener Kongress hatten sich die Anrainerstaaten 1815 verpflichtet, die Hindernisse für die Elbschifffahrt aus dem Weg zu räumen. Nicht nur Uferabbrüche, Sandbänke und gesunkene Baumstämme machten den Schiffern zu schaffen, sondern auch zahlreiche Zollstellen sowie die Stapelrechte der Elbstädte. Mit der Unterzeichnung der Elbschifffahrtsakte von 1821 wurde das Streben nach einer freien Elbschifffahrt noch einmal bekräftigt – spürbare Veränderungen brachte aber erst die Elbschifffahrts-Additional Akte von 1844. Darin verpflichteten sich die Anrainer erstmals, eine Mindesttiefe der Elbe von Böhmen bis Hamburg sicherzustellen. Nun also rollten die Räumfahrzeuge an den Fluss, sicherten die Ufer, befreiten die Leinpfade vom Gestrüpp, gruben Sandbänke ab, bauten Buhnen.

Nicht nur die Schiffsführer der Elbkähne und die Treidler – im Sächsischen nannte man sie Bomätscher, von tschechisch *pomáhač* (Gehilfe) – hatten es nun leichter, sondern auch die Reisenden auf der Elbe. Nachdem bereits 1817 ein Linienverkehr mit einem Dampfschiff zwischen Hamburg und Cuxhaven aufgenommen worden war, verkehrten seit 1838 die Dampfer *Fried-*

rich Wilhelm III. und *Kronprinz von Preußen* zwischen Hamburg und Magdeburg. Flussabwärts dauerte die Fahrt, ausschließlich der Übernachtung in Lauenburg, 24 Stunden. Von Hamburg nach Magdeburg fuhr man 40 Stunden, übernachtet wurde in Wittenberge. Vor allem Touristen nutzten die Fahrverbindung auf der mittleren Elbe. Schon ein Jahr nach Aufnahme des Linienverkehrs der Hamburger-Dampfschiffahrts-Compagnie erschien ein erster Reiseführer samt Karte der Elbe unter dem Titel *Der kleine Begleiter auf der Elbefahrt von Magdeburg nach Hamburg und Helgoland.*

Es blieben aber Hindernisse. Bei Niedrigwasser waren es die so genannten Hungersteine, die plötzlich sichtbar wurden und die Fahrrinne verengten. Die bekanntesten von ihnen liegen noch heute in Tetschen/Děčín, Pirna und Meißen auf dem Elbgrund, in Magdeburg behindert der Domfelsen die Schifffahrt. Bei Hochwasser hingegen wurden die Schiffe vor allem in den Kurven an den Prallhang gedrängt. Der »Böse Ort« am Elbstromkilometer 476 hatte nichts von seiner Bösartigkeit verloren.

Bis heute sind die Verse von Friedrich Hebbel auch ein Hinweis darauf, dass solche Hindernisse von Menschenhand gemacht werden: »Wird's nicht an ihm begangen,/ So muß es der Mensch begeh'n.« Damit dürfte auch die Eindeichung der Elbe in Lenzen gemeint sein, denn Friedrich Hebbel muss um die Verhältnisse dort gewusst haben. Die letzte große Flut von 1824, die Lenzen unter Wasser setzte, hat Hebbels Lebensgefährtin Elise Lensing miterlebt. Nach Hamburg, wo man immer noch vom Hochwasser 1825 sprach, war sie erst Anfang der 1830er Jahre gezogen.

Unweit von Lenzen gibt es einen Abschnitt an der Elbe, an dem der Fluss immer noch dahinplätschert wie zu Zeiten von Friedrich Hebbel und Elise Lensing: träge und ausschweifend, unberechenbar und sagenhaft schön. Größer ist hier der Abstand zwischen den Buhnen, der Fluss selbst 50 Meter breiter als sonst. Zahlreiche Sandbänke an den Ufern erinnern daran, warum einmal vom Elbstrand die Rede war.

Ganz anders nennt das Wasser- und Schifffahrtsamt Lauenburg diesen dreizehn Kilometer langen Abschnitt zwischen Dömitz und Hitzacker. Als »Reststrecke« wird da die Elbe recht respektlos zwischen den Stromkilometern 508,1 und 521,1 bezeichnet. Aus der Sicht der Wasserbauingenieure ist der Begriff korrekt. Nachdem sich Böhmen, Sachsen, Preußen und die anderen Elbanrainer 1844 auf die Instandhaltung der Elbe geeinigt hatten, trieb vor allem Preußen den Ausbau zur Wasserstraße voran. Nach dem Sieg über Dänemark 1864 kontrollierte es die 450 Kilometer lange Strecke von Torgau bis Hamburg. Politische Konsequenz dieses Zugewinns war die Gründung der Elbstrombauverwaltung im Jahre 1866. Ihren Sitz hatte die Institution, nach deren Vorbild nach der Reichsgründung auch die Oderstrombauverwaltung gegründet wurde, in Magdeburg.

Mit der Elbstromverwaltung begann, was die Binnenschiffer auf der Elbe noch heute die »goldene Zeit« nennen. Die Fahrrinne wurde ausgebaggert, weitere Buhnen wurden gesetzt, der Schiffsverkehr meldete Rekordzuwächse. Um mit der neuen Konkurrenz auf der Schiene mithalten zu können, verlegte man zwischen Hamburg und Aussig, später sogar bis nach Prag hinauf eine Kette auf dem Grund von Elbe und Moldau. Damit war die Kettenschifffahrt geboren. Mit dieser Technik gelang es, das Transportaufkommen noch einmal zu steigern. Waren vor 1871 rund 400 000 Tonnen bergwärts und 300 000 Tonnen talwärts transportiert worden, konnten Mitte der 1880er Jahre von den 28 Kettenschleppern und ihren Verbänden 1,4 Millionen Tonnen Richtung Prag und 1,2 Millionen Tonnen Richtung Hamburg befördert werden.

Die Zeit der Treidler war vorbei. Aber auch die Kettenschifffahrt wurde nach dem Ersten Weltkrieg eingestellt. Im Vergleich zu den Kosten, die die motorbetriebenen Schiffe verursachten, war der Unterhalt der 777 Kilometer langen Kette zu teuer und zu aufwändig.

Was tun? Im Grunde hatten die Verantwortlichen der Magdeburger Strombauverwaltung nur zwei Alternativen: Eine Stauregulierung, wie sie an der oberen Oder bereits zwischen dem oberschlesischen Kohlerevier und Breslau realisiert worden war, oder eine so genannte Niedrigwasserregulierung, wobei mit dem Bau weiterer Buhnen die Fahrrinne verengt und der Fluss vertieft werden sollte. Während sich die Regierung der neu gegründeten Tschechoslowakei für den Bau von Staustufen, Wehren und Schleusen entschied, plädierte die Strombauverwaltung in Magdeburg für die »Niedrigwasserregulierung«. Dass die Elbe bis heute auf 600 Kilometer Länge ein frei fließender Fluss ist, hat sie auch dieser Entscheidung aus den zwanziger Jahren zu verdanken.

Gleichwohl, der Eingriff war enorm. Bis in die dreißiger Jahre wurden neue Buhnen gebaut, Parallel- und Deckwerke errichtet, Durchstiche vorgenommen. Der Schwerpunkt der Maßnahmen lag unterhalb der Saalemündung, dort, wo das Gefälle der Elbe so gering ist, dass sich immer wieder Sand und Geschiebe ablagert. Damit die Schiffe bei Niedrigwasser zusätzlichen Schwung bekamen, wurden an der oberen Saale die Talsperren »Hohenwarthe« und »Am Bleiloch« gebaut. Ihr Wasser sollte, zu Tal gelassen, feststeckende Elbkähne über die Untiefen spülen.

Bis in die dreißiger Jahre des 20. Jahrhunderts dauerte diese weitere Etappe des Umbaus der Elbe zur Wasserstraße. Vollendet wurde sie nicht. Auf einer Länge von dreizehn Kilometern verhinderten der Zweite Weltkrieg und anschließend die deutsche Teilung den Lückenschluss zwischen Dömitz und Hitzacker. Und dann war da noch das Elbhochwasser. Kaum war die Jahrtausendflut im August 2002 am Abklingen, überbrachte ein grüner Bundesumweltminister den Lenzenern den Förderbe-

scheid, mit dem sie mit dem Bau der Deichrückverlegung am
»Bösen Ort« beginnen konnten. Zugleich stoppte Jürgen Trittin
den Ausbau der Reststrecke.

DIE SCHWARZE ELBE

»Neue Perspektiven für die Elbe«, lautet die Überschrift über
einem kleinen Ritual, das an der Elbe jedes Jahr im Juli zele-
briert wird. »Dialog im Boot«, heißt die Veranstaltung, die der
Umweltaktivist Ernst Paul Dörfler gleich nach der Wende ins
Leben gerufen hat. Dörfler ist der Tausendsassa des Naturschut-
zes an der Elbe: Buchautor, Leiter des BUND-Elbeprojektes,
unermüdlicher Kämpfer gegen den Elbe-Saale-Kanal – und
Organisator der jährlichen Schlauchbootfahrt.

Im Jahr 2011 startete das Schlauchboot in Lenzen an der
Elbe, am »Bösen Ort« also, aus dem nach der Deichrückverlegung ein guter Ort geworden ist. Aber auch sonst gab es Grund
zur Freude. »Neue Perspektiven für die Elbe« hatte im Juli 2011
die Bundesregierung in Aussicht gestellt; das Verkehrsministe-
rium hatte den Strom – gegen den ausdrücklichen Protest aus
Tschechien – zur Nebenwasserstraße herabgestuft. Beim »Dialog im Boot«, einer lockeren Gesprächsrunde zwischen Politikern, Aktivisten und Medienleuten, sollte der Etappensieg gefeiert werden. Wo konnte dies besser geschehen als auf einem
kleinen Törn vom »guten Ort« in Lenzen talwärts über die Reststrecke mit ihren Sandstränden bis nach Hitzacker, der Fach-
werkstadt an der Mündung der Jeetzel in die Elbe.

Ernst Paul Dörfler in Feierlaune: Das war nicht immer so.
Als er 1968, damals 18-jährig, sein Chemiestudium in Magdeburg aufnahm, hatte er einen Fluss vor Augen, der den Bildern
von den Flüssen in den Kinderbüchern längst nicht mehr entsprach: »Ich bemerkte, dass vieles mit der Umwelt nicht stimmte.

Mir stockte der Atem wegen der Luftverschmutzung, die Gewässer stanken zum Himmel. Damals begann ich über Umweltfragen nachzudenken.«

Die stinkende, die schwarze Elbe, das war ein gängiger Topos in der DDR. 1988 veröffentlichte der Dresdener Lyriker Thomas Rosenlöcher in der Zeitschrift *Schneebier* ein Gedicht mit dem Titel »Die Elbe«, ein Hilfeschrei für einen Fluss, der schon mehr tot war als lebendig:

»Der Uferweg, die Böschung und die Steine.
An schwarzer Mauer schwarze Industrie
Entleert sich schweigend in das schwarze Wasser.
Doch mitziehn Wiesen, und der Berghang, einst
Geleit und Halt, vor Schönheit fast verzitternd,
rollt noch sein Grün über die roten Dächer,
vorbei an einer Villa, weit geöffnet
die Fenster, da Musik herüberweht
und fernher, wo gebaut wird, Pinke Panke,
als gälte es, den Fluß zu dirigieren,
daß er an seinen Rändern heller strudelnd
über glitschige Steine aufwärts fließt
und sich am Grund die Fladen leise regen,
und rascher in der Mitte, nur hinunter,
lautloses Kettenknirschen, Rohrgejohl.
Was hab ich nur. Es geht, es geht doch alles.
Selbst noch der tote Fluß fließt fort.«

Der tote Fluss floss fort und schaffte seine giftige Fracht elbabwärts. Den Pegel Schnackenburg, wo die DDR-Elbe auf die bundesdeutsche traf, passierten 1988 rund 160 000 Tonnen Stickstoff, 10 000 Tonnen Phosphor, 23 Tonnen Quecksilber, 124 Tonnen Blei, 112 Tonnen Arsen, 13 Tonnen Ammonium. Hinzu kamen 600 Kilogramm Lindan, 500 Kilo PCB sowie 3000 Kilo des hochgiftigen Pentachlorphenols. In der Bundesrepublik wusste man gut, bei wem man sich für die Gifte und Schwermetalle bedanken konnte: Quecksilber und Chlor kamen aus der Chemiefabrik Buna in Schkopau, das Ammonium über die Saale aus Leuna, der Rest aus der Chemiestadt Bitterfeld oder aus Wolfen mit seiner Orwo-Fabrik.

Auch wenn Thomas Rosenlöcher die Elbe in Dresden schon als »toten Fluss« beschrieb: Den Todesstoß versetzten ihr erst die Zuflüsse Mulde und Saale. Alleine in die Mulde ergossen sich zur Wendezeit täglich 120 000 Kubikmeter Chemiemüll. Kurz vor Lenzen kam dann noch die Chemiefaserfabrik von Wittenberge dazu. Damit war die DDR für 90 Prozent aller Verschmutzungen verantwortlich, die am Pegel Schnackenburg ankamen, die ČSSR trug nur zu einem geringen Teil dazu bei.

»Schaum auf der Elbe«, erinnert sich Ernst Paul Dörfler, der heute bei Steckby in Sachsen-Anhalt lebt, »war damals ein gängiges Bild.« Während die Dichter noch über den toten Fluss klagten, war Dörfler längst ein Aktivist geworden. Bereits Anfang der achtziger Jahre arbeitete er, inzwischen Chemiker am Institut für Wasserwirtschaft in Magdeburg, an mehreren Gutachten über das Ausmaß der Verschmutzung an der Elbe; nebenbei hielt er an der Volkshochschule Vorträge zur Ökologie. »Nach der Wende zeigte sich dann bei der Akteneinsicht, dass fünf Stasi-Mitarbeiter gleichzeitig in den Kursen saßen und protokollierten.«

Die stinkende, schäumende, tote Elbe war auch für die Bundesrepublik ein Problem. Der Verkauf von Aalen aus der Elbe war streng verboten, im Hamburger Hafen lagerte sich das Schwermetall im Schlick ab. Einige Forscher der Hamburger Universität rieten, bei Schnackenburg eine Kläranlage bis dahin ungekannten Ausmaßes zu bauen – und die Giftbrühe aus der DDR gleich vor Ort zu entsorgen. Andere forderten, die DDR finanziell beim Bau von Kläranlagen und Umwelttechnologie zu unterstützen. Doch der Investitionsbedarf war immens: 6,4 Milliarden D-Mark hätte es gekostet, alleine die schlimmsten Verunreinigungen zu verhindern. Darüber hinaus knüpfte die Bundesregierung finanzielle Zusagen an ein Entgegenkommen in einer politisch strittigen Frage: Geld sollte es nur geben, wenn Ost-Berlin im Konflikt um die Elbgrenze nachgab und sich der bundesdeutschen Sichtweise anschloss, dass die Grenze nicht in der Mitte des Stroms verlief, sondern am östlichen Ufer.

Ende der achtziger Jahre spitzte sich die Lage zu. Im Sommer 1989 veröffentlichte die DDR erstmals Umweltdaten – und strafte sich selbst Lügen. Bisher hatte es in Ost-Berlin immer geheißen, Umweltverschmutzung gebe es nur im kapitalistischen Ausland. Nun war das Gegenteil bewiesen, auch dank Umweltaktivisten wie Ernst Paul Dörfler. Bald darauf gab die chronisch klamme DDR in der Grenzfrage klein bei. So kam es, dass Hamburg im November 1989 die stattliche Summe von 3,35 Millionen D-Mark nach Dresden überwies – unter anderem zum Kauf eines »Sielwolfs«, mit dem das unterirdische Kanalsystem gereinigt werden sollte. Zur selben Zeit unterzeichneten Umweltminister Klaus Töpfer und sein DDR-Kollege Hans Reichelt einen Vertrag zur Finanzierung von sechs Umweltpilotprojekten. 300 Millionen DM ließ die Bundesregierung sich das kosten, ein Bruchteil von dem, was nötig war und was nach der Wende zur staatlichen Gesamtaufgabe wurde. Nach Schätzungen des Umweltbundesamtes mussten in Ostdeutschland alleine 180 Kläranlagen neu gebaut oder saniert werden. Kostenpunkt: bis zu 30 Milliarden D-Mark.

Kurz nach der Wende befuhr die Umweltschutzorganisation Greenpeace mit ihrem Motorboot *Beluga* die Elbe und bestätigte, was alle wussten: Die Elbe war tot. Als aber das Schlauchboot von Ernst Paul Dörfler im Juli 2011 in Lenzen zum »Dialog im Boot« ablegte, sahen die Teilnehmer eine ganz andere Elbe. Blau war sie und nicht schwarz, die Luft roch nach Sommer und nicht nach Schwefel. Die tote Elbe war wieder auferstanden. Auch das gab es schwarz auf weiß, wie die Zahlen der Internationalen Kommission zum Schutz der Elbe zeigten: Der Eintrag von Quecksilber war 2004 gegenüber 1989 um 92 Prozent zurückgegangen, der von Blei um 46 Prozent. Die Verschmutzung mit organischen Stoffen wie Hexachlorbenzol, Trichlormetan und Trichlorethen war fast vollständig gestoppt. Man konnte sogar wieder baden in Deutschlands zweitlängstem Strom. 2002 fand erstmals ein Elbebadetag statt. Von Dresden bis Hamburg sprangen mehr als 90 000 Menschen in die Elbe – und tun es seitdem immer wieder.

Dieses Maß an Selbstheilungskraft hat selbst den Umweltaktivisten Dörfler überrascht, obwohl er doch großen Anteil daran hatte, dass sich der Fluss, an dem er aufgewachsen ist, wieder erholt hat. Als Mitbegründer der Grünen in der DDR saß Dörfler in der ersten frei gewählten Volkskammer – und gehörte zu jenen, die am Vorabend des 3. Oktober 1990 das »Tafelsilber der DDR« retteten. Als letzten Verwaltungsakt der unabhängigen DDR wiesen sie 14 Nationalparks und andere Großschutzgebiete aus.

Heute gibt es an der Elbe den Nationalpark Sächsische Schweiz, das länderübergreifende Biosphärenreservat Flusslandschaft Elbe, das von Wittenberg in Sachsen-Anhalt über Niedersachsen, Brandenburg, Mecklenburg-Vorpommern bis nach Lauenburg und Schleswig-Holstein reicht, sowie den Nationalpark Schleswig-Holsteinisches Wattenmeer an der Unteren Elbe. »Erst nachdem ich die Flüsse in Westdeutschland gesehen hatte, begriff ich wirklich, welcher Schatz mit der Elbe erhalten geblieben ist«, erinnert sich Dörfler. »Sie ist in weiten Teilen noch recht naturnah mit ihren Auwäldern und Sandbänken.« Die Elbe war zwar dreckig gewesen, aber immerhin: Sie war ein Fluss geblieben. In Tschechien dagegen war der Strom bereits in der Zwischenkriegszeit staureguliert und zum Kanal eingedeicht worden, in dem das Wasser nicht mehr floss, sondern stand.

Kurz nach der Wiedervereinigung zog sich Dörfler aus der Politik zurück und arbeitet seitdem für das Elbeprojekt des BUND. Ein weiteres Mal soll der Fluss nicht auf die Probe gestellt werden, dazu will er nun beitragen. Deshalb lädt Dörfler jedes Jahr Politiker und Journalisten auf sein Schlauchboot. Der BUND zählt nämlich zu jenen Umweltorganisationen, die sich gegen den geplanten Bau einer weiteren Staustufe in Děčín einsetzen. Darüber hinaus macht er gegen den Bau eines Elbe-Saale-Kanals mobil. »Wenn der erst einmal da ist, wird es bestimmt heißen, dass danach auch die Elbe kanalisiert werden muss«, sagt Dörfler während des »Dialogs im Boot« auf dem Weg von Lenzen nach Hitzacker.

DER GUTE ORT

Was ist ein guter Ort? Welche Botschaft hätte ein Gedicht von Friedrich Hebbel, beschriebe es keinen Ort, an dem das Lyrische Ich »ganz verloren« ist, mit »schwarzen Bäumen«, die sich »tückisch« um einen herum drängen? Gibt es im Zusammenhang mit Flüssen überhaupt gut und böse?

Die Lenzener Burg gibt auf solche Fragen keine Antworten, aber man kann hier einen Gang durch die Geschichte dieses Abschnitts an Elbe und Löcknitz unternehmen, der wie kein anderer für das Ringen zwischen Mensch und Natur steht. Gleich im Eingangsbereich der Dauerausstellung, die im Turm der Burg untergebracht ist, steht eine Vitrine mit einem Diorama. Die Schlacht bei Lenzen im Jahr 929 ist hier nachgestellt, so, wie der Künstler Max Brauer sie sich 1941 vorgestellt hat, als er seine 8000 Zinnfiguren in Schlachtordnung aufstellte. Um die deutsche Kultur ging es da und um die Slawen, die ihr im Wege standen. Man kann es auch anders sagen: In Lenzen trafen 929 zwei Lebenswelten aufeinander: Die eine war eine Kultur, die mit dem Wasser lebte, die andere versuchte es einzudämmen und zu beherrschen.

Als die Slawen besiegt waren, auch das ist in der Ausstellung zu sehen, gingen die Sieger an den Bau von Deichen und die Gründung deutscher Burgen. Es war die Zeit des mittelalterlichen Landesausbaus und der Herausbildung von Landesherrschaften. In Lenzen, das schon damals weit entfernt war von den politischen Zentren, wechselten die Herrschaften so häufig wie an der Elbe der Wasserstand. Auf der Burg, die auf den Resten der slawischen Burgwälle errichtet wurde, saßen zuerst die Grafen von Dannenberg, dann die von Schwerin, es folgten die Markgrafen von Brandenburg und schließlich die Quitzows, die die Prignitz mit ihren Raubzügen überzogen.

Im 17. Jahrhundert bekam die Burg Lenzen die Gestalt, die wir heute kennen. Zu verdanken war das einem Niederländer. Admiral Aernoult Gijsels van Lier wurde 1651 zum Amtmann ernannt und übernahm die Burg in Erbpacht. Augenblicklich brachte van Lier Ordnung in die neue Heimat. Er ließ Kriegsschäden beseitigen, schützte die Burg mit einer Zugbrücke vor der Löcknitz, ordnete die Beseitigung von Abfällen in den engen Gassen der Stadt an, ließ das Rathaus wieder aufbauen und kümmerte sich um das Schulwesen. Auch der Elbe schenkte er seine Aufmerksamkeit. Lenzen bekam nun eine neue Deichordnung. Darüber hinaus entwässerte van Lier die Lenzener Wische, eine Niederungslandschaft am rechten Ufer der Elbe, und holte Kolonisten ins Neuland. In der Kirche von Mödlich, einem der Orte der Wische, wurde van Lier beigesetzt. Er wurde 87 Jahre alt und wird bis heute verehrt.

Auf das holländische Element in Lenzen folgte schließlich das preußische. Große Veränderungen brachte es zunächst nicht. Auf die Deichbrüche 1709, 1730 und 1731 in Mödlich und Dallmin reagierte Preußens Soldatenkönig Friedrich Wilhelm I. in bekannter Manier: Er ließ eine »Teich- und Buhnenkasse« einrichten, aus deren Mitteln der Neubau von Deichen bestritten wurde. An Silge und Löcknitz wurden weitere 9320 Morgen Bruchland entwässert und die »Peuplierung« mit neuen Kolonisten vorangetrieben. Sein Nachfolger Friedrich II. sah keinen Grund, an dieser Politik etwas zu ändern. Im Jahr 1909, also hundert Jahre vor der Rückverlegung des Deiches am »Bösen Ort«, bilanzierte der Preußische Provinzialverband für die Westprignitz: »So stieg die Zahl der Ortschaften von ungefähr 240 um 1700 auf 310 im Jahre 1780, die Einwohnerzahl, die 1734 in den Städten 14505, auf dem platten Lande 39831, insgesamt also 54336 Seelen betragen hatte, belief sich im Todesjahr Friedrichs des Großen auf 73168 Seelen, davon 17522 in den Städten.«

Auch während der napoleonischen Zeit ging es weiter aufwärts in Lenzen. 1807 wurde die Stadt im Dreiländereck Preußen, Mecklenburg und Hannover zum Grenzpostamt. »Drei Posthaltereien unterhielten 86 Pferde«, vermerkt die Stadtchronik. »Wöchentlich verkehrten 14 Kurswagen sowie Extraposten und Staffettenreiter, zweimal wöchentlich über die Elbe nach Gartow, dreimal Botenpost nach Dannenberg.« Hinzu kamen die Einnahmen des Wasserzolls, der sich schon seit dem 14. Jahrhundert in Lenzen befand.

Doch dann riss der Glücksfaden. Mit dem Bau der Chaussee Berlin – Hamburg über Warnow ging der Verkehr zurück. Die Eisenbahnlinie, die 1881 von Wittenberge über Lenzen und

Dömitz nach Lüneburg gebaut wurde, konnte den Abschwung nicht aufhalten. Lenzens Randlage mochte zu Zeiten der Kleinstaaterei von Vorteil gewesen sein, doch nun wurde aus dem Vor- ein Nachteil.

Auch das Wasser meldete sich zurück. Das bis dato verheerendste Hochwasser traf Lenzen im Frühjahr 1888. Bereits im Februar war die Elbe bei Lauenburg zugefroren gewesen, im März hatte das Eis dann Dömitz erreicht. Nicht nur die Elbe wurde aufgestaut, auch die Löcknitz. Deiche brachen, die Eisenbahnbrücke wurde fortgespült. In einer Chronik hieß es: »Soweit das Auge blickte – nichts als eine graue, schlackige, sturmgepeitschte Wassermasse, aus welcher nur vereinzelt noch etliche Bäume und Dachfirste hervorragten. Auch in Lenzen schwoll das Wasser immer höher, nur die Mitte der Stadt war noch wasserfrei.«

Erst als am 25. März das Eis in Lauenburg gesprengt wurde, ging die Flut zurück. 200 Gebäude hatten in Lenzen unter Wasser gestanden, der Gesamtschaden belief sich auf 94 353 Mark. Am 3. Mai besuchte die Kaiserin mit dem Dampfer die geschädigten Gebiete und kam dabei auch nach Lenzen. Dank staatlicher Beihilfen und Spenden konnten alle Schäden in voller Höhe ersetzt werden. An der Flutstraße 2 erinnert noch heute eine Tafel an das Hochwasser.

Im Turm der Burg kann man aber nicht nur auf den Pfaden der Geschichte Lenzens wandeln und vieles über seinen Umgang mit dem Wasser erfahren. Wer den ehemaligen Bergfried erklimmt, hat auch einen wunderbaren Blick auf die neue Deichlinie. Als nach 2002 und 2006 im Jahr 2011 das dritte »Jahrhunderthochwasser« innerhalb eines Jahrzehnts heranrollte, zeigte sich, dass zutraf, was Brandenburgs Umweltministerin bei der Einweihung des Aussichtsturms 2009 festgestellt hatte: »Hier haben wir dem Fluss mehr Raum gegeben. 2011 hat sich der Fluss den Raum genommen. Wäre er ihm vorenthalten worden, hätte auch die 2011er Flut großen Schäden angerichtet. Der zurückgelegte Deich am ›Bösen Ort‹ hat seine Feuertaufe bestanden.«

Schule hat er dennoch nicht gemacht. Fünfzehn Standorte für Deichrückverlegungsprojekte hatte die Internationale Kommission zum Schutz der Elbe IKSE 2003 für den Abschnitt von Mühlberg bis hinunter nach Neu Bleckede identifiziert. Zu den 420 Hektar, die die Elbe in Lenzen dazugewonnen hat, wären noch einmal 2300 Hektar Überflutungsfläche hinzugekommen. Die meisten Vorhaben aber schafften es nicht über das Planungsstadium hinaus. In Rühstädt etwa, wo 90 Hektar Polder entstehen sollten, machten die Landwirte mobil, die Brandenburger Landesregierung knickte ein. Einzig im Lödderitzer Forst unterhalb von Aken bei Dessau wird ein weiterer Deich im Hinterland der Elbe gebaut. Bis 2018 sollen 590 Hektar Retentionsfläche entstehen. Darüber hinaus wurde nach dem Hochwasser 2002 die Neubausiedlung Röderau-Süd bei Riesa aufgegeben und in Roßlau ähnlich wie in Lenzen ein Polder mit 140 Hektar geschaffen. Das ist nicht viel im Vergleich zu dem, was man der Elbe genommen hat: Im Verlauf der Eindeichung seit dem 12. Jahrhundert hat die Elbe 80 Prozent ihrer Auwälder und natürlichen Überschwemmungsflächen verloren.

Dass es überhaupt zu den ersten drei Deichrückverlegungen kam, ist nicht zuletzt ein Verdienst von Ernst Paul Dörfler. Dem Vorbild der Umweltschützer aus der ehemaligen DDR folgten nach der Wende auch die Aktivisten aus dem Westen. In Niedersachsen wurde bereits im Dezember 1991 der Förderverein »Nationalpark Elbtalaue« gegründet. Sachsen-Anhalt, Brandenburg und Mecklenburg-Vorpommern befürworten ein Biosphärenreservat. Das Großschutzgebiet, das sich von Wittenberg bis Lauenburg über 400 Kilometer Flusslauf erstreckt, wurde 1997 von der Unesco als »Biosphärenreservat Flusslandschaft Elbe« anerkannt. Den niedersächsischen Nationalpark dagegen kippte das Oberverwaltungsgericht Lüneburg. Die Lobby der Landwirte war zu stark.

Unter dem Dach des Biosphärenreservats reihen sich inzwischen auf einer Fläche von 3428 Quadratkilometern fünf Großschutzgebiete in den jeweiligen Bundesländern aneinander: Das Biosphärenreservat Mittelelbe in Sachsen-Anhalt, das Biosphärenreservat Flusslandschaft Elbe in Brandenburg, das Biosphärenreservat Niedersächsische Elbtalaue in Niedersachsen, das Biosphärenreservat Flusslandschaft Elbe in Mecklenburg-Vorpommern sowie das Biosphärenreservat Flusslandschaft Elbe in Schleswig-Holstein. Allerdings fehlt es noch an einem gemeinsamen Vorgehen. Bis heute arbeitet jedes Bundesland so, als wäre das Biosphärenreservat an seiner Grenze zu Ende.

Einen »kulturellen Kassiber im Kalten Krieg« hat der *FAZ*-Feuilletonist Uwe Schmitt die Elbe einmal genannt – und damit auf die Doppeldeutigkeit der »Knastlage« in der DDR angespielt. Einerseits haben damals Schwermetalle und andere Giftstoffe die Elbe zur stinkenden und schäumenden Kloake gemacht. Andererseits hätte es ohne die innerdeutsche Grenze und die hermetisch abgeriegelte DDR keinen Naturraum Elbe gegeben, weder in Dresden und im Elbsandsteingebirge, wo fehlende finanzielle Mittel den Ausbau zur Wasserstraße verhinderten, noch an der mittleren Elbe, wo der Fluss als innerdeutsche Grenze in beiden Staaten an der Peripherie lag.

Ein Kassiber ist die Elbe bis heute geblieben, und wer vom Bergfried der Lenzener Burg oder vom Aussichtsturm Auenblick hinabschaut, kann erkennen, wer da welches Schmuggelgut transportiert. Es sind die Touristen, die, ausgerüstet mit Feldstecher und Fahrrad, die Kunde von einem Strom weitertragen, der das Gröbste wohl hinter sich hat. 600 Kilometer frei sich ausbreitende Flusslandschaft, das haben weder Faust noch die Preußen und ihre Nachfahren in den Wasser- und Schifffahrtsverwaltungen verhindern können.

Und vielleicht werden ja die neuen Deichlinien, die dem Beispiel Lenzens doch noch folgen, nicht mehr mit den Worten Baucis' aus *Faust II* eingeweiht, sondern mit einem Spruch des Mephistopheles aus dem ersten Teil des Dramas. Dort nämlich deklamiert er – was man auch als Replik auf die spätere Allmachtsphantasie der Wasserbeherrscher verstehen kann:

>»Ich bin der Geist, der stets verneint!
>Und das mit Recht; denn alles, was entsteht,
>ist wert, dass es zugrunde geht;
>Drum besser wär's, dass nichts entstünde.
>So ist denn alles, was ihr Sünde,
>Zerstörung, kurz, das Böse nennt,
>Mein eigentliches Element.«

KAPITEL ZEHN

Von der Sächsischen Schweiz zum deutschen Amazonien

Die Erfindung der Elbe

Die Sächsische Schweiz ist eine Erfindung des 18. Jahrhunderts. Vorher hieß die Region oberhalb Dresdens einfach nur »Böhmische Wälder«. Es waren Maler und Touristen, die die Landschaft zur »Marke« gemacht haben.

DIE ENTDECKUNG DER SÄCHSISCHEN SCHWEIZ

Die wohl bizarrste Felsenformation im Elbsandsteingebirge ist das Prebischtor nördlich von Hřensko/Herrnskretschen. Dieser größte Felsenbogen aus Sandstein in Europa hat seit jeher die Maler, Wanderer und Empfindsamen angezogen. Nüchterne Betrachtung war selten, aber es gab sie, wie *Griebens Reiseführer* der Sächsischen Schweiz von 1922 zeigt: »Die obere Felsenplatte (438 m) ist 17 m lang und 3 m dick, mit einem Geländer versehen, ruht mit dem äußersten Ende nur auf einem starken Felsenpfeiler u. bietet eine umfassende Aussicht. Die Wölbung des Tores ist unten 26 m breit, nur wenige Schritte tief, aber 21 m hoch.«

Wer das Prebischtor zum ersten Mal vor sich aufragen sieht, hält sich aber nicht an geologische Fakten, sondern beginnt zu schwärmen. Im Jahr 1837 veröffentlichte Karl August Friedrich von Witzleben unter seinem Pseudonym A. Tromlitz die Reihe *Das malerische und romantische Deutschland*, in der auch ein Band über die Sächsische Schweiz erschien. Über das Prebischtor und seine Umgebung notierte er: »Die drei neben dem Tor in schauerlicher Tiefe sich dahinziehenden Schluchten, die auf beiden Seiten hoch über die Waldungen emporragenden Felswände, vor uns das minder hohe Gebirge – dies alles schafft ein so schönes, großartiges Bild, dass man mit immer wachsendem Vergnügen dabei verweilt.«

Ein »schönes, großartiges Bild« hatte von Witzleben vor sich. Zwanzig Jahre zuvor hatte auch der Schandauer Pfarrer Wilhelm Leberecht Götzinger die Einzigartigkeit der Felsenformation hervorgehoben: »Hier zu stehn, ist etwas so Einzigartiges und Auffallendes, das seine Wirkung umso weniger verfehlt, da gewiß noch Keiner, der hier war, auf so einem Ort gestanden hat.«

Das Prebischtor ist der Höhepunkt eines 112 Kilometer langen Wanderwegs, der schon im 19. Jahrhundert der »Malerweg« genannt wurde. In acht Etappen führt er vom Liebethal nördlich von Pirna über Lohmen nach Stadt Wehlen an der Elbe, weiter über die Bastei nach Rathen, dann über Hohnstein nach Bad Schandau, hoch auf die Ostrascheibe, vorbei am »Kuhstall«, einem weiteren Felsentor, bis zum Prebischtor als unübertroffenem Finale. Von Herrnskretschen fährt man dann mit dem Schiff auf der Elbe zurück nach Pirna. Wer will, kann noch den beiden Tafelbergen des Elbsandsteingebirges, dem Königstein und dem Lilienstein, seine Aufwartung machen. So geht es nun schon seit mehr als zweihundert Jahren, und es wird wohl noch lange so bleiben. Einer, der zur Verbreitung des Faszinosums der »malerischen Landschaft« ganz wesentlich beigetragen hat, ist Wilhelm Leberecht Götzinger, der Pfarrer aus Schandau. Über den Malerweg schrieb er: »Man mache sich gefaßt (…) von nun an eine ununterbrochene Reihe von Naturschönheiten und Seltenheiten zu sehen, welche an Größe, Schönheit und Umfang immer mehr zunehmen je weiter man kommt. (…) Das Auge wird mehrere Tage lang eine Weide haben, welche für Geist und Herz die schönste Nahrung gibt.«

Der Blick auf malerische Naturschönheiten ist wie das Reisen zum Zwecke seiner selbst eine Erfindung des 18. Jahrhunderts. Auf der »Grand Tour« nach Italien entdeckten britische Adlige auch Deutschland und seine Flüsse, allen voran den romantischen Rhein. Freilich erfolgte diese Entdeckung eher unbeabsichtigt. Wegen der revolutionären Ereignisse in Paris war die bis 1789 gängige Route über die französische Hauptstadt und den Süden Frankreichs unsicher geworden.

So trafen am Rhein also der fremde Blick und der eigene aufeinander. Für den eigenen sorgte der Naturforscher und Revolutionär Georg Forster, der sich über die »Nacktheit des verengten Rheinufers unterhalb Bingens« lustig machte und die Landschaft am Mittelrhein schlicht »melancholisch und schauderhaft« fand. Und dann standen plötzlich, vom Anblick dieser scheinbaren Belanglosigkeit bewegt, Fremde an den Ufern des oberen Mittelrheintals und begannen zu zeichnen und sich Notizen zu machen. Bald änderte sich durch sie der eigene Blick auf den Rhein. Nicht mehr »schauderhaft« im wirtschaftlich-sozialen Sinne sieht Clemens von Brentano den Mittelrhein, sondern im Sinne einer mittelalterlichen Ästhetik, die ihn unterhalb des Felsens in Sankt Goarshausen die Ballade »Loreley« verfassen ließ. Der Rhein hatte seinen ersten Mythos. Viele sollten ihm folgen. Auch britische Autoren wie Lord Byron, die die englische Tradition der »Grand Tour« fortsetzten, schufen ihre Bilder vom Rhein. In der Malerei begründete unter anderen William Turner, auch er war zuvor in Italien gewesen, die Rheinromantik.

Fast zur gleichen Zeit wie der romantische Rhein wurde an der Elbe die Sächsische Schweiz entdeckt. Die Entdecker kamen allerdings nicht aus England, sondern aus der Schweiz. Adrian Zingg aus Sankt Gallen war Maler und wurde 1764 als Kupferstecher an die Dresdener Akademie berufen. Als ob die sächsische Metropole unter August III. nicht genügend Motive geboten hätte, unternahm Zingg immer wieder Ausflüge entlang der Elbe in diese sonderbare Landschaft mit ihren pittoresken Felsen und tief eingeschnittenen Tälern. Gleiches galt für Anton Graff aus Winterthur, den berühmtesten Porträtmaler seiner Zeit, der ebenfalls in Dresden lehrte. Von Graff stammt unter anderem das Porträt Friedrichs II. aus dem Jahre 1781, das wie kein anderes das Bild von diesem Preußenkönig geprägt hat.

Als sich Zingg und Graff in den 1760er Jahren von Dresden auf den Weg elbaufwärts machten, stand zunächst der Strom im Mittelpunkt ihres Interesses. In seinen Skizzen brachte Zingg rund um den Königstein eine Landschaft hervor, der die Elbe zu

Füßen lag. Das ist das künstlerische Thema, das mit dem geo-morphologischen Begriff des Elbsandsteingebirges korrespon-diert. Bald aber konzentrierte sich Zingg auf die bizarren Felsen und Steintore, die ihm als Motive lohnender schienen. 1783 nannte er die Landschaft erstmals »Sächsische Schweiz«. Das wissen wir von Wilhelm Leberecht Götzinger, der sich drei Jahre später – nicht ohne eine gewisse Rückversicherung – eben-falls für diesen Namen verwandte: »Alle Schweizer, welche die hiesige Gegend besucht haben, versichern, dass sie mit den Schweizer Gegenden sehr viel Ähnlichkeit hat.«

Dieses touristische *Branding* des 18. Jahrhunderts hatte Fol-gen. Zuvor hatte man die Gegend vor den Toren Dresdens ein-fach nur »Meißner Hochland« genannt, »Pirnisches Sandge-birge« oder »Heide über Schandau«. Wer es noch ungefährer liebte, ordnete die Felsenlandschaft gleich den »Böhmischen Wäldern« zu. Nun aber waren ein Vergleich und ein Begriff zur Hand, die die Landschaft aus dem größeren Zusammenhang der Wälder und des Hochlandes herauslösten und sie, unter äs-thetischen Gesichtspunkten, schließlich neu definierten. Das Repertoire war fortan umrissen, schreibt die Landschaftsplane-rin Antonia Dinnebier, die sich lange mit der Entdeckung der Sächsischen Schweiz und der Theorie von Landschaften be-schäftigt hat: »Das Material zum Bild der Sächsischen Schweiz entstammt der Topographie und besteht aus dem Elbtal und vielgestaltigen Felsformationen. Linkselbisch prägen die weiten Ebenheiten und hoch aufragende Tafelberge das Landschafts-bild. Rechtselbisch sind bizarre Felsen und tiefe Gründe charak-teristisch.«

Mit dem Rückgriff auf die Schweiz wurde der Canyon der Elbe topographisch umrissen – und zugleich touristisch er-schlossen. Dabei folgte auch die Sächsische Schweiz den Etap-pen, die laut Dinnebier mit der »Entdeckung einer Landschaft« einhergehen. In einem ersten Schritt muss eine Landschaft, der bis dahin keine größere Aufmerksamkeit geschenkt wurde, »erfunden« werden. In der Sächsischen Schweiz war das gleichbedeutend mit der Identifikation des »Repertoires« und seiner Anbindung an eine bereits bekannte Landschaft – die Schweiz. »Mit der Bezeichnung ›Sächsische Schweiz‹«, so Antonia Dinnebier, »wurde das Gebiet Ende des 18. Jahrhunderts auf eine damals schon namhafte Gegend bezogen, also in Bekanntes eingeordnet.« Neben Italien und dem englischen Lake-District, so die Landschaftsplanerin, »war die Schweiz eine der ersten ästhetisch entdeckten Landschaften, die in der Folge das Vorbild für die Entdeckung weiterer Gegenden abgaben«.

Der zweite Schritt war die Verbreitung der neuen »Marke«. Dafür sorgte Adrian Zingg mit seinen Studenten aus Dresden, die in ihren Zeichnungen und Gemälden die »Singularibus«, die Besonderheiten der Sächsischen Schweiz, festhielten. Ein ganz anderes Publikum erschloss der Pfarrer Götzinger mit seinem ersten Reiseführer. Er pries nicht nur die Besonderheit der Landschaft, die durch die Wiederholungen der Motive – Königstein, Bastei, Prebischtor – ikonografische Züge annahm. Seine *Beschreibung der Sächsischen Schweiz* von 1801 war auch praktische Anleitung zur Reise. Nicht nur auf Skizzen und Bildern sollte man die bizarren Felsen bewundern, sondern sie durch eigenen Augenschein in Besitz nehmen.

Die dritte Etappe der Entdeckung schließlich folgte dem wachsenden Interesse des Publikums. Der beginnende Tourismus forderte Unterkünfte und trittsichere Routen. Also wurde die Landschaft neu gestaltet und umgebaut. In der Sächsischen Schweiz betraf das vor allem den Wanderweg entlang der Edmundsklamm, bei dessen Anlage man auch vor Felssprengungen nicht zurückschreckte, sowie den Basteiweg von Wehlen nach Rathen mit der 76,5 Meter langen Basteibrücke, die 1851 errichtet wurde. Am stärksten wurde in die gerade erst entdeckte Landschaft am Prebischtor eingegriffen. Fernab jeder Straße entstand

dort 1858 eine Hütte, der 1881 der Bau eines Hotels folgte – natürlich im Schweizer Stil. Inzwischen ist dieses Hotel selbst Teil der
Landschaftsinszenierung geworden, denn es gilt längst als eigen-
ständige Sehenswürdigkeit und steht unter Denkmalschutz.

So ist aus dem »Meißner Hochland« oder den »Böhmischen
Wäldern«, einer Landschaft, die einst – wie das Mittelrheintal
– als gewöhnlich und reizlos galt, eine touristische Marke geworden. Auch William Turner, der Begründer der Rheinromantik, hat der Sächsischen Schweiz während seines Dresden-Auf-
enthalts 1835 die Ehre erwiesen. Der Massentourismus setzte
schließlich ein, als die Sächsische Schweiz auch verkehrstech-
nisch erschlossen wurde. 1838 fuhr das erste Dampfschiff elbaufwärts von Dresden nach Schandau. 1851, im selben Jahr, als die
Basteibrücke fertig gestellt wurde, nahm die Eisenbahn die Strecke von Dresden ins böhmische Bodenbach in Betrieb.

AUCH BÖHMEN BEKOMMT SEINE SCHWEIZ

In Böhmen wusste man zunächst nicht, ob man sich über den
touristischen Erfolg auf der sächsischen Seite freuen oder ärgern
sollte. Lange Zeit hatte der Canyon der Elbe bis Pirna zum Königreich Böhmen gehört, der böhmische Doppeladler findet sich
noch heute im Stadtwappen von Pirna. Auch der Königstein, die
mächtigste Burganlage an der Elbe, war einst böhmisch. Erstmals erwähnt wurde er in einer Urkunde des böhmischen Königs Wenzel I. aus dem Jahre 1233. Der Burg stattete 1359 auch
Karl IV. einen Besuch ab. Damals unterzeichnete der große Kaiser, böhmische König und Freund der Elbe zahlreiche Schiff-
fahrtsprivilegien zur Befahrung des Stroms. Die Grenze zwischen Sachsen und Böhmen bei Herrnskretschen stammt erst
aus dem Jahre 1408, in dem der Königstein und Pirna erstmals an
die Wettiner fielen.

Eigentlich, muss sich Ferdinand Náhlik, ein böhmischer Förster aus Rennersdorf/Rynartice, gedacht haben, war der Begriff »Sächsische Schweiz« nicht ganz korrekt. Genauso gut hätte man sagen können »Böhmische Schweiz«. Noch ärgerlicher war für ihn, dass die Reiseführer aus Dresden das Prebischtor auf der böhmischen Seite einfach der Sächsischen Schweiz zugeschlagen hatten. Was konnte man tun, damit auch die Bewohner Böhmens teilhatten am neuen Tourismusgeschäft? Náhlik startete ebenfalls eine Tourismuskampagne, für die er folgenden Werbetext verfasste: »Flieh, Pomp und Torheit satt, Mein Geist, flieh Hof und Stadt! Im goldbehängten Saal Wohnt Unruh', Sorg' und Qual; Die Ruh' wohnt dort im Tal! Es heißt auch jeden in unsere Bergwälder zugereisten Fremdling von Jägerherzen ›Willkomen!‹«

Bald musste Náhlik sogar einräumen, dass seine »ruhigen Täler« vom Rummel um die Sachsenschweiz profitierten und auch von den Reiseführern, die rasch ihr Publikum gefunden hatten: »Die Merkwürdigkeit, den Ruhm dieses malerisch-reizenden Felslandes verbreiteten unsere Nachbarn mehr, als wir es selbst bisher getan haben«, schrieb Nahlik 1864 in seinem eigenen Reiseführer, in dem er auf die Sehenswürdigkeiten im böhmischen Teil des Elbsandsteingebirges aufmerksam machte. Auch wenn Náhlik darüber klagte, dass der böhmische Teil zum »Appendix« des sächsischen geworden war, es half nichts: Die »Dittersbacher Heide«, wie die Gegend bis dahin genannt wurde, kannte keiner. Ganz ohne »Marke« ging es also nicht. Náhlik blieb nichts anderes übrig, als sein Büchlein *Führer durch die Böhmische Schweiz* zu nennen. So kam es also auch in Böhmen zu einer Schweiz, nur war damit nicht die gesamte Region gemeint, sondern lediglich der Teil östlich der Grenze.

Ganz so wie in Sachsen mochten sie sich in Böhmen und später in Tschechien mit der Schweiz allerdings nicht anfreunden. So ist bis heute – neben der Böhmischen Schweiz – der geologische Name geläufig – *Labské Pískovce*. Im Deutschen dagegen sagt Elbsandsteingebirge nur, wer mit dem Fahrrad oder dem Schiff unterwegs ist – und die pittoresken Felsen aus sicherer Entfernung beobachtet.

LANDSCHAFTEN AN DER ELBE

1094 Kilometer ist die Elbe lang. Auf ihrem Weg vom Riesengebirge bis zur Mündung in die Nordsee überwindet sie ein Gefälle von 1386 Metern. 25 Millionen Menschen leben in ihrem Einzugsgebiet auf einer Fläche von 148 000 Quadratkilometern. Die Hydrologen kennen an dem Strom, der nach der Länge den vierzehnten Rang unter den Flüssen Europa einnimmt, nur drei Abschnitte: Die Oberelbe von der Quelle bis zum Eintritt ins Flachland bei Riesa; die Mittelelbe als Tieflandfluss bis zum Stauwehr in Geesthacht und schließlich die von den Gezeiten geprägte Unterelbe bis zur Mündung bei Cuxhaven.

Weitaus größer ist die Zahl der charakteristischen Landschaften, die die Internationale Kommission zum Schutz der Elbe (IKSE) kennt. Den Anfang macht das Riesengebirge. Schon 1963 wurde das Quellgebiet der Elbe von der ČSSR zum Nationalpark erklärt, es ist ein Minigebirge mit einer »Musterkollektion alpiner Formen«, wie es die IKSE formuliert. Der alpine Charakter hat nicht nur Naturforscher, sondern auch Dichter angezogen. Für die »Holzbrücke«, die Kafka gleich zu Beginn in seinem Roman *Das Schloss* beschreibt, hat wohl die Elbbrücke in Spindlermühle als Vorbild gedient. Wie die Sächsische Schweiz wurde auch das Riesengebirge erst im 18. Jahrhundert entdeckt und genauer bezeichnet. Zuvor hieß es einfach nur »das Gebirge«.

Am Tor zum Riesengebirge liegt die Stadt Hohenelbe/ Vrchlabí. Hier beginnt das Riesengebirgsvorland, das bis Königinhof/Dvůr Králové nad Labem reicht. Dort endete vor dem Krieg auch das deutsche Sprachgebiet.

In weitem Bogen fließt die Elbe nun durch das Böhmische Becken, das in Tschechien *Labská nížina*, Elbniederung, heißt. Hier liegen mit Pardubice/Pardubitz und Hradec Králové/Königgrätz einige der ältesten tschechischen Städte, denn das Becken – wegen des Elblaufs auch der »goldene Bogen« genannt – ist die Kornkammer Böhmens. Großflächige Schutzgebiete gibt es dort nicht, vielmehr wurde die Elbe, vor allem in den 1920er und 1930er Jahren, auf einer Länge von 240 Kilometern staureguliert. Insgesamt gibt es am tschechischen Lauf der Elbe 24 Staustufen.

In Litoměřice/Leitmeritz verlässt die Elbe den »goldenen Bogen« und durchbricht an der Porta Bohemica, der Böhmischen Pforte, bei Velké Žernoseky das Böhmische Mittelgebirge. Anders als das Elbsandsteingebirge sind die *České středohoří* mit ihren markanten Bergkegeln vulkanischen Ursprungs. Allerdings ist die Elbe hier nicht durchgängig landschaftsprägend. Viel markanter sind die Berge, die auch Caspar David Friedrich in seinem Gemälde *Böhmische Landschaft* um 1808 in Szene gesetzt hat. Das Böhmische Mittelgebirge reicht im Nordosten bis Teplice/Teplitz, im Südwesen folgt es dem Lauf der Bilina bis Most. Die größte Stadt ist hier Ústí nad Labem/Aussig mit dem hoch aufragenden Schreckenstein.

Auf das Elbsandsteingebirge beziehungsweise die Böhmische und Sächsische Schweiz und das Dresdner Elbtal folgt zwischen Pirna und Torgau das Mittelgebirgsvorland. Charakteristisch ist die vom Weinanbau geprägte Kulturlandschaft an den nördlichen, also von der Sonne verwöhnten Elbhängen bei Radebeul, Meißen und Diesbar-Seußlitz. Die Geschichte des Weinanbaus an der Elbe geht zurück bis ins 12. Jahrhundert. Mit einer Anbaufläche von 5000 Hektar erreichte er im 16. Jahrhundert seinen Höhepunkt. Seit der Wende haben vor allem junge Winzer den Weinbau wieder belebt.

Bei Riesa erreicht die Elbe schließlich das Norddeutsche Tiefland. Das Bild des Stroms bestimmen nun die Buhnen, mit denen man die Elbe seit dem 19. Jahrhundert reguliert hat, um die Schiffbarkeit zu verbessern. Charakteristisch ist in diesem Abschnitt der Elbe, der bis zum Stauwehr in Geesthacht reicht, das geringe Gefälle von nur 17 Zentimetern pro Kilometer. Das ließe die Elbe schnell in die Breite gehen, sie würde sich ausdehnen und neue Wege suchen, wäre sie nicht seit dem 12. Jahrhundert immer wieder eingedeicht worden. An der mittleren Elbe gibt es auch die größte Dichte an Schutzgebieten. Alleine das Biosphärenreservat Flusslandschaft Elbe reicht auf 400 Kilometern Flusslänge von oberhalb Wittenberg bis nach Lauenburg und umfasst fünf Bundesländer.

Eine an Ikonographie und Popularität mit der Sächsischen Schweiz vergleichbare Landschaft oder touristische »Marke« hat die Elbe auf ihrem Weg bis Hamburg bislang aber nicht hervorgebracht.

SCHIFFE, NICHTS ALS SCHIFFE

Es gibt da dieses Bild, von dem man den Künstler nicht kennt, wohl aber den Titel – *Blick von einer Terrasse an der Palmaille auf Neumühlen*. Entstanden ist das Gouache-Bild um 1760, also etwa zu der Zeit, als die Maler Adrian Zingg und Anton Graff dem Ruf des sächsischen Hofs nach Dresden folgten. Im Vordergrund des Gemäldes steht ein Paar, vornehm gekleidet, die Perücke war noch nicht aus der Mode. Am rechten Rand erstreckt sich am Neumühlener Elbufer die streng gestaltete Gartenanlage des Hamburger Senators Jencquel. Doch der Blick des Paares gilt nicht dem Rokokogarten, sondern dem Fluss. Breit strömt die Elbe hier an Altona vorbei, auf dem Wasser schaukeln Handelsschiffe. Auch ein Aussichtsturm ist zu sehen – ein Hinweis auf das ikonographische Potential des Flusses auch außerhalb der Bildrealität.

Standen bei den Malern des 18. Jahrhunderts in der Sächsischen Schweiz die Felsen und Schluchten im Mittelpunkt, war es in Hamburg und Altona die Elbe. Das Gemälde des unbekannten Künstlers offenbart einen neuen Blick auf Hamburg. Noch bis zur Mitte des 18. Jahrhunderts überwogen die Stadtansichten, die in Form von Veduten am südlichen Elbufer entstanden und die Aufmerksamkeit auf die Hamburger Silhouette richteten. Nun aber rückte der Fluss ins Visier, die Elbe war nicht mehr Kulisse, sondern Sujet der Maler. Verändert hatte sich auch die Perspektive, schreibt Matthias Seeberg in seinem Aufsatz über die »Entdeckung der Elblandschaft gegen Ende des 18. Jahrhunderts«. Statt der starren Zentralperspektive, wie sie noch bei den Veduten zu Beginn des Jahrhunderts vorherrschte, überwog nun »eine stark subjektive Perspektive (...), die sowohl den Betrachter im Bild als auch den Betrachter des Bildes von außen zum Genuss der Aussicht auf den Fluss von einem jeweils ausgewählten Standpunkt einladen möchte«.

Voraussetzung für die neue Perspektive war die Entdeckung des Elbufers durch reiche Patrizier. An der Palmaille in Altona, in Neumühlen oder Blankenese errichteten sie Villen und Landhäuser in weiten Parks, deren Schauseite sich ebenso zur Elbe richtete wie der Blick des jungen Paares im Bild des unbekannten Künstlers. Ähnlich den Felsen in der Sächsischen Schweiz wurde in Hamburg der Elbblick zur Marke, meint Seeberg: »Die gleichzeitige Herausbildung eines Kunstmarkts sorgte dann für die weitere Verbreitung eines Sujets, und der Blick auf die Elblandschaft wurde somit zum Paradigma hanseatischer Selbst- und Weltbetrachtung.«

Zur Weltbetrachtung der Patrizier gehörten die Schiffe. Auf der Gouache von 1760 waren es dreimastige Segelschiffe. Sechzig Jahre später waren auf einem Bild von Johann J. Faber *Blick über die Elbe oberhalb von Neumühlen* bereits die ersten Dampf-schiffe zu sehen. Auf Lovis Corinths *Blick auf den Köhlbrand* von 1911 ist die Elbe zur Industrielandschaft geworden. Rauch steigt auf aus den Schornsteinen der Frachter auf dem Wasser wie aus den Fabrikschloten am Ufer. Kein Bild der Elbe ohne Schiffe, heißt es im Katalog einer Ausstellung, die das Altonaer Museum 2006 unter dem Titel *Alles im Fluss. Ein Panorama der Elbe* zu-sammengetragen hat. Die Schiffe auf dem Fluss sind sozusagen das Pendant zu den Villen der Patrizier am rechten Elbufer, ein »Knotenpunkt des Austausches mit der Welt«, wie es im Katalog heißt. Allerdings fällt auf, dass es sich auf den Gemälden vom 18. Jahrhundert bis zur Gegenwart fast ausschließlich um See-schiffe handelt. Binnenschiffe haben auf der Hamburger und Altonaer Elbe offenbar nichts zu suchen. Nicht stromaufwärts richtet sich das Interesse, der Kompass zeigt Richtung Meer und England, von wo die Reisenden im 18. Jahrhundert aufgebrochen waren, die die Schönheit des romantischen Rheins und später auch der Elbe entdeckten.

DEUTSCHES AMAZONIEN

Die in Teufelsbrück, einem Stadtteil Hamburgs, lebende Schrift-stellerin Brigitte Kronauer hat in einem Essay einen Spaziergang am Elbufer beschrieben – und die Landschaft des 18. Jahr-hunderts der Gegenwart wieder nahegebracht: »Wer von den St. Pauli Landungsbrücken immer längs der Elbe Richtung Neumühlenkai, Hans-Leip-Ufer, Teufelsbrück, Elbuferweg, Strandweg, Falkensteiner Ufer, wo die Leute im Sommer in Strandkörben wie auf den Nordseeinseln sitzen, elbabwärts wandert, womöglich noch über Wedel hinaus zur pathetischen Horizont-Deichlinie am Fährmannssand mit seinen Lerchen, Lämmern, Austernfischern und vorgelagerter, malerischer, das

heißt bloß: unregulierter Uferzone, bewegt sich auf seinem Fuß-
marsch, der viele Stunden dauern wird, nicht nur zunächst an
einem großen Teil der Hafenanlagen entlang und, ohne es zu
bemerken, bei Övelgönne über den Elbtunnel hinweg. Er mar-
schiert geradewegs auf einen im Juni endlosen Sonnenuntergang
zu mit festlich entrolltem Nachhall in einem riesigen Himmel
und Wasserspiegel. Er bricht auf in das Bild der Ferne schlecht-
hin, und die Schiffe fahren ihm im Gegenlicht als deren ehrwür-
dige Wahrzeichen voran.«

Kronauers Text erschien 2003 in dem von Thomas Steinfeld
herausgegebenen Buch *Deutsche Landschaften* und trägt die Überschrift «Die Niederelbe«. Das ist für diesen Elbabschnitt wahrhaft eine Erhebung in den Adelsstand. Die Niederelbe befindet
sich damit in der Gesellschaft bekannter und markanter Landschaften wie der Lüneburger Heide oder dem Bodensee. Weitere
Landschaften an der Elbe haben es nicht in Steinfelds Buch gebracht, nicht einmal die Sächsische Schweiz. Wohl aber kam das
Wendland zu seinem Recht, jene vom Widerstand gegen das
Zwischenlager Gorleben geprägte Alternativlandschaft, die im
Nordosten von der Elbe begrenzt wird, im Westen vom Höhenzug des Drawehn und im Osten von der alten hannoversch-preu-
ßischen Grenze, die nun Niedersachsen von Sachsen-Anhalt und
der Altmark scheidet.

War es ein Missverständnis zwischen Herausgeber und
Autorin, oder war es Absicht? Statt sich über das Wendland,
seine Müslis und Mollis auszulassen, schmuggelte die Schriftstellerin und *FAZ*-Feuilletonistin Ingeborg Harms eine Hommage an die mittlere Elbe in Steinfelds Olymp der deutschen
Landschaften: »Wer sich in den mit Weiden, vereinzelten Bäumen, Weißdornhecken und Hagebuttenbüschen bestandenen
Wiesen umschaut, den kann aus heiterem Himmel die Er-
kenntnis treffen, dass er sich auf dem Grunde eines gewaltigen
Wassers bewegt. Zu diesem Eindruck trägt die Einsamkeit bei,

die selbst an Sommertagen in den Elbsenken herrscht. Dann kippt das Trockenbecken in die Vision eines von dichtem Gehölz umschlossenen Dschungelstroms um, wie man ihn heute eher in Borneo oder im Amazonas findet.«

Ein erstaunlicher Vorgang. Da bestellt der angesehene Herausgeber eines Buches einen Text über das Wendland bei einer angesehenen Autorin – und die verfehlt das Thema. Oder muss man die Frage anders stellen? Warum konnte das Wendland zur Marke werden, der man einen Text widmen möchte, die mittlere Elbe aber nicht? Warum bestellte Thomas Steinfeld für sein Buch keinen Text über die Elbtalauen?

Um eine Landschaft als solche identifizieren zu können, das hat die Landschaftsplanerin Antonia Dinnebier am Beispiel der Sächsischen Schweiz gezeigt, bedarf es der Bilder, die sich rasch verbreiten und schließlich kulturelles Allgemeingut werden. Von der mittleren Elbe aber gibt es keine Landschaftsmalerei. Kein Caspar David Friedrich hat ihr ein Bild gewidmet, kein Ludwig Richter und auch kein Lovis Corinth. Grund dafür sind weniger die fehlenden Motive, denn in ihrem Text spricht Ingeborg Harms ganz ungeniert von den »Turbulenzen des Winters« und »Caspar David Friedrichschem Schollengeschiebe«. Es war die Grenzziehung, die hier die Elbe zum Strom am Kartenrand machte – erst zwischen Hannover und Mecklenburg, später zwischen der Bundesrepublik und der DDR.

Nun aber, da die Grenze verschwunden ist, rückt die Elbe, zumindest bei Ingeborg Harms, wieder in den Mittelpunkt des Landschaftsempfindens und -beschreibens. Auch im Kino geschieht das.

War die Elbe in Wim Wenders' *Im Lauf der Zeit* noch unüberwindbare Grenze, der man nur auf einer Seite folgen konnte, versetzte der junge Berliner Regisseur Marco Mittelstaedt sein Roadmovie *Elbe* aus dem Jahr 2006 gleich auf den Fluss. Es geht in diesem Film um zwei arbeitslos gewordene Elbschiffer, die von Magdeburg aus mit einer Jolle gen Hamburg segeln, die große Stadt zwischen Elbe und Meer, die bis heute ein Sehnsuchtsort geblieben ist. »Unbedingt sehenswert sind vor allem die Landschaftsaufnahmen, die teilweise deutlicher als die Charaktere selbst die seelische Verfassung der Protagonisten widerspiegeln«, schrieb der Kritiker Joachim Kurz in einer Rezension für die *Kino-Zeit*. »Auf diese Weise wird der Titel gebende Fluss nicht zum dritten, sondern zum eigentlichen Hauptdarsteller des Filmes.«

So schält sich also langsam ein Repertoire der Landschaft heraus, die die Elbe schon lange ist, die aber bislang der Entdeckung harrte: Wasser und Weite, Blau und Grün, Auen und Wiesen, Mäander und Altarme, freier Fluss als – fast – freie Natur. Ein Repertoire, das tatsächlich schwierig zu malen ist, weil es wohl eher die Vogelperspektive verlangt, die in den zahlreichen Publikationen der Umweltschutzverbände bereits eingenommen wird. Beschrieben und verbreitet wird das Bild der Mittleren Elbe – und das M wird hier bewusst groß geschrieben – allerdings immer häufiger. In Essays wie dem von Ingeborg Harms, in Gedichten wie »Ein paar Notizen aus dem Elbholz« von Nicolas Born, in Romanen wie *Nachglühen* von Jan Böttcher, in journalistischen Liebeserklärungen aus der Feder des Büchnerpreisträgers Arnold Stadler, der sich im Wendland, das auch ihm ein Elbland ist, niedergelassen hat.

Noch fehlt die Marke. Doch warum soll man nicht zurückgreifen auf den ebenso kühnen wie charmanten Vorschlag von Ingeborg Harms? Warum nicht die Elbe preisen als amazonischen Dschungelstrom, als deutsches Amazonien? Auch die Sächsische Schweiz war nicht von Anbeginn eine Schweiz, also muss an der Elbe auch kein Regenwald wachsen, damit ein solches *Branding* gerechtfertigt ist. Die Landschaftselemente jedenfalls sind vorhanden. Im Lödderitzer Forst bei Aken findet sich der größte zusammenhängende Auenwald Mitteleuropas.

Die Elbschleifen bei Coswig und Dessau oder das Elbknie bei Damnatz gehören zum Aufregendsten, was dieser frei fließende Fluss zwischen Elbsandsteingebirge und Unterelbe zu bieten hat. Die Ausbreitung des Wassers nach starken Regenfällen ist nicht nur bedrohlich, sondern auch faszinierend. Mit dem Biber ist an der Elbe wieder einer ihrer ältesten Bewohner heimisch geworden.

Als die Grenze fiel, schreibt Ingeborg Harms über ihre eigene Entdeckung des mecklenburgischen Elbufers, »übertraf die Poesie der altmodischen Landschaft jede Vorstellungskraft«. So oder so ähnlich hatte auch der Schandauer Pfarrer Wilhelm Leberecht Götzinger 1786 von der Sächsischen Schweiz geschwärmt – und eine elbische Erfolgsgeschichte eröffnet, die auch andernorts noch viele Bilder hervorbringen wird.

Moldauhafen
oder Geschichte im Fluss

*Um als europäischer Fluss entdeckt zu werden, braucht es grenz-
überschreitende Erinnerungsorte. Einer davon ist der Hamburger
Moldauhafen mit seinem Prager Ufer.*

Das Prager Ufer in Hamburg ist ein Ort im Verborgenen. Ihn zu entdecken, geht es in Richtung Elbbrücken und von dort zum »Überseezentrum«, eine weithin sichtbare Lagerhalle, die von der Hamburger Hafen und Lager Aktiengesellschaft betrieben wird. Am besten macht man sich auf den Weg, wenn der Pförtner des Überseezentrums ein Nickerchen macht oder Kreuzworträtsel löst. Wer an diesem Pförtner nicht vorbeikommt, dem bleibt das Prager Ufer verschlossen. Er ist der Wächter vorm Eingang zu einem vergessenen Ort der Elbgeschichte, zu einer Welt der Geheimnisse und geopolitischen Rätsel, die nicht einmal auf dem Hamburger Stadtplan verzeichnet sind.

Ist der Pförtner passiert, geht es vorbei an Lagerhallen voller Kisten, Paletten und Container. Was sich in ihnen verbirgt, ist auch ein Rätsel, mit dem Prager Ufer aber hat es nichts zu tun. Am Prager Ufer wird nicht mehr geschmuggelt, das Prager Ufer liegt brach.

Auf der Rückseite des Überseezentrums befindet sich ein großes Tor, der Eingang zu einer Wildnis, die man hinter der Geschäftigkeit des Freihafens nicht vermutet hätte. Zwischen Birken und Robinien führen Trampelpfade zur Spitze des Kleinen Grasbrooks, von wo man einen herrlichen Blick auf die Hafencity und ihre skandalumwitterte Landmarke, die Elbphilharmonie, hat. Zum Prager Ufer biegt man links ab, überquert verrostete Schienen und verwitterte Bohlen, dann steht man vor einer Holztreppe, die hinabführt zum Ziel: Unten grüßt – endlich – auf einem verrosteten Schild die Inschrift *Prager Ufer*. 755 Kilometer sind es von hier bis zur tschechischen Hauptstadt. Zum Zusammenfluss von Moldau und Elbe bei Mělník sind es

30 Kilometer weniger. Am Prager Ufer liegt Böhmen am Meer – und der dazu gehörende Moldauhafen ist der Hamburger Außenposten der tschechischen Hauptstadt. Nur die Hamburger haben ihn vergessen.

Das war nicht immer so. Am 20. Januar 1955, zehn Jahre nach dem Ende des Krieges, vermeldete die *Zeit* recht Merkwürdiges aus dem Hamburger Hafen: »Ein tschechoslowakisches ›Kulturschiff‹ hat – von der Öffentlichkeit fast unbemerkt – im Hafen festgemacht. Es liegt im Abschnitt Moldauhafen in der Nähe des Vorstadtbezirks Veddel und führt hier ein recht einsames Dasein.« Selbstverständlich klärte die Hamburger Wochenzeitung ihre Leser auf, dass das Schiff aus Prag weniger wegen der Kultur als vielmehr der Propaganda wegen im Moldauhafen festgemacht hatte: »Der Hauptzweck des recht originell umgebauten Schiffes ist die ›Betreuung‹ der tschechoslowakischen Schiffersleute, offensichtlich aber nicht nur in kulinarischer Hinsicht. Anscheinend sollen die Elbschiffer aus Prag von den Verlockungen des ›verderbt kapitalistischen‹ St. Pauli ferngehalten werden.« So erfuhren die Leser der *Zeit* nicht nur, dass es auf dem »Kulturschiff« der Tschechoslowakischen Elb- und Oderschifffahrt ČSPLO preiswertes Essen gab, das in Kronen bezahlt werden konnte, weswegen Prag Devisen sparte. Sie wussten auch, dass der neue Kahn »eine Art Seemannsheim für die Besatzungen der tschechischen Schlepper und Frachtkähne« war, die regelmäßig die Strecke Prag–Aussig–Hamburg befuhren.

Tschechische Schiffsbesatzungen in Hamburg, und das mitten im Kalten Krieg? War der Eiserne Vorhang also doch durchlässiger als gedacht? Im Staunen über das »Kulturschiff« verbirgt sich ein Stück Hamburger Elbgeschichte, die es wiederzuentdecken gilt. Schließlich waren und sind der Moldauhafen und das Prager Ufer tatsächlich ein Stück Böhmen mitten in Hamburg, ein exterritoriales Gebiet, das nicht etwa auf den Zweiten Weltkrieg zurückgeht, sondern bereits im Versailler Vertrag verankert worden war. Dort hieß es im Artikel 363: »In den Häfen Hamburg und Stettin verpachtet Deutschland der Tschecho-Slowakei für einen Zeitraum von 99 Jahren Landstücke, die unter die allgemeine Verwaltungsordnung der Freizonen treten und dem unmittelbaren Durchgangsverkehr der Waren von oder nach diesem Staate dienen sollen.«

So entstand im Hamburger Hafen in der Zwischenkriegszeit ein Stück Tschechoslowakei – mit billigen Knödeln, tschechischem Bier, später dann mit staatlichem Radiosender und der Parteizeitung: Rotlichtbestrahlung ohne Rotlichtviertel. Nur die Einheimischen waren nicht erwünscht, wie die *Zeit* berichtete: »Wer als Fremder versucht, mit dem Genossen Verwalter des Kulturschiffs Konversation zu machen, zum Beispiel über die Lage in der Tschechoslowakei, der wird enttäuscht. Höflich, aber bestimmt weist er – in deutscher Sprache – darauf hin, dass Deutschen wie allen anderen nicht bei seiner Firma Beschäftigten der Aufenthalt im ›Kulturschiff‹ verboten sei.«

Der *Vltavský přístav*, der böhmische Moldauhafen, ist heute ein Terrain für Spurensucher. Seine Hinterlassenschaften finden sich nicht nur am Prager Ufer auf der Spitze des Kleinen Grasbrooks, den sich die Wildnis zurückerobert hat. Auch am Eingang zum Saalehafen befand sich lange Zeit ein Schild mit dem Hinweis »Československá plavba labská A.S.« Hinter dem Zaun standen einige Container, auf denen bis 2009 die Flagge der ČSSR wehte. Hinweise auf den Moldauhafen gibt es auch auf der Versmannallee, die das Überseequartier der Hafencity mit dem Freihafen verbindet; dort steht rechter Hand noch ein großes Schild, das den Weg zur ČSPL, der Prager Elbschifffahrtsgesellschaft, weist. 30 000 Quadratmeter groß war das Hafengelände der Tschechen und Slowaken in Hamburg, zu dem auch ein Teil des Peutehafens gehörte – ein böhmisches Archipel aus Schuppen, Kais, Kränen und einem Kulturschiff. Mein Großonkel Josef Novák, der Elbschiffer, der 1948 mit seinem Kahn

ČSPL 346 den ehemaligen Finanzminister Ladislav Feierabend aus der ČSR schmuggelte, hat hier im Moldauhafen seine Waren gelöscht. So ist der Moldauhafen auch ein Symbol für den ungehinderten Lauf der Elbe durch das geteilte Europa der Nachkriegszeit.

Dass der Moldauhafen in Hamburg weitgehend vergessen ist, hat mit der Geografie zu tun und mit der Geschichte – oder besser mit der gefühlten Geografie und der gefühlten Geschichte. Die gefühlte Geografie geht so: Weil sich der Rat der Freien und Hansestadt Hamburg Anfang des 19. Jahrhunderts entschieden hat, keinen Dockhafen wie in London zu bauen, sondern einen Tidehafen, ist die Elbe in Hamburg ein Strom der Gezeiten geblieben. Wenn mit der Flut die zwölf Meter tiefen Containerriesen in den Hamburger Hafen gespült werden, steigt der Pegel auch an der »Strandperle« in Övelgönne oder im Museumshafen am Dalmannkai. Scherzhaft sagt der Hamburger dann, die Elbe komme vom Meer.

Aber auch bei Ebbe, wenn die Elbe zurückdrängt in die Nordsee, strömt sie nicht einfach nur stromabwärts. Im Grunde ist die untere Elbe gar kein richtiger Strom, sondern ein Meerestrichter. Die Sedimente, die die Hamburger Port Authority immer wieder ausbaggern muss, bringt nicht die Stromelbe vom Riesengebirge, sondern die Tideelbe von Cuxhaven. Der mächtige Grenzwall zwischen Strom und Meerestrichter ist die Staustufe Geesthacht. Oberhalb der Schleuse und des Wehrs ist die Elbe ein frei fließender Fluss, unterhalb gehorcht sie dem Rhythmus des Meeres. Kein Wunder also, dass die Hamburger den Moldauhafen nicht kennen. Schließlich liegt die Moldau, wie Magdeburg und Dresden, hinter Geesthacht.

Vom Meer kommen auch die Schiffe, die man so wunderbar vom Altonaer Balkon aus bewundern kann: Containerschiffe, Autotransporter, kleinere Frachter, Seelenverkäufer. Sie alle werden an der Schiffsbegrüßungsanlage in Schulau bei Wedel in

Empfang genommen und dann von den Schleppern, diesen emsigen Arbeitsbienen des Hamburger Hafens, zum Toller Ort Terminal oder ins Waltershofer Container Terminal gebracht.

Binnenschiffe dagegen sieht man kaum noch im Hafen. Auch sind die Kais des Binnenhafens vom Blick der Hamburger auf ihren Hafen abgeschnitten. Sie bilden nicht die Schokoladenseite des Hafens, sondern seinen Hinterhof. Anders als vor dem Krieg sind blau, weiß und rot, die Farben der Tschechen, im Hamburger Hafen selten. Auch wenn die Hafenbecken im Binnenhafen die Namen der Flüsse und Städte aus dem Einzugsgebiet der Elbe tragen, ist die Binnenelbe aus den *mental maps* der Hamburger verschwunden. Allenfalls schaffen es noch ein paar Ausflugsschiffe im Sommer bis nach Lauenburg. Wo die Elbe entspringt, weiß kaum einer in Hamburg.

Hamburgs Hinwendung zum Meer begann nicht erst mit dem Siegeszug der Containerschifffahrt. Schon mit der Teilung Deutschlands und Europas nach dem Ende des Krieges war die Hafenstadt von ihrem Hinterland abgehängt. Ein Grenzfluss war die Elbe nun. Wer von Hamburg elbaufwärts mit dem Frachtkahn bis West-Berlin wollte, musste bei Schnackenburg und Hennigsdorf gleich zweimal die innerdeutschen Kontrollen passieren. Aber auch die Fahrt von Hamburg zum Rhein führte durch die Sowjetische Besatzungszone und später die DDR. Erst mit der Inbetriebnahme des Elbe-Seitenkanals 1976 war es möglich, von Hamburg zum Mittellandkanal zu gelangen ohne den Umweg über Magdeburg. Nicht mehr der Strom bildete nun das Hamburger Hinterland der Binnenschiffer, sondern ein Kanal. Mit ihm geriet auch Böhmen in Vergessenheit – oder machte sich allenfalls durch Konflikte im Moldauhafen bemerkbar.

Die vergessene Geografie und die vergessene Geschichte wirken bis heute fort. Umso wichtiger wäre die Wiederentdeckung des Moldauhafens als grenzüberschreitender Erinnerungsort. Ähnlich wie die Städtepartnerschaften Hamburg–Dresden

und Hamburg – Prag ist das tschechische Hafenbecken im Freihafen ein Symbol der Verbundenheit Hamburgs mit dem Oberlauf der Elbe. Nicht das Trennende symbolisiert er, sondern das
Verbindende. Der Moldauhafen zeigt, dass sich der Fluss eigene
Räume geschaffen hat. So wie bei der Flucht von Ladislav Feierabend und seiner Familie auf dem Elbkahn von Josef Novák.
Eine Gedenktafel in Děčín, wo die Flucht am 9. April 1948 begonnen hatte, und in Lauenburg, wo sie eine Woche später glücklich endete, wäre nicht nur eine Würdigung dieser Tat mitten im
Europa des Kalten Krieges. Sie wäre auch ein Hinweis darauf,
dass die Elbe sich ihre Grenzen nicht widerstandslos aufzwingen
ließ, sondern sie immer wieder auch zu überwinden wusste.

Die Flucht von Ladislav Feierabend auf dem Elbkahn
ČSPL 346, mit der dieses Buch über die Elbe begann, war das
Werk eines mutigen und von der kommunistischen Machtergreifung enttäuschten Elbschiffers, der mit seiner Frau sein
Glück künftig in Amerika suchen wollte. Ohne den Fluss, der
den Kahn und die beiden Familien von Děčín bis Lauenburg
trug, wäre diese Flucht nicht möglich gewesen. Ohne die Elbe
hätte Hamburg auch keinen Freihafen bekommen, keinen Moldauhafen, kein Kulturschiff und keine Containerterminals. Es
wäre nicht zum Schmugglernest geworden im Europa des Kalten Kriegs und zum Schaufenster des Westens für die Beschäftigten aus der ČSSR. Das Prager Ufer, so es wieder den Weg auf
den Hamburger Stadtplan findet, kann der Stadt die vergessene
Geografie und Geschichte zurückgeben.

FLÜSSE IN DER GESCHICHTE

Der Frage nach der Rolle der Flüsse in der Geschichte stellen
sich Historiker, Kulturwissenschaftler und Ethnologen schon
lange. Allerdings haben sie ihnen dabei eine Funktion zuge-

schrieben, die die Flüsse eher zum Objekt der Geschichte machen als zu ihrem Akteur. Flüsse sind »natürliche Grenzen«, lautete das Paradigma, das vor allem im 19. Jahrhundert mit dem Aufkommen der Nationalstaaten populär wurde.

»Natürliche Grenze«, das war auch das Schlagwort Frankreichs, unter dem nach der Rheinkrise 1841 die französische Grenze bis an den Rhein ausgedehnt werden sollte. Berge und Flüsse spielten dabei eine ganz besondere Rolle, wie der französische Rheinbiograf Lucien Febvre bereits 1922 feststellte: »Es sind nicht einfach Demarkationen, sondern ›natürliche Grenzen‹. Im Wort ›natürlich‹ ist eine ganze Geschichtsphilosophie zusammengefasst. Wer von natürlichen Grenzen spricht, meint prädestinierte Grenzen – ein Ideal, das es gilt zu erobern und zu verwirklichen.«

Frankreich ist in dieser Vorstellung nicht irgendein Land in Europa, vielmehr ist es eine Einheit, ein Hexagon, das sich vom Rest des Kontinents abgrenzt. So erklärte bereits 1792 Abbé Grégoire: »Frankreich ist ein Ganzes, das sich selbst genügt, denn die Natur hat ihm überall Grenzen gegeben, die es ihm ersparen, sich auszudehnen, so dass unsere Interessen mit unseren Prinzipien übereinstimmen.« Dabei kommt dem Rhein die gleiche Bedeutung zu wie den anderen Grenzen Frankreichs, meint auch Danton: »Frankreichs Grenzen werden von der Natur gezogen. Wir werden sie an ihren vier Endpunkten erreichen: dem Meer, *dem Rhein*, den Alpen und den Pyrenäen.«

Mag das Konzept der natürlichen Grenzen mit dem Aufkommen der Nationalstaaten im 18. und 19. Jahrhundert zum Paradigma geworden sein, seine Karriere reichte, wie Febvre gezeigt hat, bis in die Römerzeit zurück: »Man muss nur den Beginn des ersten Buches von Caesars Kommentaren nachschlagen, Flüsse werden immer als Grenzen angeführt: ›Gallos ab Aquitanis Garumna flumen, a Belgis Matrona et Sequana dividit.‹ Und was die Germanen angeht, so weiß man, dass es diejenigen sind, die ›trans Rhenum incolunt‹, eine berühmte Behauptung, die in der Vergangenheit viel Blut fließen ließ.«

Zweifelsohne wurde der Rhein in dieser Vorstellung in den Dienst der – zunächst römischen, dann französischen – Geopolitik gestellt. Doch die Parole von den »natürlichen Grenzen« sollte sich verselbstständigen und lange Zeit unser Bild von den großen Flüssen prägen. Bald waren auch die Oder, die Memel, die Donau eine natürliche Grenze, ganz so als hätten sie einst, wie Gebirge und Meere, ein unüberwindbares Hindernis gebildet.

Doch es gibt noch eine andere Sicht auf die Flüsse und ihre Rolle in der Geschichte. In Frankreich wurde sie in jüngster Zeit am Beispiel der Rhône diskutiert. Gerade weil Frankreichs größter Strom ab der Mündung der Saône bei Lyon ganz grenzenlos durch Frankreich fließt, konnte man bei seiner Erforschung die verbindende Rolle hervorheben. In seinem 648 Seiten starken Werk *Die Rhône im Mittelalter* beschreibt der französische Mediävist Jacques Roussaud die Rhône als eine Region, die er »la royaume du fleuve«, das »Reich am Fluss« nennt. Gerade die Rhône, betont Roussaud, habe die verschiedenen Regionen entlang ihrer Ufer über den Handel, den Austausch von Ideen, gemeinsame Lebensweisen und Arbeitstechniken zusammengehalten und zu einer Großregion geformt.

Die Historikerin Susanne Rau spricht in diesem Zusammenhang von »fließenden Räumen«. Das Raumbildende an den Flüssen ist für sie auch das Paradigma, das die Vorstellung von Flüssen als »natürlichen Grenzen« ablösen kann. Ganz programmatisch stellt sie die Frage »Wie lässt sich die Geschichte des Flusses schreiben?« Eine Antwort, meint sie, habe Roussaud mit seiner Arbeit über die Rhône gegeben, weil er diesen Strom nicht nur als Objekt beschrieben hat, sondern auch »als Akteur und Gestalter«: Lässt sich mit diesem Konzept auch die Geschichte von Grenzflüssen und grenzüberschreitenden Flüssen schreiben? Ist es tauglich für eine Geschichte der Elbe?

Man muss diese Fragen wohl bejahen. Selbst die Flüsse, die wir heute vor allem als Grenzflüsse kennen, haben vor der Etablierung der Nationalstaaten Handels- und Wirtschaftsräume und damit Kulturlandschaften hervorgebracht. Die Memel etwa, an deren Ufern zu Zeiten der »Litauerzüge« der Ordensritter zahlreiche Burgen gebaut wurden, war nie nur die Grenze zwischen dem Deutschordensstaat und den Litauern. Sie war immer auch ein Ort des Holztransports aus den litauischen Wäldern bis in die Ostsee – und später ein Scharnier zwischen Preußen und dem Russischen Reich.

Die Oder war ebenfalls nie nur die Grenze, auf die sie spätestens seit dem Ende des Zweiten Weltkriegs und der Grenzziehung an Oder und Neiße reduziert wurde. Wie die Ausstellung *Tür an Tür. 1000 Jahre Nachbarschaft* 2011 gezeigt hat, war sie auch ein Ort des Austauschs zwischen Deutschen und Polen – und machte Schlesien zu einer Brückenregion zwischen dem Westen und dem Osten des Kontinents.

Schließlich die Elbe. Innerdeutsche Grenze war sie, ja, und das wird sie im Gedächtnis bleiben müssen, um die Schrecken der Teilung festzuhalten als Mahnung für kommende Generationen. Aber die Elbe hat die Regionen, durch die sie strömt, auch verbunden. Der Sandstein aus der Sächsischen Schweiz etwa kannte keine Grenzen. Nicht nur Dresden ist aus ihm gebaut, sondern auch das Rathaus in Hamburg. So wurde der Elbsandstein zum Baustoff einer grenzüberschreitenden architektonischen Kulturlandschaft.

Und hat sich nicht die Reformation, ausgehend von Wittenberg, rechts wie links der Elbe verbreitet? War die Elbe nicht die Schlagader Sachsens, die das Land der Wettiner selbst nach der Teilung in eine ernestinische und eine albertinische Linie lose zusammenhielt? Sogar die Teilung Deutschlands hat an der Elbe einen gemeinsamen Raum hervorgebracht. Weil die innerdeutsche Grenze hüben wie drüben Peripherie war, konnte sich der Naturraum Elbe ungehindert entfalten – und ist heute, als Biosphärenreservat Flusslandschaft Elbe, ein ökologischer Schatz auf beiden Seiten des Flusses.

GESCHICHTE IM FLUSS

So schreiben die Flüsse also ihre eigene Geschichte und öffnen immer wieder neue Blicke. György Konrad, der große ungarische Essayist, hat einmal gestanden, dass er in Budapest am liebsten auf die Donau schaue. Ein wenig spiele dabei auch das Fernweh eine Rolle. »Seevölker sind immer weltoffen, wir aber, Bayern, Österreicher, Ungarn und Serben, haben kein Meer«, bedauerte Konrad (und vergaß dabei die Tschechen). »Für uns ist die Donau die Verheißung des Meeres. Über sie können wir zu fernen Gestaden gelangen; sie durchquert uns und löst unser Eingesperrtsein auf.«

Flüsse, das zeigt das Beispiel der Donau, waren in der Geschichte nie alleine geografische Einträge in Kartenwerke und Atlanten. Sie waren immer auch Kriegsschauplätze, Wasserwege, Kulturräume. Dass Flüsse Geschichte schreiben, davon sind Christof Mauch und Thomas Zeller überzeugt. In dem von ihnen herausgegebenen Buch *Rivers in History* schreiben die Historiker des Deutschen Historischen Instituts in Washington: »Kann man sich China ohne den Yangtse vorstellen, das alte Ägypten ohne den Nil, Caesars Rom und Dantes Florenz ohne ein Bild des Tibers und des Arno?« Die staatenbildende Rolle der Flüsse, auf die sie anspielen, hat zuletzt Peter Ackroyd am Beispiel der Themse untersucht. Er schreibt: »(Die Themse) *ist* Geschichte, der Fluss der englischen Geschichte, an dessen Ufern in den letzten zweitausend Jahren die Mehrzahl der wich-

297

tigen Ereignisse im Lande stattgefunden hat. (…) Das Schicksal Englands ist innig mit dem dieses Flusses verknüpft.« Ackroyd spricht deshalb von einer »liquid history«.

Dieser Ansatz ist neu. Wenn bislang über Flüsse geforscht wurde, standen Umweltthemen oder Hochwasserschutz ganz oben, ihre Kulturgeschichte fristete dagegen ein Schattendasein. Guido Hausmann, der mit seinem Buch über die Wolga eine wegweisende Studie über Flüsse als Erinnerungsorte vorlegte, mutmaßt gar, dass die Geschichtswissenschaft selbst zu dieser Wissenslücke beigetragen habe: »Einer ›Flussuntersuchung‹ oder -geschichte haftete (…) die Vorstellung von einem unseriösen, unwissenschaftlichen und populären Thema an, da sie zur identifikationsstiftenden, sinnverleihenden und emotionalisierenden (Nach-)Erzählung statt zur kritischen Untersuchung zu tendieren schien«, schreibt Hausmann. »Das verlangte geradezu Distanzierung, zumal auf den ersten Blick weder menschliche Akteure noch soziales Handeln im Zentrum standen oder zu erkennen waren.«

Inzwischen ist aber eine Reihe von Flussgeschichten entstanden, die den Fluss selbst als Akteur der Geschichte in den Mittelpunkt stellten – und damit auch von seinem Korsett als »natürlicher Grenze« befreiten. Dies gelingt freilich nur, wenn die Geschichte der Grenzflüsse und grenzüberschreitenden Flüsse nicht aus einer einzigen, nationalen Perspektive betrachtet wird. Flüsse wie die Donau oder die Elbe erzählen etwas anderes als die Geschichte der Staaten, die sie durchfließen, oder der Völker, die an ihnen leben. Wenn man sagt, dass Flüsse nicht nur trennen, sondern auch verbinden, dann kommt man mit einer nationalen Brille nicht weit.

Flüsse, vor allem die grenzüberschreitenden unter ihnen, erfordern immer den übergeordneten, den europäischen Blick. Deshalb sind sie auch die besten Botschafter Europas. Eine solche übernationale Betrachtung wird freilich immer in Konkurrenz stehen zu den nationalen Narrativen und Mythen und damit zur nationalen Geschichtspolitik, die sich der Flüsse noch immer bemächtigt. Umso wichtiger sind daher grenzüberschreitende Erinnerungsorte. Gerade der Moldauhafen in Hamburg kann ein solcher gemeinsamer Erinnerungsort an der Elbe sein. Auch Mělník, wo Moldau und Elbe zusammenfließen und böhmische Patrioten so lange ein »tragisches Fatum« vermuteten, ist ein solcher europäischer Ort. Das Gleiche gilt für die Karlsbrücke in Prag und die Altstadt von Tangermünde, in der Karl IV. im 14. Jahrhundert zeitweilig residierte und so Prag mit der Elbe verband, und natürlich auch Einrichtungen wie das Collegium Bohemicum in Ústí nad Labem, die den Deutschen und Tschechen und ihrer schwierigen Nachbarschaft eine Brücke bauen. Orte wie diese sind ein wirksames Mittel gegen die zunehmende Renationalisierung der Erinnerung in Europa.

Doch nicht nur einzelne Orte und engagierte Brückenbauer fördern die europäische Perspektive auf die großen Ströme, sondern auch jene Mythen, die, wie der Strom selbst, nicht im Dienste der Abgrenzung stehen, sondern der »fließenden Räume«. Der Rübezahl, jener Migrant aus dem Harz, ist, wie wir gesehen haben, ein solcher Mythos, aber auch ein geografischer Fehlgriff wie der in Shakespeares *Wintermärchen*. »Böhmen am Meer«, das ist gewissermaßen der Urmythos der Elbe als europäischer Strom.

BÖHMEN AM MEER

Shakespeares 1623 veröffentlichte Romanze *Ein Wintermärchen* ist ein klassisches Despotenstück. Es handelt von Leontes, dem König von Sizilien, der seine Frau Hermione der Untreue mit Polixenes verdächtigt, dem König von Böhmen. Leontes lässt Hermione in den Kerker werfen und das Kind, das sie dort zur

Welt bringt, von Lord Antigonus, seinem Vertrauten, in der Wildnis aussetzen. Antigonus behauptet schließlich: »Bohemia, a desert near the sea.«

Ein Schiff landet also an Böhmens Küste, dahinter die Wüste, in der Perdita, das Kind der Hermione, ausgesetzt wird und unter böhmischen Schäfern aufwächst. Literaturwissenschaftler und Geografen haben lange gerätselt über Shakespeares geografische Unschärfe. War die Verortung Böhmens am Meer ein Irrtum? War es Nachlässigkeit? Oder steckte dahinter eine Anspielung, gar eine Botschaft, die zwischenzeitlich verschüttet war? Inzwischen gilt als wahrscheinlich, dass Shakespeares Böhmen tatsächlich eine verschlüsselte Mitteilung bereithielt. Zwar hielt sich die Geografie des *Wintermärchens* an einen Roman von Robert Green mit dem Titel *Pandosto. The Triumphe of Time*, von dem Shakespeare wohl abschrieb. Darin steckte aber Kalkül. Denn das Stück wurde auch verstanden als Kritik am autoritären Regime von James I. Um Schwierigkeiten zu vermeiden, so die neuere Forschung, habe Shakespeare die Geschichte an fernen Gestaden angesiedelt – und zugleich eine Welt der Gegensätze geschaffen: Hier das kalte, gefühllose Sizilien, dort, in der Fremde, ein Arkadien und Sehnsuchtsort: Böhmen.

Der Topos von Böhmen am Meer war also in der Welt – und wurde im 20. Jahrhundert vor allem von deutschen Dichtern begierig aufgegriffen. Der erste von ihnen war Franz Fühmann, dessen Erzählung *Böhmen am Meer* ein Vertriebenenschicksal in der DDR thematisiert. Bei einem Ferienaufenthalt an der Ostsee trifft der Ich-Erzähler auf Hermine Traugott, die wie er selbst (und auch Franz Fühmann) aus dem Böhmischen stammt. Heimatlosigkeit sucht da also nach einem Ausdruck und auch das, was Heimatlosigkeit hervorbringt. Scheinbar ohne Grund wehrt sich die alte Frau gegen einen Umzug von der Küste ins Landesinnere. Seit ihrer Umsiedlung fürchtet sie sich nämlich vor der See. Erst nach zahlreichen

Gesprächen kommt der Ich-Erzähler der Geschichte auf die Spur: In Böhmen arbeitete Hermine Traugott als Dienstmädchen bei einem Baron L. Ungewollt schwanger und unverheiratet, versuchte sie während eines Ausflugs auf eine Nordseeinsel ihrem Leben ein Ende zu setzen. Doch die See spuckte sie wieder aus. Dem Ich-Erzähler war augenblicklich klar, dass es sich um Hermine Traugott handeln musste – und für ihre Angst vor der See, die ihm ein Rätsel gewesen war, weil Böhmen doch keine Küste besaß, gab es einen Grund.

Führmanns Böhmen am Meer war also beides: Sozialdrama und Geschichte einer Entwurzelung, wobei an einem freilich nicht gerüttelt wurde: Die »Umsiedlung« aus Böhmen, wie Flucht und Vertreibung in der DDR genannt wurden, war die gerechte Strafe der Sieger für die vormaligen Unterdrücker. Und die DDR, auch daran bestand kein Zweifel, war die neue Heimat der Hermine Traugott, die in Böhmen nicht unter den Tschechen zu leiden gehabt hatte, sondern unter dem deutschen Gutsbesitzer und mutmaßlichen Vergewaltiger und Kindsvater. Der lebte im Roman natürlich – was dem späten Führmann sichtlich peinlich war – nach dem Krieg als wohlhabender Revanchist in der Bundesrepublik.

Ganz anders griff Ingeborg Bachmann den Stoff von Böhmen am Meer auf. Er wurde zum Titel gebenden Motiv eines Gedichts, von dem die Dichterin beteuerte, dass sie »immer zu ihm stehen würde«.

Sind hierorts Häuser grün, tret ich noch in ein Haus.
Sind hier die Brücken heil, geh ich auf gutem Grund.
Ist Liebesmüh in alle Zeit verloren, verlier ich sie hier gern.
Bin ich's nicht, ist es einer, der ist so gut wie ich.
Grenzt hier ein Wort an mich, so lass ich's grenzen.
Liegt Böhmen noch am Meer, glaub ich den Meeren wieder.
Und glaub ich noch ans Meer, so hoffe ich auf Land.

Bin ich's, so ist's ein jeder, der ist soviel wie ich.
Ich will nichts mehr für mich. Ich will zugrunde gehen.
Zugrund – das heißt zum Meer, dort find ich Böhmen wieder.
Zugrund gerichtet, wach ich ruhig auf.
Von Grund auf weiß ich jetzt, und ich bin unverloren.
Kommt her, ihr Böhmen alle, Seefahrer, Hafenhuren und Schiffe
unverankert. Wollt ihr nicht böhmisch sein, Illyrer, Veroneser,
und Venezianer alle. Spielt die Komödien, die lachen machen.

Und die zum Weinen sind. Und irrt euch hundertmal,
wie ich mich irrte und Proben nie bestand,
dort hab ich sie bestanden, ein ums andre Mal.

Wie Böhmen sie bestand und eines schönen Tags
ans Meer begnadigt wurde und jetzt am Wasser liegt.

Ich grenz noch an ein Wort und an ein andres Land,
ich grenz, wie wenig auch an alles immer mehr,
ein Böhme, ein Vagant, der nichts hat, den nichts hält,
begabt nur noch vom Meer, das strittig ist, Land meiner
Wahl zu sehen.

Bachmann veröffentlichte das Gedicht 1968. Kurz zuvor war sie
von Berlin nach Prag gereist. Augenblicklich wurde ihr die
Stadt zum Sehnsuchtsort, ein realer Ort in einem fiktiven
Shakespeareschen Land, in den man sich hineinträumen kann.
Gleichzeitig hielt Böhmen, das hinter dem Eisernen Vorhang
lag, die Erinnerung an die Grenze auch in Berlin wach. Doch
nur kurz weilt das Gedicht nah an der Realität, lieber taucht es
wieder ein ins Spiel von Realem und Angenommenem, wobei
das Angenommene auch zur Realität werden kann, wie die
Strophe »Liegt Böhmen noch am Meer, glaub ich den Meeren
wieder« zeigt.

Kein Zweifel, Böhmen am Meer ist ein zutiefst deutsches Sujet. An ihm haben sich nicht nur Franz Fühmann und Ingeborg Bachmann abgearbeitet, sondern auch Goethe, Anselm Kiefer, Volker Braun, Hans Magnus Enzensberger. Für den Leipziger Kulturwissenschaftler Stefan Troebst steht deshalb fest, dass Böhmen am Meer ein deutscher Mythos ist, kein tschechischer. Die Tschechen, schreibt er, verorteten sich in der Vergangenheit eher als Insel, umgeben von den Bergketten der Sudeten und des Böhmerwalds. Allerdings gab es immer wieder auch Versuche, über den Rand dieser Insel hinauszuschauen. So beklagte der Jungtscheche Gustav Eim 1894: »Zu selten blickten wir über die Grenzen unserer Heimat hinweg, so als wenn Shakespeares Meer tatsächlich eine böhmische Insel einschließen würde.«

In jüngerer Zeit aber sind der Shakespearsche Topos und seine Rezeptionsgeschichte in Tschechien angekommen. So ist Bachmanns Gedicht für die Literaturwissenschaftlerin Renata Cornejo auch ein Hinweis auf die Teilung Europas gewesen: »Indem Bachmann Prag zur Heimkehr und Ankunft erklärt, wird Prag die Rolle eines positiven Gegenbildes zum geteilten Berlin zugeschrieben. ›Böhmen liegt am Meer‹ ist demzufolge die literarische Antwort Bachmanns auf die Realität des ›geteilten Himmels‹ nicht nur über Berlin, sondern über ganz Europa.«

Mit ihrer Interpretation des Gedichts folgt Cornejo ganz und gar der jüngeren Lesart des Shakespearschen Stücks. Zu der hat auch die tschechische Dichterin Libuše Moniková beigetragen. Für Moniková ist Böhmen am Meer zur Zeit des Kommunismus ein Symbol für die Zugehörigkeit Böhmens zu Europa gewesen. Ein Gegenentwurf also zur Realität eines Landes und zu einem »Böhmen, das nicht mehr am Meer lag – die Armeen kamen und rückten es dorthin, wohin es gehören sollte, an den Rand der Steppe«.

Die tschechische Hoffnung auf ein Europa ohne Grenzen gab es freilich auch in ihrer sarkastischen Variante. In seinem Roman *Zirkuszone* entwarf der Schriftsteller Jáchym Topol ebenfalls ein Meer in Böhmen: »Im hiesigen Gebiet wird ein lang erhegter Traum des tschechoslowakischen Volkes Wirklichkeit: Hier entsteht ein Meer. Hier entsteht das Böhmische Meer, ein Geschenk des sowjetischen Volkes an das Böhmische Volk. Es wird hier ein zweiter mitteleuropäischer Balaton entstehen, verkündigt Peter, und dass eben deswegen die Hauptingenieurstätigkeit von den ungarischen Genossen ausgeführt wird, mit ihren vielen Binnenlanderfahrungen. Ein Großteil der Bevölkerung ist schon evakuiert.«

Doch Teilung und Sarkasmus waren einmal, inzwischen ist Tschechien Teil der Europäischen Union und die Elbe kein Grenzfluss mehr, sondern tatsächlich die Nabelschnur Böhmens zum Meer, meint die Schriftstellerin Milena Oda in einer Rede anlässlich des Endes der tschechischen EU-Ratspräsidentschaft 2011: »Haben wir unsere Hoffnung erreicht? Ich glaube schon, sogar auch die poetische Vision Shakespeares ist erfüllt worden. Es hat 400 Jahre gedauert, bis die politische Vision die poetische eingeholt hat. Da Böhmen und Mähren in der Europäischen Union sind, umgeben uns jetzt mehrere Meere, Seen und noch ein Ozean. Und dort begrüßen wir alle auf unsere Art und Weise mit: Ahoj!«

DAS AHOJ IN BÖHMEN

Für die 1975 geborene Oda ist Tschechiens Willkommens- und Abschiedsgruß zugleich ein Hinweis auf die Meereslage Böhmens bei Shakespeare. Tatsächlich ist das »Ahoj«, vergleichbar dem deutschen »Hallo«, in Tschechien weit verbreitet. Es waren wohl die Binnenschiffer auf der Elbe, die den Gruß aus Hamburg an die obere Elbe und die Moldau gebracht haben. Als die Tschechoslowakei nach dem Ersten Weltkrieg unabhängig wurde, wurde Ahoj sogar zum politischen Statement. Junge Ruderer und Tramper waren es, die dem Gruß zum Durchbruch verholfen haben – und den konkurrierenden Gruß »Nazdar« in der Versenkung verschwinden ließen.

»So wird die Geschichte des ›Ahoj‹ zur Sozialgeschichte«, schreibt Dietmar Bartz in seiner Studie *Wie das Ahoj nach Böhmen kam.* »Mit ihrem Sport bildeten die Kanuten eine romantische Opposition gegen das spießige tschechische Bürgertum.« Und auch gegen die Nationalisten. Deren Atimodernismus, meint Bartz, »passte so gar nicht zur Aufbruchstimmung der Jugendlichen – die prompt einen als ›international‹ und schick empfundenen Gruß kultivierten«.

So standen sich also in der Zwischenkriegszeit zwei Geisteshaltungen in der Tschechoslowakei gegenüber. Die eine, die nationale, grüßte sich mit »Nazdar«, was so viel heißt wie »Zum Wohl«, und mauerte sich ein in der Vorstellung Böhmens als einer Insel, umgeben von den Bergketten rund ums Böhmische Becken. Die andere hielt es mit Böhmen am Meer und der Elbe samt ihrem Gruß »Ahoj« als verbindendem Element. Dem entsprach auch die jeweilige Epoche der Geschichte, an die man sich hielt. Die Nationalisten bevorzugten das 19. Jahrhundert, in dem Smetana die Moldau, auf Kosten der Elbe, in den Vordergrund schob. Ein Binnenfluss sollte zum nationalen Symbol der Tschechen werden. Die Europäer dagegen hielten sich an Karl IV., der Prag der Welt öffnete. Sein Reich reichte immerhin bis zur Ostsee (und damit ans Meer), so wie das Reich Přemysl Ottokars I. bis an die Adria reichte.

Tomáš Garrigue Masaryk, der Gründer der Tschechoslowakei, hat das alles erkannt. Nicht von ungefähr hat er sich nach

dem Ersten Weltkrieg eingesetzt für die Elbe als Wasserstraße –
und für den Moldauhafen als Prager Vorposten in Hamburg. So
ist der Moldauhafen als Erinnerungsort auch ein Symbol für
den europäischen Geist der Tschechen.

MOLDAUHAFEN II

An der Elbe ist also Europas Geschichte im Fluss. Bis 2028 ist
der Moldauhafen noch im Besitz der Tschechischen Republik,
die nach der Teilung der ČSSR 1993 deren Rechtsnachfolge
angetreten hat. Inzwischen aber ist das 30 000 Quadratmeter
große Gelände für die Behörden in Prag eher eine Belastung.
Die tschechische Binnenschifffahrt steckt in der Krise, schon
2002 musste die ČSPL, für die Josef Novák fuhr, Konkurs an-
melden. Schritt für Schritt zieht sich Tschechien seitdem aus
dem Hamburger Hafen zurück. Zunächst wurde die Außen-
stelle der ČSPL durch den Konkursverwalter von Hamburg
nach Magdeburg verlegt. Dann wurde das Wohnschiff im
Moldauhafen zum luxuriösen Hotelschiff umgebaut, es liegt
heute im Prager Stadtteil Holešovice. Auch das Werkstattschiff
der ČSPL liegt nicht mehr im Moldauhafen. Fort sind auch die
Container und die Flagge der ČSSR, die hier noch bis 2009
wehte.

Der Rückzug der Tschechen weckt in Hamburg Begehr-
lichkeiten. Bereits 2004 ließ der damalige Wirtschaftssenator
Udall durchblicken, dass seine Behörde, der auch die Hamburger
Hafen und Lager Aktiengesellschaft untersteht, das Gelände
übernehmen möchte. Nachdem die HHLA signalisiert hat, dass
das Überseezentrum aufgegeben wird, haben sich die Pläne kon-
kretisiert. Am Kleinen Grasbrook, an dem das Prager Ufer seinen Dornröschenschlaf schlummert, soll bald ein drittes Kreuz-
fahrtterminal entstehen. Der Moldauhafen selbst soll zum

zentralen Terminal für Binnenschiffe ausgebaut werden. Das zumindest fordert die Hamburger CDU.

Also wird wohl bald in der Geschichte von Böhmen am Meer und Hamburg an der Moldau ein neues Kapitel aufgeschlagen werden. Man mag das bedauern und sagen: Die Bundesrepublik Deutschland würde um 30 000 Quadratmeter größer werden, die Geschichte der Elbe dagegen ein Stück ärmer. Vielleicht wird der Moldauhafen aber auch eine Renaissance erleben. Die Touristikindustrie hat ihn bereits im Visier. Und wenn erst die Kreuzfahrtschiffe anlegen, wird das Prager Ufer vielleicht wieder ein Kulturschiff bekommen. Auf dem werden dann Ansichtskarten von der Elbquelle ebenso verkauft werden wie tschechische Knödel und Prager Bier. Und über allem steht, in einen Uferstein gemeißelt, ein Satz des 2011 verstorbenen Dichters und ehemaligen tschechischen Staatspräsidenten Václav Havel. Der sagte einmal, dass »vielleicht diejenigen, die im Land ohne Meer geboren sind, den Fluss als das Symbol für den Weg aus der Isolation, den Weg ins Leben begreifen«.

Dank

Wie immer hat ein Buch viele Helferinnen und Helfer, ohne die es nicht zustande gekommen wäre. Zu danken habe ich an allererster Stelle meiner Frau Inka Schwand – für ihre Geduld, ihre Anregungen und die wunderbaren Fotos. Auch ohne Axel Kahrs wäre das Elbebuch sicher ein anderes geworden. Auf die Fluchtgeschichte meines Großonkels bin ich mit meinem Bruder Holger Rada bei unseren Verwandten Hana Slávišová und Aleš Sláviš in Trutnov gestoßen. Die Anregung zu diesem Besuch hat uns Peter Geier gegeben, der Cousin unseres Vaters, der ebenfalls aus dem Böhmischen stammt. Ein großer Dank auch an Ivo Feierabend und Hana Ludikar, die unseren Großonkel Josef Novák noch in guter Erinnerung haben. Weiterhin möchte ich mich bedanken bei Jaroslav Šonka, Kristina Kaiserová und Vladimír Kaiser, Ludwig Krause und Manfred Krauß, Jiří Aster und Milan Rosenkranc, Ernst Paul Dörfler, Amelie Deuflhard, Angelika Eder, Simone Neuhäuser, Anne-Katrin Ziesak, Dietmar Bartz, Heike Brückner, Christiane Beyer, Nick Reimer, den Kolleginnen und Kollegen der *taz* und vor allem auch bei Ruth Johanna Benrath, meiner Mitstipendiatin in Schreyahn.

Bildnachweis

Privatbesitz (Seite 9). Alle anderen Fotos stammen von Inka Schwand

Literatur

Ackroyd, Peter: Die Themse. Biographie eines Flusses. München 2008

Altstaedt, K. Heinrich: Der Hafen Harburg. Schifffahrt, Handel und Hafenleute an der Süderelbe. Hamburg-Harburg 2011

Antikomplex (Hg.): Zmizelé Sudety. Das verschwundene Sudetenland. Katalog 2004

Baasch, Ernst: Der Kampf des Hauses Braunschweig-Lüneburg mit Hamburg um die Elbe vom 16.–18. Jahrhundert. Hamburg 1905

Bach, Ansgar (Hg.): Die Elbe. Ein literarischer Reiseführer. Darmstadt 2010

Bartos-Höppner, Barbara: Elbsaga. Ein Fluss erzählt Geschichte. Husum 1998

Becher, Matthias: Karl der Große. München 1999

Beeskow, Angela: Burg Lenzen. Schlösser und Gärten der Mark, Heft 121. Berlin 2011

Beyer, Christiane/Kahrs, Axel (Hg.): Der Landvermesser. Gedenkbuch für Nicolas Born, Lüneburg 1999

Biermann, Felix/Goßler, Norbert: Brunnen, Graben, Wasserstraße. Leben mit dem Wasser in der mittelalterlichen Nordwestprignitz. Siehe: http://www.dgamn.de/uploads/mbl21/Mitteilungen21-web-biermann.pdf (zuletzt aufgerufen 16. April 2012)

Borbe, Lothar: An Elbe, Memel und Krainke. Erinnerungen. Berlin 2004

Bouzek, Jan: Keltové našich zemí v evropském kontextu, Praha/Kroměříž 2007

Bracker, Jörg: Unser Strom. Hamburg und die Niederelbe. Hamburg 1995

Bracker, Jörg: Im Rhythmus des Gezeitenstroms. Zur Entwicklung des Hamburger Hafens und des Seeschiffverkehrs auf der Elbe, in: Deutsches Historisches Museum (Hg.): Die Elbe/Labe. Ein Lebenslauf/Život řeki. Berlin 1992

Brandt, Friedrich-Wilhelm: Elbfähre Lenzen. Brücke zwischen Prignitz und Wendland. Bremerhaven 2002

Brill, Klaus: Prag. Auf der Karlsbrücke nachts um halb eins. Wien 2011

Brinckmann, Andrea/Gabrielson, Peter (Hg.): »Seht, wie sie übers große Weltmeer zieh'n!«. Die Geschichte der Auswanderung über Hamburg. Bremen 2008

Böttcher, Jan: Nachglühen. Berlin 2008

Burkhardt, Johannes: Deutsche Geschichte in der Frühen Neuzeit, München 2009

Čapek, Karel: Das Absolutum. Berlin 1990

Deutsches Historisches Museum (Hg.): Die Elbe/Labe. Ein Lebenslauf/Život řeki. Berlin 1992

Dieterich, Veit-Jakobus: Martin Luther. Sein Leben und seine Zeit. München 2008

Dörfler, Ernst Paul: Wunder der Elbe. Halle an der Saale 2000

Dörfler, Ernst Paul: Ökologie und Hochwasserschutz an der Elbe. Bonn 1998

Donath, Matthias: Sächsisches Elbland, Leipzig 2009

Driesen, Oliver: Welt im Fluss. Hamburgs Hafen, die HHLA und die Globalisierung. Hamburg 2010

Ellermeyer, Jürgen/Postel, Rainer (Hg.): Stadt und Hafen. Hamburger Beiträge zur Geschichte von Handel und Schifffahrt. Hamburg 1986

Emmerich, Walter: Der Freihafen. Hamburg 1960

Enzensberger, Hans Magnus: Ach Europa! Frankfurt am Main 1997

Eschner, Thomas: Die Elbschifffahrtsakte von 1821. Studienarbeit. München 2009

Eylmann, Horst: Kaufleute und Schiffer. Eine Spurensuche in einem halben Jahrtausend Stader Geschichte. Stade 2010

Fedorovič, Tomáš/Kaiser, Vladimír: Geschichte der Juden in Aussig an der Elbe. Ústí nad Labem 2005

Feierabend, Ladislav: Prag – London. Vice-versa. Bonn/Bruxelles/New York 1973

Fischer, Ludwig: Wendisch Land. Ottersberg 2012

Fischer, Uta/Wildberg, Roland: Theresienstadt. Eine Zeitreise. Berlin 2011

Frank, Michael: Nepomuken, die auf die Brücken spucken. Prager Hintergedanken. Wien 1999

Frank-Planitz, Ulrich (Hg.): Streiflichter von der Elbe. Stuttgart/
    Leipzig 2003
Fühmann, Franz: Böhmen am Meer. Rostock 1963
Glaser, Hubert: Die Elbe als geschichtlicher Raum, in: Deutsches
    Historisches Museum (Hg.): Die Elbe/Labe. Ein Lebenslauf/
    Život řeki. Berlin 1992
Graichen, Gisela/Hammel-Kiesow, Rolf: Die deutsche Hanse. Eine
    heimliche Supermacht. Reinbek 2011
Gretzschel, Matthias: Kleine Hamburger Stadtgeschichte. Regens-
    burg 2008
Gruša, Jiří: Gebrauchsanweisung für Tschechien und Prag. Mün-
    chen 1999
Gruša, Jiří: Beneš jako Rakušan. Praha 2011
Guldin, Rainer: Trennender Graben und verbindendes Band. Zur
    topographischen Ambivalenz von Flüssen, in: Binder/Konrad/
    Staudinger (Hg.): Die Erzählung der Landschaft. Wien 2011
Hahn, Darijana: Die Elbe, in: Oster, Uwe A. (Hg.): Flüsse in
    Deutschland. Eine Kulturgeschichte. Darmstadt 2007
Harringer, Günter: Der Streit des Hauses Braunschweig-Lüneburg
    mit den Hansestädten Hamburg und Lübeck um den Gam-
    merdeich, in: Zeitschrift des Vereins für Hamburgische Ge-
    schichte ZHG 51 (1965), S. 1–48.
Hartwich, Mateusz J.: Rübezahl zwischen Tourismus und Na-
    tionalismus, in: Petr Lozoviuk (Hg.): Grenzgebiet als For-
    schungsfeld. Leipzig 2009
Hausmann, Guido: Mütterchen Wolga. Ein Fluss als Erinnerungs-
    ort, Frankfurt am Main 2009
Havel, Jan/Kaiser, Vladimír/Pustejovsky, Otfrid: Ein Nachkriegs-
    verbrechen. Aussig 31. Juli 1945. Ústí nad Labem 2005
Hedinger, Bärbel (Hg.): Alles im Fluss. Ein Panorama der Elbe.
    Hamburg 2006
Hinsch, Werner: Die Schifffahrtsabteilung im Elbschifffahrts-
    museum in Lauenburg/Elbe. Lauenburg 2000
Hippert, Jehuda/Drori, Hana: Theresienstadt. Prag 2005
Höhne, Reinhard. Elbefahrt durch Deutschland. Dresden 1956
Hoffmann, Paul Th.: Die Elbe. Strom deutschen Schicksals und
    deutscher Kultur. Hamburg 1939
IBA Hamburg (Hg.): Projekte und Konzepte. Hamburg 2010
Internationale Kommission zum Schutz der Elbe (Hg.): Die Elbe.
    Erhaltenswertes Kleinod in Europa. Magdeburg 1999

Jakubec, Ivan: Schlupflöcher im Eisernen Vorhang. Tschechoslo-
wakisch-deutsche Verkehrspolitik im Kalten Krieg. Stuttgart
2006
Jäger, Eckhard: Die Elbe im historischen Kartenbild, in: Tacke, Sa-
bine/Peters, Eckhard W. (Hg.): Kulturlandschaft Elbe. Magde-
burg 2010
Jirašek, Alois: Böhmens alte Sagen. Prag 1975
Johne, Klaus-Peter: Die Römer an der Elbe. Berlin 2006
Jüngel, Karl: Die Elbe. Eine historische Bilderreise. Hamburg 2001
Jüngel, Karl: Die Elbe in Sachsen mit ihrem Ursprung in Böhmen.
Wittenberg 2008
Jüngel, Karl: Die Elbe. Geschichte um einen Fluss. Böblingen 1993
Jung, Georg/Tschechne, Wolfgang: Die Elbe. Von der Quelle bis
zur Mündung. Hamburg 2005
Kahrs, Axel (Hg.): Im Wendland ist man der Wahrheit näher. Klas-
sische Reportagen über Lüchow-Dannenberg aus vier Jahr-
zehnten. Lüchow 2007
Kaiser, Vladimír/Kaiserová, Kristina (Hg.): Dějiny města Ústí nad
Labem. Ústí nad Labem 1995
Keller, Paul: Das Märchen von den deutschen Flüssen. Würzburg
1997
Keller, Hagen: Die Ottonen. München 2001
Kohout, Pavel: Mein tolles Leben mit Hitler, Stalin und Havel. Ber-
lin 2010
Koldau, Linda Maria: Die Moldau. Smetanas Zyklus ›Mein Vater-
land‹. Köln/Weimar/Wien 2007
Kopřiva, Roman: Internationalismus der Dichter. Einblicke in Rei-
ner Kunzes und Jan Skácels literarische Wechselbeziehungen.
Brno 2008
Koschmal, Walter/Nekula, Marek/Rogall, Joachim (Hg.): Deutsche
und Tschechen. Geschichte. Kultur. Politik. München 2001
Kramer, Sven: Der Grenzraum Elbe in Prosawerken der Berliner
Republik, in: Kramer, Sven/Schierbaum, Martin (Hg.): Spuren
der Zeitgeschichte im Kulturraum Elbe. Springe 2012
Krockow, Christian Graf von: Die Elbreise. München 2000
Krockow, Christian Graf von: Friedrich der Große. Ein Lebensbild.
Bergisch-Gladbach 1986
Kronauer, Brigitte: Teufelsbrück. München 2003
Kronauer, Brigitte: Die Niederelbe, in: Steinfeld, Thomas (Hg.):
Deutsche Landschaften, Frankfurt am Main 2003

Kugler, Franz: Geschichte Friedrichs des Großen. Leipzig 1926

Kunisch, Johannes: Friedrich der Große. Ein König und seine Zeit. München 2004

Kurze, Bertram/Düntzsch, Helmut (Hg.): Werften in Dresden 1855–1945. Beucha 2004

Laubner, Dirk: Die Elbe aus der Luft. Halle 2012

Lindner, Klaus, und Staatsbibliothek Berlin (Hg.): Zwischen Oder und Riesengebirge. Schlesische Karten aus fünf Jahrhunderten. Berlin 1987

Lohmann, Rolf: Die Lauenburger Motorschiffe. Lauenburg 2010

Lorich, Melchior: Elbkarte von 1568, im Internet unter: http://www.hamburg.de/contentblob/250672/data/lorichs-elbkarte-download.bmp (zuletzt aufgerufen 10. Februar 2013)

Luh, Jürgen: Der Große. Friedrich II. von Preußen. München 2011

Mai, Bernhard: Historische Festungen an der Elbe, in: Tacke, Sabine/Peters, Eckhard W. (Hg.): Kulturlandschaft Elbe. Magdeburg 2010

Matejka, Ivan: Die Moldau. Prag 2006

Meyer-Friese, Boye: Mit zweierlei Maß. Die Elbkarte von Melchior Lorichs 1568 und der Leporello der Elblandschaft von 1835, in: Alles im Fluss. Ein Panorama der Elbe. Ausstellungskatalog des Altonaer Museums 2007/08

Menzhausen, Joachim: Kulturgeschichte Sachsens. Leipzig 2007

Möller, Ilse: Das Stromspaltungsgebiet der Elbe und sein Einfluss auf die Entwicklung der Nachbarstädte Hamburg und Harburg, in: Deutsches Historisches Museum (Hg.): Die Elbe/Labe. Ein Lebenslauf/Život řeki. Berlin 1992

Möller, Meike: Märkte, Marktprivilegien und Marktrecht, siehe: http://www1.uni-hamburg.de/spaetmittelalter/Hamburg%20Spaetmittelalter/Hamburg-Wiki/themen/MaerkteMarktprivilegienUndMarktrecht.html (zuletzt aufgerufen 2. Oktober 2011)

Moníková, Libuše: Verklärte Nacht. München/Wien 1996

Musäus, Johann Karl August: Rübezahl. Prag 1998

Národní Muzeum (Hg.): Architecture, artistic decoration and original arts-and-crafts fixtures of the main building. Praha 2000

Neuschulz, Frank/Plinz, Werner/Wilkens, Horst: Elbtalaue. Landschaft am großen Strom. Überlingen 2002

Nölle-Fischer, Karin: Die Elbe. Stuttgart 1999

Okresni Muzeum Mělník (Hg.): Krajina Soutouku. Mělník 1995

Partenheimer, Lutz: Die Entstehung der Mark Brandenburg. Köln/
Weimar/Wien 2007

Pinnau, Ruth: Der Geist der Palmaille. Hamburg 1996

Plessingerová, Alena: Volk und Volkskultur im böhmischen Elbge-
biet, in: Deutsches Historisches Museum (Hg.): Die Elbe/
Labe. Ein Lebenslauf/Život řeki. Berlin 1992

Plicka, Karel: Vltava. Prag 1959

Pump, Roland: Leben an der Unterelbe. Husum 2010

Rada, Uwe: Die Oder. Lebenslauf eines Flusses. München 2009

Rada, Uwe: Die Memel. Kulturgeschichte eines europäischen Stromes. München 2010

Ranft-Koschek, Ricarda: Lüneburg am anderen Ufer der Elbe. Bleckede 2007

Reimer, Nick: Als der Regen kam. Ein Fotolesebuch zur Flut in
Sachsen. Dresden 2002

Richter, Frank: Der historische Malerweg. Die Entdeckung der
Sächsischen Schweiz im 18./19. Jahrhundert. Dresden 2006

Rumpf, Frank: Hamburg. In der Haifischbar brennt noch Licht.
Wien 2010

Salfellner, Harald: Lesereise Riesengebirge. Prag 2005

Schlegel, Siegfried: Mit den Wassern des Stroms. Elbegeschichten.
Radebeul 2008

Schmitt, Uwe: Der schwarze Strom. Bericht aus einer vernachläs-
sigten Landschaft, in: du. Die Zeitschrift der Kultur (Hg.): Die
Elbe. Fluss durch die Zeit. Zürich 1998

Scholl-Schneider, Sarah/Schneider, Miroslav/Spurný, Matěj (Hg.):
Sudetské příběhy. Sudetengeschichten. Praha 2010

Seeberg, Matthias: Der Blick auf den Fluss. Die Entdeckung der
Elblandschaft gegen Ende des 18. Jahrhunderts, in: Hedinger,
Bärbel (Hg.): Alles im Fluss. Ein Panorama der Elbe. Hamburg
2006

Seibt, Ferdinand: Karl IV. Ein Kaiser in Europa 1346 bis 1378. München 1978

Seiderer, Ute (Hg.): Panta rhei. Der Fluss und seine Bilder. Leipzig
1999

Shakespeare, William: Das Wintermärchen. München 2006

Siedler, Wolf Jobst: An östlichen Strömen, in ders.: Wanderungen
zwischen Oder und nirgendwo. Berlin 1988

Siedler, Wolf Jobst: Zwischen gestern und morgen. Stuttgart 1996

Sieg, Julius: Fachwerkhäuser in Magdeburg. Magdeburg 1996

Sklenář, Karel: Besiedlung des Elbgebiets von der Urzeit bis zum Mittelalter, in: Deutsches Historisches Museum (Hg.): Die Elbe/Labe. Ein Lebenslauf/Život řeki. Berlin 1992

Sklenář, Karel: Pravěk na Soutouku. Mělník 1998

Sparschuh, Jens/Kempowski, Walter: Die Elbe. Leipzig 2000

Staatsbibliothek Berlin (Hg.): Flüsse im Herzen Europas. Rhein. Elbe. Donau. Kartographische Mosaiksteine einer europäischen Flusslandschaft. Berlin 1993

Stadler, Arnold: Sehnsucht. Köln 2002

Stadt Glückstadt (Hg.): Glückstadt im Wandel der Zeiten. Glückstadt 1963

Šoswald, Jiří: Jó tenkrát w Ústí. Ústí nad Labem 1999

Tacke, Sabine/Peters, Eckhard W. (Hg.): Kulturlandschaft Elbe. Magdeburg 2010

Tellkamp, Uwe: Die Schwebebahn. Dresdner Erkundungen. Berlin 2010

Tellkamp, Uwe: Der Turm. Frankfurt am Main 2008

Thede-Ottoweil, A.-M.: Hamburg. Vom Alsterhafen zur Weltstadt. Hamburg 1988

Theuerkauf, Gerhard: Die Handelsschifffahrt auf der Elbe – Von den Zolltarifen des 13. Jahrhunderts zur ›Elbe-Schiffahrts-Acte‹ von 1821, in: Deutsches Historisches Museum (Hg.): Die Elbe/Labe. Ein Lebenslauf/Život řeki. Berlin 1992

Tichý, Martin: Tředí odboj, in: Pamět a dějiny 3/2011

Verlag Karl Müller (Hg.): Die große Flut. Das Jahrhunderthochwasser 2002. Köln 2002

Wild, Carl: Hamburg. Elbaufwärts – Elbabwärts. Hamburg 1957

Wildgruber, Vera: Elbische Impressionen. Rühstädt 1997

Wilderotter, Hans, und Stadt Dessau (Hg.): »Schauplatz vernünftiger Menschen«. Kultur und Geschichte in Anhalt/Dessau. Berlin 2005

Witthöft, Hans Jürgen: Der Alte Elbtunnel. Hamburg 2011

Wolfrom, Erich: Die Baugeschichte der Stadt und Festung Magdeburg. Magdeburg 1936

Wonneberger, Jens: Heimatkunde Dresden. Hamburg 2009

Zeller, Claus: Hitzacker. Hamburg 1998

Zögner, Lothar, und Staatsbibliothek Berlin (Hg.): Flüsse im Herzen Europas. Rhein. Elbe. Donau. Berlin 1993

Zwoch, Gerhard: Das Zeithainer Lustlager. Großenhain 2005

Zeittafel

9 v. Chr. Augustus verfolgt den Plan einer Elbgrenze. Drusus erreicht als erster Römer die Elbe.

9 n. Chr. Varusschlacht am Teutoburger Wald.

16 n. Chr. Der römische Kaiser Tiberius gibt das Vorhaben auf, das Römische Reich bis zur Elbe nach Osten auszudehnen.

18 n. Chr. Der griechische Historiker Strabon erwähnt die Elbe und verortet ihre Quelle am Oberlauf der Saale.

6.–8. Jahrhundert Die Elbslawen (Polaben) siedeln zwischen Oder und Elbe. Slawische Stämme wandern in Böhmen ein.

779 In den Sachsenkriegen stößt der Frankenkönig Karl der Große bis an die Elbe vor.

800 Karl der Große wird vom Papst zum Kaiser gekrönt.

804 Endgültige Unterwerfung der Sachsen.

808 Bau zweier Kastelle am Höhbeck am linken Elbufer bei Gorleben durch Karl den Großen.

817 Gründung der Hammaburg im Mündungsgebiet der Alster.

9. Jahrhundert Magdeburg ist Handelszentrum zwischen dem Frankenreich und den Slawen östlich der Elbe.

um 900 Unter den Přemysliden entsteht in Böhmen ein eigenständiger Staat. Beginn der Christianisierung.

928/29 Sachsens König Heinrich I. erobert mit der Brennaburg (Brandenburg) die erste Slawenfeste östlich der Elbe.

929 Nach dem Erfolg in Brandenburg gründet Heinrich die Burg Meißen als Grenzfeste gegen die Slawen östlich der Elbe. – Schlacht bei Lenzen an der Elbe. – Heinrich sichert seinem Sohn Otto die alleinige Nachfolge. – Otto überreicht Magdeburg seiner Gemahlin Edgith als Morgengabe.

936 Nach dem Tod Heinrichs I. lässt Otto in Magdeburg eine neue Pfalz bauen.

946 und 949 Mit der Gründung der Bistümer Havelberg und Brandenburg sollen die Slawen christianisiert und befriedet werden.

955 Otto lässt den Magdeburger Dom bauen.

962 Otto I. erlangt die Kaiserwürde.

968 Gründung des Erzbistums Magdeburg.

973 Gründung des ersten Bistums in Böhmen. Bischofssitz wird Prag. Tod Ottos in Memleben an der Unstrut. Der Kaiser wird im Magdeburger Dom beigesetzt.

983 Slawenaufstand. Die Heveller erobern die Brandenburg zurück, die für 150 Jahre wieder slawisch wird.

1085 Vratislav I. wird von Kaiser Heinrich IV. zum bömischen König erhoben. Böhmen ist zu diesem Zeitpunkt das einzige Königreich im Heiligen Römischen Reich und hat eine Sonderstellung inne.

1119–1125 Der Historiker Cosmas von Prag verfasst seine *Chronika Boemorum*, die Chronik Böhmens. Ursprung der Legende vom Urvater Tschech, der sich am Berg Říp niederlässt.

1157 Endgültige Eroberung der Brandenburg durch den Askanier Albrecht der Bär. Albrecht wird Markgraf der neuen Mark Brandenburg.

1188 Das Privileg des Erzbischofs Wichmann begründet das Magdeburger Stadtrecht.

1189 Ein Freibrief von Kaiser Friedrich I. Barbarossa sichert den Hamburgern das Stapelrecht zu.

1306 Nach der Ermordung Wenzels III. endet die Dynastie der Přemysliden auf dem böhmischen Thron. Vier Jahre später folgt mit Johann der erste Luxemburger.

1335 Polens König Kasimir verzichtet auf Schlesien, das fortan neben der Lausitz und Pirna zu Böhmen gehört.

1346 Johanns Sohn Wenzel wird böhmischer König und 1355 als Karl IV. römisch-deutscher Kaiser. Er gründet 1348 die später nach ihm benannte Prager Universität. Prag ist das geistige und kulturelle Zentrum des Heiligen Römischen Reiches deutscher Nation.

1356 Mit der Goldenen Bulle erlangt die Mark Brandenburg die Kurwürde.

1373–1378 Tangermünde ist neben Prag die Residenz Kaiser Karls IV.

1395 Hamburg erwirbt den Ochsenwerder und den Moorwerder und sichert sich die Kontrolle über den Zugang zur Norderelbe.

1415 Der tschechische Reformator Jan Hus wird auf dem Konzil von Konstanz auf dem Scheiterhaufen hingerichtet. Beginn der Hussitenkriege.

1420   Hamburg und Lübeck sichern sich die Vierlande. Die Konkurrenten an der Unterelbe, die Herzöge von Braunschweig-Lüneburg, werden weiter geschwächt.

1459   In Eger wird die Grenze zwischen Böhmen und Sachsen festgelegt. Zuvor waren die Herrschaften Pirna, Königstein, Rathen und Wehlen im Besitz der böhmischen Krone.

1485   Wettinische Teilung: Das sächsische Elbland kommt zur albertinischen Linie Sachsens. Dresden wird zur Hauptresidenz von Moritz von Sachsen. Die ernestinische Linie erhält Sachsen-Wittenberg und die Kurfürstenwürde.

1517   Luthers 95 Thesen gegen den Ablasshandel in Wittenberg. Beginn der Reformation.

1526   Böhmen und damit auch Schlesien werden nach der Wahl Ferdinands I. zum böhmischen König habsburgisch.

1568   Erste Karte der Unterelbe von Melchior Longrich.

1617   Der dänische König und Herzog von Schleswig und Holstein Christian IV. gründet an der Unterelbe die Planstadt Glückstadt als Konkurrenz zu Hamburg.

1618   Der Prager Fenstersturz löst den Dreißigjährigen Krieg aus. Zwei Jahre später erleiden die protestantischen böhmischen Stände in der Schlacht am Weißen Berg eine verheerende Niederlage gegen die Habsburger. Beginn des *temno*, des Dunkels, in der tschechischen Geschichte

1620   Überfall des Herzogs von Braunschweig-Lüneburg auf den Gammerdeich. – Altona wird dänisch. – Die Schlacht am Weißen Berg bei Prag endet mit einer Niederlage der protestantischen Stände Böhmens. Beginn der Gegenreformation. Flucht böhmischer Protestanten über die Elbe nach Brandenburg und Gründung des Böhmischen Dorfs in Berlin.

1631   Österreichische Truppen unter Tilly belagern im Dreißigjährigen Krieg Magdeburg und zerstören es fast vollständig.

1697   August der Starke wird König von Polen. Zuvor hat er Dresden zum Elbflorenz ausgebaut.

1728   Der preußische Kronprinz Friedrich weilt mit seinem Vater, dem Soldatenkönig Friedrich Wilhelm I. in Dresden.

1730   Zeithainer Lustlager an der Elbe. Friedrich und Katte fassen den Entschluss zu fliehen. Am 6. November wird Katte in Küstrin hingerichtet.

1733 Tod Augusts des Starken. Ihm folgt August III. Graf Brühl wird der starke Mann in Sachsen.

1740 Kaum hat Friedrich II. von Preußen den Thron bestiegen, wendet er sich gegen Schlesien und erobert es.

1756 Beginn des Siebenjährigen Krieges. Friedrich II. besetzt Sachsen. Es folgen mehrere Schlachten an der Elbe (Pirna, 10. September 1756, Lobositz, 1. Oktober 1756, Kolin, 18. Juni 1757, Torgau, 3. November 1760).

1806 Auflösung des Heiligen Römischen Reiches deutscher Nation und Gründung des Rheinbundes. Das Kurfürstentum Sachsen wird mit Hilfe Napoleons zum Königreich ausgerufen.

1815 Auf dem Wiener Kongress muss Sachsen zwei Drittel seines Landes an Preußen abtreten. An der Elbe beginnt nun unterhalb von Meißen Preußen. Gründung des Deutschen Bundes. – Geburt Otto Bismarcks in Schönhausen an der Elbe.

1817 Angeblicher Fund der »Königinhofer Handschrift« durch Václav Hanka. Später stellt sich das frühmittelalterliche Dokument der tschechischen Sprache als Fälschung heraus.

1836 Der tschechische Historiker Frantisek Palacky legt den ersten Band seiner *Geschichte Böhmens* vor. Die tschechische Nationalbewegung wird stärker.

1849 Demokratische Revolution in Sachsen. Das Königshaus flüchtet auf die Festung Königstein.

1864 Deutsch-Dänischer Krieg, der erste Einigungskrieg Bismarcks.

1866 Bei Königgrätz schlägt Preußen das Heer der Habsburger und Sachsen. Die deutsche Frage ist zugunsten der kleindeutschen Lösung entschieden. Auflösung des Deutschen Bundes und Gründung des Norddeutschen Bundes.

1870/71 Deutsch-Französischer Krieg.

1871 Proklamation des Deutschen Reiches im Spiegelsaal von Versailles am 18. Januar.

1890 Einweihung des tschechischen Nationalmuseums mit allegorischen Darstellungen von Elbe und Moldau. Die Elbe wird als alte Greisin dargestellt, die Moldau als junge Mutter.

1918 Im Versailler Vertrag bekommt die Tschechoslowakei in Hamburg das exterritoriale Gebiet des Moldauhafens. Zehn Jahre später wird der Vertrag unterzeichnet. Er gilt bis 2028.

1945 In Torgau treffen amerikanische und sowjetische Soldaten aufeinander.

1946 Der Kölner CDU-Politiker und spätere Bundeskanzler Konrad Adenauer schreibt: »Asien steht an der Elbe«.

1948 Josef und Štěpánka Novák bringen den ehemaligen tschechischen Finanzminister Ladislav Feierabend und seine Familie mit einem Elbkahn nach Hamburg.

1949 Gründung der Bundesrepublik Deutschland und der DDR. Die Elbe wird auf 94 Kilometern Teil der insgesamt 1400 Kilometer langen innerdeutschen Grenze.

1955 Reinhard Höhne unternimmt auf einem Faltboot seine Elbefahrt von Dresden nach Hamburg.

1961 Mit dem Mauerbau wird die Elbgrenze weiter gesichert und ausgebaut. Zweite Umsiedlung mit der »Aktion Kornblume«.

1962 Sturmflut in Hamburg. 317 Menschen sterben.

1966 »Schlacht bei Gorleben«: Zusammenstoß von Schnellbooten bei der Vermessung der Elbgrenze.

1973 Der Meißner Hans-Friedrich Franck verblutet bei der Flucht nach einem Beschuss durch eine Selbstschussanlage bei Blütlingen im Wendland.

1976 Eröffnung des Elbe-Seitenkanals. Schiffe von Hamburg nach Westdeutschland müssen nicht mehr über die DDR.

1977 Entscheidung für Gorleben als möglicher Standort für ein Atommülllager.

1989 Am Abend vor dem Fall der Mauer erklärt sich die Enklave Rüterberg zur Dorfrepublik und sagt sich von der DDR los. – Fall der Berliner Mauer am 9. November. In Prag beginnen die Massenproteste am 17. November.

2002 Jahrhunderthochwasser an der Elbe. Große Zerstörungen vor allem in Dresden.

2004 Die Tschechische Republik wird Mitglied der EU.

2005 Gedenktafel für das Massaker in Aussig auf der Beneš-Brücke.

2007 Mit dem Schengenbeitritt Tschechiens entfallen an der Elbe die Grenzkontrollen.

2008 Ausstellung *Vergessene Helden* über sudetendeutsche Antifaschisten in Ústí nad Labem.

2010 Internationale Bauausstellung »Stadtumbau« in Sachsen-Anhalt. Magdeburg rückt wieder an die Elbe. – Einweihung des rückverlegten Deiches in Lenzen (Elbe) in Brandenburg.

2013 Im Rahmen einer Internationalen Bauausstellung wagt Hamburg den »Sprung über die Elbe«.